倉本一宏［編］

吉川弘文館

11

治安元年（一〇二一）正月～治安二年（一〇二二）十二月

現代語訳 小右記

凡　例

一、本書は、藤原実資の日記『小右記』の現代語訳である。

一、原文、および書き下し文は、紙幅の関係上、収録しなかった。

一、全十六冊に分けて刊行する。それぞれの収録範囲は、以下の通りである。

1　貞元二年(九七七)三月―永延二年(九八八)十二月
2　永祚元年(九八九)正月―長徳元年(九九五)十月
3　長徳二年(九九六)正月―寛弘二年(一〇〇五)三月
4　寛弘二年(一〇〇五)四月―寛弘八年(一〇一一)十二月
5　長和元年(一〇一二)正月―長和二年(一〇一三)六月
6　長和二年(一〇一三)七月―長和三年(一〇一四)十二月
7　長和四年(一〇一五)四月―長和五年(一〇一六)二月
8　長和五年(一〇一六)三月―寛仁元年(一〇一七)十二月
9　寛仁二年(一〇一八)正月―寛仁三年(一〇一九)三月

10　寛仁三年(一〇一九)四月―寛仁四年(一〇二〇)閏十二月
11　治安元年(一〇二一)正月―治安二年(一〇二二)十二月
12　治安三年(一〇二三)正月―治安三年十二月
13　万寿元年(一〇二四)正月―万寿二年(一〇二五)八月
14　万寿二年(一〇二五)九月―万寿四年(一〇二七)六月
15　万寿四年(一〇二七)七月―長元二年(一〇二九)九月
16　長元三年(一〇三〇)正月―長久元年(一〇四〇)十一月

一、現代語訳の底本としては、大日本古記録(東京大学史料編纂所編纂、岩波書店、初刷一九五九～一九八六年)を用いた(主に第四刷〈二〇〇一年〉を利用した)。大日本古記録一巻が、この現代語訳二巻分に相当するように分割した。

一、この現代語訳第一一巻に相当する大日本古記録が底本とした写本は、以下の通りである(逸文については、出典をそれぞれ明示してある)。

治安元年(一〇二一)正月―三月　略本　前田本甲第二十七巻　尊経閣文庫蔵
七月―九月　略本　東山御文庫本第三十八冊　東山御文庫蔵
十月―十二月　広本　九条本第九巻　宮内庁書陵部蔵
治安二年(一〇二二)二月―三月　略本　東山御文庫本第三十九冊　東山御文庫蔵

四月—六月　略本　東山御文庫本第四十冊　東山御文庫蔵
七月—十二月　略本　東山御文庫本第三十九冊　東山御文庫蔵

一、現代語訳は逐語訳を旨としたが、よりわかりやすくするため、語句を補ったり、意訳を行なっている箇所もある。ただし、原文の用字（特に人名呼称）は、なるべく尊重した。
一、古記録の現代語訳はきわめて困難であるため、本書は現代語訳の断案というものではまったくなく、一つの試案と考えていただきたい。
一、底本の誤字については、原則として文字を訂正して現代語訳を行なった。また、脱字や虫食いがある部分については、他の古記録や儀式書などによって推定できる部分は、現代語訳を行なった。文字を推定できない箇所については、おおむね判読できない字数の分を□□で示した。
一、裏書については段落を替えて表記した。また、表の記載・裏書にかかわらず、底本が段落を替えている部分については、本書でも段落替えを行なった。
一、漢字の表記については、常用漢字表にあるものは、原則として常用漢字体に改めた。
一、本文の註や割書は、〈　〉の中に入れて区別した。
一、各日付と干支の後に、その日の記事の主要な出来事を、簡単に太字で示した。
一、人名に関する註は、（　）の中に入れて付けた。原則として毎月、最初に見える箇所に付けた。ただし、人名呼称が代わった場合は、また名だけを付けた。

一、ルビは毎月一回、最初に見える箇所に付けた。原則として『平安時代史事典』(角田文衞監修、古代学協会・古代学研究所編、角川書店、一九九四年)、『日本国語大辞典』(日本国語大辞典第二版編集委員会・小学館国語辞典編集部編、小学館、二〇〇〇〜二〇〇二年)、『国史大辞典』(国史大辞典編集委員会編、吉川弘文館、一九七九〜一九九七年)の訓みに準拠した。

一、特に女性名の訓み方については、現在、明らかになっているものは少ないが、あえて『平安時代史事典』の訓みを用いた。『平安時代史事典』利用の便を考えたためである。

一、用語解説と人物注は、巻末にごく少量だけ付けた。『平安時代史事典』、『国史大辞典』、『日本国語大辞典』を参照した。ルビを多めに付けているので、他はこれらの辞典を引いていただきたい(ジャパンナレッジの利用をお勧めする)。

一、書き下し文については国際日本文化研究センターのウェブサイト(http://db.nichibun.ac.jp/ja/)に「摂関期古記録データベース」として公開しているので、索引代わりに是非ご利用いただきたい。『御堂関白記』『権記』『春記』『左経記』『八条式部卿私記』『太后御記』『沙門仲増記』『元方卿記』『済時記』『藤原宣孝記』『一条天皇御記』『宇治殿御記』『二東記』『後朱雀天皇御記』『定家朝臣記』『師実公記』『後三条天皇御記』『寛治二年記』『季仲卿記』『清原重憲記』『高階仲章記』の書き下し文も公開している。

目　次

付録

本巻の政治情勢と実資

治安《じあん》元年（一〇二一）二月一日、藤原道長《みちなが》六女（源倫子《ともこ》所生では四女）の嬉子《よしこ》が東宮敦良《あつなが》親王の許に入侍した（『改元部類記《かいげんぶるいき》』所引『権記《ごんき》』、『小右記』）。嬉子十五歳、敦良十三歳の年であった。同じ叔母・甥の関係ではあっても、九歳も年上であった威子《たけこ》と後一条《ごいちじょう》よりは、自然な年回りといえよう。これで道長は、威子と嬉子が皇子を産めば、自己の家の栄華は未来永劫、続くと思ったことであろう。

二月二十九日には、道長は無量寿院《むりょうじゅいん》（後の法成寺《ほうじょうじ》）講堂の礎石を公卿たちに曳かせたのであるが、実資は、疫病《えきびょう》が蔓延《まんえん》している時期には、万人が悲嘆していると非難している。道長としては、公私の区別はそれほど認識しておらず、無量寿院の造営が公卿社会の支持を得ているということを示したかったのであろうが。

疫病は収まらず、治安元年は世情は不穏だったのであるが、三月十九日に無量寿院を訪ねてそれを訴えた藤原斉信《ただのぶ》に対し、道長はいっさい耳を貸すことなく、他の事だけを談《かた》った。それは競馬《くらべうま》やとりとめもないことであったという。実資は、「そこにいた人々は、垣の外に隔てられたようなものである」と、道長の態度を非難している。これが出家者としての道長の矜持《きょうじ》だったのであろう。

後一条天皇後宮系図

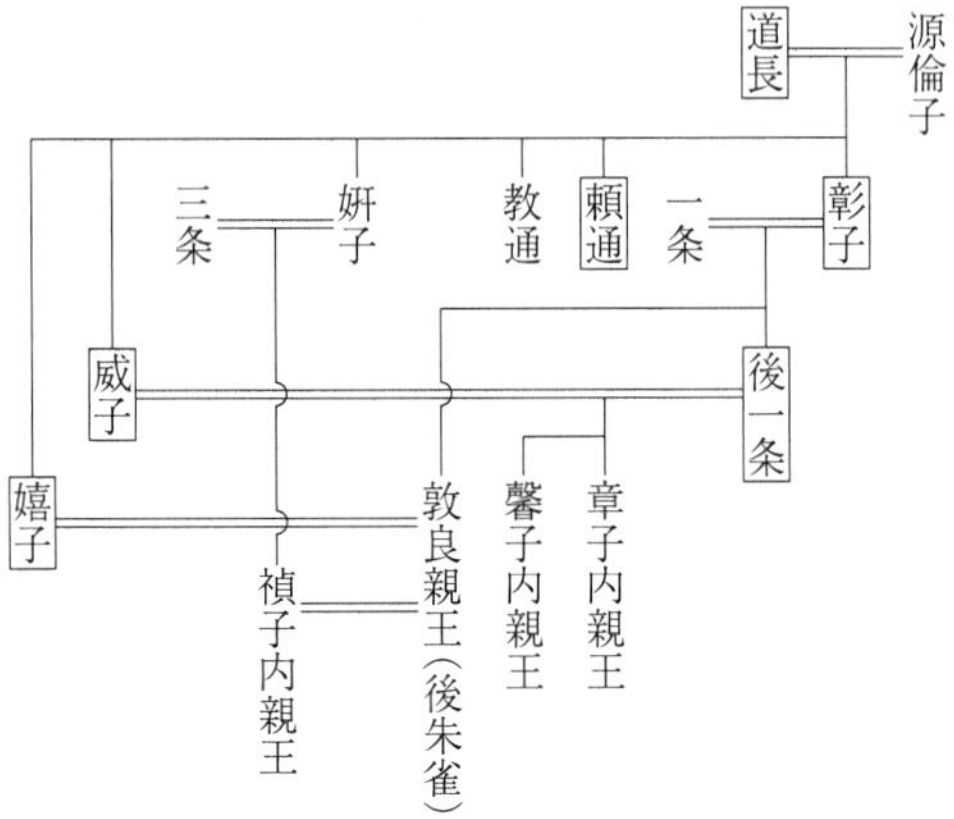

なお、寛仁《かんにん》三年（一〇一九）以来、実資も巻き込んだ「大臣闕員騒動」の発端となった左大臣藤原顕《あき》光《みつ》は、治安元年五月二十五日に薨じた。これでやっと、大臣の席が一つ空いたわけである。この部分、『小右記』は欠けており、実資の感慨を知ることはできない。

そして七月二十五日、関白内大臣藤原頼通《よりみち》を関白左大臣に、右大臣藤原公季《きんすえ》を太政大臣《だいじょうだいじん》に、実資を右大臣に、藤原教通《のりみち》を内大臣に、それぞれ任じる旨の宣旨《せんじ》が下され、六十五歳の実資は大臣に上った。ようやく実資の大願が成就したことになるが、実資の胸中に去来するのは、喜びか、安堵感か、それとも公卿社会を見通した空虚感か。と思うと、実資は「参入してはならない」と言われたにもかかわらず、「感恩《かんおん》しているので」ということで、道長の許を訪れてその恩顧を謝し、藤原公任《きんとう》をはじめとする人々からお祝いを言われ、任大臣大饗《だいきょう》の雑事を定めている。

『小右記』にも、「右大臣に僕」とか、任大臣大饗の日には、「小野宮《おののみや》の土木の功が成った頃、今、昇進の饗宴が有った。事の相応は、天がそうさせたものであろうか」などと記すなど、どうやら素直に喜んでいるようである。ここから大臣としての怒濤の活躍が始まり、後世、「賢人右府」と称されることとなるのである。

翌二十六日の慶賀の際には、実資は蒔絵剱《まきえのたち》を用いるべきであると思っていたのであるが、道長の意によって樋螺鈿《ひらでん》の剱《たち》を用いた。実資は、「近代の事は、多くあの命に帰すばかりである」と不審がっている。

念願の大臣に上った実資は、除目《じもく》の執筆《しゅひつ》を勤めることとなった。さすがの実資も初めてのこと、八月二十六日に道長に作法を問い合わせた。もちろん、道長は適切に返信している。これ以降、『小右記』の記事はきわめて詳細となっていく。自分の主宰する政務や儀式を、やがて部類記《ぶるいき》として編纂し直し、あわよくば儀式書を編纂して、朝廷儀礼のスタンダードとして、宮廷社会に広めたり、後世に残しておきたかったのであろう。

一方、『御堂関白記』の記事は、九月一日から五日までの念仏の回数のみ記されているもので終わるが、五日間で計七十万遍というのも、実際の数字とすると、すごいものである。いったい一日二十四時間で、十七万遍もの念仏を唱えられるものなのであろうか(一秒に二回の計算になる)。

十月五日に、実資は無量寿院を訪ねて道長と晩まで謁談《えつだん》したが、多くは公事《くじ》(政務や儀式)についてであったという。十一月六日にも、実資は無量寿院に道長を訪ね、官奏《かんそう》について協議している。いまだ道長は、世事にも関心を持ち続けていたのである。

実資が儀式を主宰する際に宮廷社会に流れる緊張感(と期待感)も、容易に読み取れるところである。十一月九日に行なった御前の官奏では、上下の官人が壁に穴を開けて、その様子を伺い見ている。

道長の方も、実資の見識を重んじていた。十一月十六日の不堪佃田申文《ふかんでんでんもうしぶみ》の儀では、道長は、教通が参入して実資の作法を見たかどうかを問い、教通が見ていないことがわかると、「我が子孫は、上臈《じょうろう》の作法を見ることを善しとする。何の障りが有って参らなかったのか」と不機嫌となった。二十三日の不堪佃田奏では、道長は秘かに実資の作法を見ている。道長は、十二月二十日にその作法を賞賛してきた。「はなはだ好く思量した。久しく一上《いちのかみ》として奉公すべき人である。横死《おうし》の怖れは有ってはならない」というものである。

十二月に入ると、無量寿院西北院《せいほくいん》の供養が行なわれ、一日、道長は藤原行成《ゆきなり》に願文《がんもん》の清書を命じた（『諸寺供養類記』所引『権記』）。三日の供養では、舞の際に道長が、「右大臣（実資）は必ず納蘇利《なそり》（右方の走舞《はしりまい》）に衣を脱がれるか。内大臣（教通）は先ず陵王《りょうおう》（左方の走舞）に被《かず》けるように」との興言を行なった。この言葉によって、関白頼通以下、皆は衣を脱いで舞人《まいびと》に下賜《かし》した。実資は、「算《さん》（秩序）が無いようなものである」と非難している。

その無量寿院では、治安二年（一〇二二）三月に落書《らくしょ》があったらしい。二十日に道長がそれを信受したという記事が見えるが、いったい何を批判した落書だったのであろう。

五月二十六日には頼通の高陽院《かやのいん》で競馬が行なわれたが、道長を迎える儀は天皇の行幸《ぎょうこう》のようであったという。もともと後一条の病悩中の競馬には不快であった実資は、「天に二日《にじつ》が有るようなものである」と批判的である。

七月には、無量寿院に大日如来像《だいにちにょらいぞう》を本尊とする金堂と密教の五大尊像《ごだいそんぞう》を本尊とする五大堂が竣工した。はじめ道長は、法界寺《ほうかいじ》か法身寺《ほうしんじ》という寺号《じごう》とする意向であったが、九日に法成寺と改定し、行成に扁額《へんがく》を書くことを命じた（『諸寺供養類記』所引『権記』）。

法成寺金堂供養は、天皇・東宮・三后が参列して、七月十四日に行なわれた（『諸寺供養類記』所引『権記』、『小右記』）。後一条は中央の間で中尊《ちゅうそん》に向かって拝礼したが、その時、道長は階《きざはし》の腋《わき》の地下《じげ》で涕《てい》泣《きゅう》していた。その後、道長は実資に、「久しく盃酒《はいしゅ》の座に出て交わることは無かった。今日は、特に畏れ多く思うことが有る。無理に勧盃《けんぱい》を行なう」と語り、言葉が終わらないうちに落涙《らくるい》を禁じ難かったという。

現世の栄耀をきわめた道長は、これで臨終正念《りんじゆうしようねん》を迎える場も準備し終えることができ、来世についても心配の種はなくなった、はずであった。

なお、治安元年の十月から十二月にかけて(いずれも九条本・広本・A系)、資平《すけひら》のことを「○」と記した例が五例、見られる。治安二年五月には(東山御文庫本・略本・B系)、資平のことを「○平」と記した例もある。資平のことを「ム(某)」と記した例も含め、これらについてはいずれ、私見を述べることとしよう。

現代語訳小右記 11

右大臣就任

治安元年（一〇二一）正月―
治安二年（一〇二二）十二月

治安元年（一〇二一）

藤原実資六十五歳(正二位、大納言→右大臣・右大将)　後一条天皇十四歳　藤原道長五十六歳　藤原頼通三十歳　藤原彰子三十四歳　藤原威子二十三歳

○正月

一日、丁丑。　四方拝／頼通家拝礼／道長家拝礼／御薬／小朝拝／元日節会

「四方拝《しほうはい》が行なわれた」と云うことだ。匠作《しょうさく》(藤原資平《すけひら》)が来た。すぐに関白《かんぱく》殿(藤原頼通《よりみち》)に参った。しばらくして、帰って来て云ったことには、「関白の舎弟《しゃてい》の卿相《けいしょう》及び親昵《しんでい》の中納言《ちゅうなごん》・宰相および諸大夫《しょたいふ》が拝礼《はいらい》を行ないました。主人(頼通)が答拝《とうはい》しました。関白は卿相を率いて無量寿院《むりょうじゅいん》(藤原道長《みちなが》)に参られました。釼《たち》と笏《しゃく》を外して、三拝を致しました。また更に尊堂《そんどう》(源倫子《ともこ》)に参られました。卿相は一緒に拝礼しました〈尊堂は同じく土御門第《つちみかどてい》にいます。〉」と。夕方、内裏に参った。匠作が従った。人は陣座《じんのざ》にいなかった。殿上間《てんじょうのま》に参上した。関白が伺候されていた。卿相が伺候した。この頃、後一条《ごいちじょう》天皇に御薬《みくすり》を供した。儀が終わって、関白は退下した。射場《いば》に於いて、左頭中将《さとうのちゅうじょう》(源)朝任《あさとう》を介して、事情を奏上された。小朝拝《こちょうはい》が行なわれた〈関白、大納言《だいなごん》(藤原)斉信《ただのぶ》・(藤原)公任《きんとう》・(藤原)教通《のりみち》、中納言(藤原)頼《より》宗《むね》・(源)経房《つねふさ》・(藤原)能信《よしのぶ》・(藤原)兼隆《かねたか》・(藤原)実成《さねなり》・(源)道方《みちかた》、参議《さんぎ》(藤原)通任《みちとう》・(藤原)公信《きんのぶ》・(藤原)経通《つねみち》・(藤原)広業《ひろなり》・資平・(藤原)定頼《さだより》。〉。殿上人《てんじょうびと》が列立《れつりつ》した頃、右大臣(藤原公季《きんすえ》)が参入した。ところが、列に

加わることはできなかった。下官（実資）及び次席の者は陣座に向かった。ところが右大臣は、殿上間に参った。未だその理由がわからない。卿相が陣座に伺候していた頃、右大臣が仗座《じょうのざ》に着した。私に談って云ったことには、「関白が云ったことには、『内弁《ないべん》を奉仕するように』ということだ。左大臣（藤原顕光《あきみつ》）は、未だ参っていない。やはり仰せ事を奉って、奉仕すべきであろうか」ということだ。私が答えて云ったことには、「関白が直接、おっしゃったのですから、何の疑いが有りましょうか。但し、先ず左府（顕光）が参るかどうかを問われては如何でしょう」と。すぐに大外記《だいげき》（小野）文義朝臣《ふみよしあそん》が、左府の障りを問うた。申して云ったことには、「参らない」ということだ。すでに黄昏に及んでいる。今となっては、何事が有ろうか。そこで所司《しょし》の奏を問われた。文義が申して云ったことには、「皆、揃えてあります」ということだ。私以下が外弁《げべん》に出た頃、大納言（藤原）行成《ゆきなり》が参入した。はなはだ懈怠《けたい》である。黄昏、外弁の座に着した。外記《げき》祐基《すけもと》を召して、所司の奏について問うた。申して云ったことには、「内侍所《ないしどころ》に託されました」ということだ。また、大舎人《おおとねり》・中務省《なかつかさしょう》・侍従《じじゅう》について問うた。申して云ったことには、「大舎人は伺候しています。侍従は（惟宗《これむねの》）文高《ふみたか》一人が参入しています」ということだ。しばらくして、門を開いた。大舎人が称唯《いしょう》した。少納言《しょうなごん》（藤原）信通《のぶみち》が参入した。私は座を起った。次々に座を起った。左兵衛《さひょうえ》の陣頭に列立した。少納言が召しを伝えた。私は参り進んだ。御暦奏《ごりゃくのそう》の草案《そうあん》を、承明門《しょうめいもん》の外に立てた。事情を召し仰せた。撤去させようとしたが、所司が未だ伺候していなかった。そこで先ず召使《めしつかい》に命じて撤却させた。参列の道を塞いでいるからである。諸卿が同じく進んで、標《しめ》に就いた。侍従二人が参入した。一人は帰り出た。未だその理由がわからない。もしかしたら靴を着していなかったのか。諸卿が驚き怪しんだばかりである。私を貫首《かんじゅ》とした。謝座《しゃざ》と謝《しゃ》酒《しゅ》の儀は、恒例のとおりであった。序列どおりに参上した。内膳司《ないぜんし》が御膳を供した。諸卿の座が興った。次いで諸卿の粉熟《ふずく》を据えた。御箸を下した。卿相が応えた。宸儀《しんぎ》（後一条天皇）は入御《にゅうぎょ》された。私は警蹕《けいひつ》を称した。すぐに復されて、称したものである。しばらくして、私は退下した。障るということを大外記文義朝臣に伝えて、退出した。今日、皇太子（敦良《あつなが》親王）の座を立てなかった。装束司《しょうぞくし》の失《しつ》儀《ぎ》である。後日、蔵人右中弁《くろうどうちゅうべん》（藤原）章信《あきのぶ》が云ったことには、「装束司左中弁《さちゅうべん》（藤原）重尹《しげただ》は、重服《じゅうぶく》です。事に従うことはできません。史《し》（但波《たんばの》）奉親《ともちか》朝臣一人が、御室礼《しつらい》について行ないました。皇太子の座を立てなかった事は、その事情を召問《しょうもん》して、過状《かじょう》を進上させることにします」ということだ。「また、頭中将《とうのちゅうじょう》朝任も装束司です。きっと引き及ぶでしょうか」ということだ。

二日、戊寅。　無量寿院に道長を訪ねる／道長に資房の帯借用を請う／頼通邸拝礼／藤原彰子拝礼／二宮大饗

匠作が来て、談って云ったことには、「昨日、節会《せちえ》の楽以前に、主上《しゅじょう》（後一条天皇）は還御《かんぎょ》しました」と。未の終剋の頃、無量寿院に参った。両宰相（経通・資平）が供奉《ぐぶ》した。左大将《さだいしょう》（教通）が、参入したということを申した。すぐに謁見《えつけん》された。匠作は、また左兵衛佐《さひょうえのすけ》（藤原）資房《すけふさ》の帯について申した。貸してくださるということをおっしゃられた〈七日節会の分である。〉。四条大納言《しじょうだいなごん》〈公任。〉と源中納言《げんちゅうなごん》〈経房。〉が、同じく参った。一緒に関白殿に参って、拝礼を行なった〈臨時客《りんじきゃく》については、すでに終わっていた。〉。そこで直ちに参上して、座に着した。盃酌《はいしゃく》が数巡した後、内裏に参られた。下官と中宮大夫《ちゅうぐうだいぶ》〈斉信。〉は、御車後《くるまじり》に乗った。先ず殿上間に参上した〈敷政門《ふせいもん》から入って、紫宸殿《ししんでん》の前を経た。〉。すぐに太后《おおきさき》（藤原彰子《あきこ》）の御在所《ございしょ》に参った。拝礼が行なわれた〈拝舞《はいぶ》した。他の宮と異なるからである。〉。この宮（彰子）では、大《だい》饗《きょう》は行なわれない。ところが、他の宮とは異なるので、特に拝礼を行なうよう、関白の仰せが有っただけである。拝礼が終わって、片廂《かたびさし》の饗宴が有った。座は形のとおりであった。酒事《さかごと》が有った〈この頃、燭《しょく》を秉《と》った。〉。二宮大饗《にぐうのだいきょう》〈中宮《ちゅうぐう》（藤原威子《たけこ》）・東宮。〉について催促された。しばらくして、中宮〈飛香舎《ひぎょうしゃ》。〉に参った。拝礼が行なわれた〈夜に入っていたので、靴を着さなかった。〉。次いで東宮に参って、拝礼を行なった。皆、先ず事情を啓上《けいじょう》した。そもそも太后の御在所に於いて、関白が云ったことには、「啓上させずに、直ちに進んで拝礼を行なうのか」ということだ。私が申して云ったことには、「やはり親しく啓上されるべきでしょう」と。そこで啓上されただけである。戌剋の頃、先ず中宮大饗〈玄《げん》輝《き》門の西腋《にしわき》。東を上座とした。〉に着した。関白は着されなかった。二献《こん》の後、餛飩《こんとん》を据え、三献の後、飯と汁を据えた。次いで音楽があった〈大唐《だいとう》・高麗《こま》楽《がく》、各一曲。〉。次いで禄を下給した。終わって、東宮の饗〈玄輝門の東。西を上座とした。〉に着した。一献、餛飩。二献、汁。次いで音楽があった。舞曲は中宮大饗と同じであった。禄を下給したことも、また同じであった。今日、参入した諸卿は、大納言斉信・公任・教通・行成、中納言頼宗・経房・能信・兼隆・実成・道方、参議通任・公信・経通・広業・資平・定頼。

四日、庚辰。　後一条天皇・東宮、彰子に朝覲／藤原兼隆従者、源師房の従者と闘乱

京兆《けいちょう》〈経通〉と匠作の宰相が来て、語って云ったことには、「昨日、左金吾《さきんご》〈頼宗。〉以下の卿相は、左大将教通の許に会しました。大納言公任が出居《でい》を行ないました。盃酒《はいしゅ》が数巡した後、内裏に参りました。これより先に、中宮大夫〈斉信。〉と権大納言《ごんだいなごん》〈行成。〉が参入していました。主上は、母后《ははきさき》(彰子)に拝覲《はいきん》しました。また、皇太子も、同じく拝覲しました。儀が終わって、関白と諸卿は、皇太后宮《こうたいごうぐう》(藤原妍子《きよこ》)に参りました。酒が酣《たけなわ》となって、和歌を詠みました。纏頭《てんとう》が行なわれました」ということだ。「また、昨夜、中納言〈兼隆。〉の従者と侍従(源)師房《もろふさ》の従者が、闘乱を行ないました。関白の車副《くるまぞい》は、力を師房の従者に添えました。今朝、関白の車副および師房の従者を検非違使《けびいし》に引き渡して、獄に下しました。『夜、中納言の従者も、同じく獄に下した』と云うことでした」ということだ。年首《ねんしゅ》に、吉くない事である。

六日、壬午。　無量寿院十斎堂法会／叙位議／受領功過定／祭使の加階／道長、資房に帯を貸す

召使が申して云ったことには、「大外記文義朝臣が申させて云ったことには、『今日、叙位《じょい》の議が行なわれます』ということでした」と。匠作が来て云ったことには、「昨夜、無量寿院十斎堂《じっさいどう》で、呪師《ずし》を走らせられました。関白及び卿相が参会しました。暁方に臨んで、法会《ほうえ》が終わりました。はなはだ軽々しいものでした。事は厳重ではありません」ということだ。内裏に参った〈晩方。〉。匠作は車後に乗った。これより先に、左右大臣（顕光・公季）が陣座にいた。酉の初剋の頃、蔵人右中弁章信を介して、御書状が有った。そこで左大臣以下は、御直廬《じきろ》に参られた。叙位の議が行なわれた。右大弁《うだいべん》定頼が執筆《しゅひつ》した〈今日、初めて執筆した。〉。私は関白の仰せによって、受領《ずりょう》の功過《こうか》を定め申した。先日、定めて書いた任中の者の、二寮の勘申《かんじん》について、第一に相模《さがみ》の（藤原）致光《むねみつ》、次いで丹波《たんば》の（藤原）頼任《よりとう》、次いで上野《こうずけ》の（藤原）定輔《さだすけ》。本来ならば書いた順番に任せて読まなければならないのである。式部大輔《しきぶのたいふ》広業は、先ず丹波の勘解由《かげゆ》勘文《かんもん》を読み揚げた。大納言斉信卿が云ったことには、「順序が違濫《いらん》している。先ず相模を読まなければならない」ということだ。事はそうであるべきであることを謂った。そこで丹波を止めて、相模を読んだ。後に聞いたことには、「頼任は、面目が無いということを述べた。大略は意を得て、広業が先ず読ませたのか」と。今日、叙位の次いでに関白が云ったことには、「内《く》蔵寮《らりょう》の助《すけ》、左右馬寮《めりょう》の頭《かみ》と助の加階《かかい》は、先日、定が有った。祭使《さいし》の役は、連々としている。加階について定が有ったのは、如何か」ということだ。私が申して云ったことには、「先日は承っていません」と。また、おっしゃって云ったことには、「諸卿が定め申すように」ということだ。あれこれが云ったことには、「五位の従正は、各々六年の間、このように進めてきた。衛府《えふ》の古例《これい》は五年である。ところが近代は、三、四年で加階していて、古例より縮まっている。また両寮の加階は、頗る縮めて行なわれても、何事が有るであろうか。次々の加階は、先ず前例を調べ、その間隔を計って行なわれるべきであろうか」と。関白・左大臣・右大臣は、皆、一位に叙された。資房は従五位上に叙された

〈左兵衛佐の労《ろう》が三箇年。外記《げき》勘文《かんもん》に入れた。〉。亥の初剋の頃、議が終わった。入眼《じゅげん》は中納言道方と参議広業。今日、参入した卿相は、左大臣・右大臣、大納言斉信・公任・教通、中納言頼宗・経房・能信・兼隆・実成・道方、参議公信・経通・通任・広業・資平・定頼。

入道殿《にゅうどうどの》(道長)が頼任を介して、烏犀巡方《うさいじゅんぽう》の帯を匠作に貸し送られた。その御詞に云ったことには、「この帯は、人に貸さない。ところが、先日、大将(実資)が依頼してきたので、特に貸すものである」ということだ。これは資房の明日の分である。

十一日、丁亥。　道長、法性寺修正月会／橘正平追捕宣旨／御斎会加供／右近衛府荒手結

晩方、匠作が来て云ったことには、「昨夜、入道殿は、法性寺《ほっしょうじ》に於いて修正月会《しゅしょうがつえ》を行なわれました」ということだ。「関白、大納言斉信・行成及び家の子の上達部《かんだちめ》、その他、五、六人が参入しました」と。また、云ったことには、「章信朝臣が云ったことには、『主殿助《とのものすけ》橘正平《まさひら》は、追捕宣旨《ついぶせんじ》を下された。去る六日の夜、無量寿院に於いて、大刀《たち》で蔵人所《くろうどどころ》の雑色《ぞうしき》藤原範基《のりもと》の頭を打ち破った。そこでこの宣旨が下った』と云うことです。或いは云ったことには、『石で打った』と云うことです」と〈橘正平は(橘)儀懐《よしかね》朝臣の子。藤原範基は故(藤原)高扶《たかすけ》朝臣の子。〉。

今日、加供《かぐ》を行なった。夜に入って、僧名《そうみょう》を□□終わった。□十荷《か》は、前と同じである。右近衛府《うこのえふ》の荒手結《あらてつがい》は、夜に臨んで、右近府生《うこんのふしょう》□□が持って来た。右少将《しょう》(藤原)良頼《よしより》と(藤原)実康《さねやす》が、これに着した。

十六日、壬辰。　踏歌節会／藤原斉信、実資の作法を非難

今日は節会である。そこで参入した〈未剋。匠作は車後に乗った。〉。陣頭に人はいなかった。しばらくして、上達部が参入した。左頭中将朝任が仰せを伝えて云ったことには、「内弁を勤めるように」ということだ。また幾程も経ずに、仰せを伝えて云ったことには、「次《じ》侍従《じじゅう》を補すように」ということだ。南座《なんざ》に着して、大外記文義を召した。次侍従の欠、また補すべき者の勘文《かんもん》について命じた。すぐに筥《はこ》に納めて進上した〈外記勘文に、補すべき者が十九人。および通例の中務省が勘申した侍従の欠の数の文が二十一人。〉。頭中将を介して、奏上させた。命じて云ったことには、「勘文に任せて補すように」と。外記を召して、硯と紙について命じた。すぐにこれを進上した。私はこれを書いた〈先ず補すべき者を書き出した後に、これを書いた。〉。大納言斉信卿が、すぐに勘文を読ませた。見合わせ終わって、筥に盛った。頭中将朝任を介して、奏聞《そうもん》した〈口伝《くでん》に云ったことには、「奏上しない」ということだ。奏上する例も有る。そこで奏上したものである。〉。すぐにこれを返給した。「下給するように」ということだ。外記を召して、硯筥《すずりばこ》を撤去させた。中務輔《なかつかさのすけ》を召した。（藤原）親国《ちかくに》が参入した。次侍従の簿を給わった。主上が紫宸殿に出御《しゅつぎょ》した。近衛府《このえふ》が警蹕を行なった。御座は定まったのか。私が座を起って、壁の後ろに向かった頃、諸卿は外に出た。私は靴を着した。式次第を笏に押させた。私は宜陽殿《ぎようでん》の兀子《ごっし》に着した。内侍《ないし》が檻《かん》に臨んだ。座を起って、称唯した。軒廊《こんろう》の第二間から出て、左仗《さじょう》の南頭《みなみのほとり》に進んだ。謝座を行なった。参上して、座に着した。次いで門を開いた。闈司《いし》は分かれて坐った。次いで舎人《とねり》を召した

ことは二声。大舎人は同音に称唯した。少納言は代わりに版位《へんい》に就いた。宣したことには、「大夫《まちきみ》たちを召せ」と。次いで群臣が参入し、立ち定まった。宣したことには、「座に侍れ」と。謝酒し〈斉信卿を貫首とした。笏を右に置いて、空盞《くうさん》を執った。前例を失している。本来ならば左に置かなければならない。〉、参上した。次いで内膳司が、南　階《みなみのきざはし》から御膳を供した。殿上《てんじょう》・階下《かいか》の座が興った。益供《やくぐ》の者が撤却し終わって、臣下の粉熟を据えさせた。終わって、天皇の意向を伺って、御箸を鳴らされた。これは通例である。臣下が箸を下した。次いで御飯および御膳を供した。次いで臣下の飯と汁。また意向を伺って、御箸を鳴らせた。臣下は食に就いた。次いで三節《みおり》の御酒《みき》を供した。次いで一献を供した。次いで臣下。その後、宰相を介して、国栖奏《くずのそう》を催促させた。外記が申して云ったことには、「国栖《くず》は参っていません」ということだ。三献の後、大夫たちに御酒を給うということを奏上した。左京大夫経通を召した〈召詞《めしことば》に云ったことには、「みさと司《つかさ》の藤原朝臣」と。〉。大夫たちに御酒を給うよう命じた。称唯して、退下した。しばらくして、帰り昇った。南欄《らん》に臨んで、召し仰せた〈二人を召した。もう一人は召さなかった。失儀である。〉。私は退下して、立楽《たちがく》を催促させた。この頃、雪が降ってきた。数剋を経て、止んだ。雅楽寮《ががくりょう》は立楽を奏した。ただ二曲を奏し終わって、罷出音声《まかでおんじょう》を奏して退出した。右頭中　将《うとうのちゅうじょう》〈藤原〉公成《きんなり》が来た。仰せを伝えて云ったことには、「本来ならば四曲を奏さなければならない。ところが、二曲を奏して退出したのは、如何なものか」と。召して問うということを奏上させた。外記を召して、尋ね問わせた。申して云ったことには、「雪が降ってきましたので、奏することができません」

ということだ。申したところは、当たっていないということを伝えさせた。雨雪の際は、承明門の壇上に於いて、舞曲を奏すべきものである。内教坊別当《ないきょうぼうべっとう》は参らなかった。そこで坊家《ぼうけ》を促して、踏歌図《とうかのず》を奏上させた。右少将実康が、持って来た。壇上に於いて、執って参上した。内侍に託して、座に復した。この頃、雅楽寮は更に音楽を発した。宰相を介して、止めさせた。行なったところは、はなはだ意に任せている。次いで踏歌《とうか》。宰相に伝えて、燎《ひ》を執っている者を退かせた。踏歌が終わって、諸卿は退下した。宜陽殿に於いて、拝舞を行なった〈雪が降っていたので、雨儀《うぎ》を用いた。〉。終わって、参上した。私は左仗に着し、これを召して見た。参り終わって、返給した。次いで宣命《せんみょう》を召した。終わって、返給した。軒廊に於いて、宣命・見参簿《げんざんぼ》・禄の目録を取り〈外記が一枚に合わせて挿した。〉、参上して内侍に託した。笏を抜いて、右廻りに柱の下に立った。御覧が終わって、内侍が返給した。御屏風《びょうぶ》の南妻に進んだ。私は歩み寄って笏を挿み、宣命などを書杖《ふづえ》に取り加えた。左廻りに退下した。杖は外記に給わった。宣命などを取って参上した。右兵衛督《うひょうえのかみ》公信を召した〈召詞に云ったことには、「右の兵《つわもの》舎人《とねり》の司の藤原朝臣」と。〉。座を起って、称唯し、来て私の後ろに立った。右手で宣命を給い、座に復した。終わって、右大弁定頼を召した〈召詞に云ったことには、「定頼朝臣」と。四品《しほん》であるからである。〉。見参簿と禄の目録を賜わって退下した。終わって、諸卿は退下し、宜陽殿に列立した。次いで宣命使《せんみょうし》が、版位に就いた〈宜陽殿には版位を置いていなかったとはいっても、その所を推測して立った。〉。宣制《せんせい》したことは二段。諸卿は再拝《さいはい》し、舞踏《ぶとう》を行なった。宣命使が参上した。次いで諸卿が座に復した。この頃、天皇は還御した。私は警蹕を称した。次いで諸卿が退下して、禄所《ろくしょ》〈春興殿《しゅんこうでん》。〉に就いた。序列どおりに禄〈綿。〉を下給された。日華門《にっかもん》から退出した〈亥剋。〉。

今日、参入した公卿は、大納言斉信・公任・行成・教通、中納言頼宗・経房・能信・実成・道方、参議公信・経通・通任・広業・資平・定頼。

後日、四条大納言公任卿が伝え送って云ったことには、「斉信卿が、左将軍教通に談って云ったことには、『「大将(実資)が宣命などを奏上した儀で、内侍に託した時、左手で託した」と云うことだ。「返し受けた時も、また同じ手を用いた」と。本来ならば、返し取る時は右手を用いなければならない』ということだ」と。公任卿が云ったことには、「両度とも、左手の方が便宜《びんぎ》が有る」ということだ。私が答えて云ったことには、「故三条太相府《さんじょうだいしょうふ》(藤原頼忠《よりただ》)から以来、これを見ると、皆、左手を用いている。特に下給する時は、左手が、いよいよ便宜が有る。左手で宣命などを書杖に取り加えるのは、左廻りの際に、もっとも便宜が有るのである。もし右手で取ったならば、差して御屏風の南に進み出なければならない。身を御屏風に隠して、取るものである」と。このことを公任卿に報じた。書状に云ったことには、「人を非難する事は、かえって愚かさを表わすだけである」ということだ。後の為に、これを記す。

二十日、丙申。　春日行幸日時勘申／受領功過定

召使が申して云ったことには、「今日、議定《ぎじょう》が行なわれます。参入してください」ということだ。そこで参入した〈匠作は車後に乗った。〉。「これより先に、右府〈公季〉が参入した。受領の功過を定め申すことになった」ということだ。大納言斉信卿が、春日行幸《かすがぎょうこう》の日時を勘申させることになった。そこで陣座に着して、勘申させた。斉信卿は南座に着した。右府も同じく南座に着した。人々が云ったことには、「右府は南座に着されるべきであろう。只今、特別な公事《くじ》は行なわれていない」ということだ。右中弁章信が陰陽寮《おんみょうりょう》に伝え仰せて、勘申させた。勘申して云ったことには、「三月七日。また日は無い」ということだ。関白に奉ったところ、おっしゃられて云ったことには、「『二月二十五日が宜しい日である』と云うことだ。問わせるように」ということだ。陰陽寮が申して云ったことには、「悪日《あくにち》です」ということだ。行事《ぎょうじ》の人々を仰せ下された。宰相資平、弁《べん》章信、史奉親〈大夫。〉・〈津守《つもりの》〉致任《むねとう》を、斉信卿が仰せ下した。終わって、北座に復した。次いで右府が、国々の文書《もんじょ》を召して、定め申した。定め申した順序は、丹波の頼任、薩摩《さつま》の〈藤原〉頼孝《よりたか》、丹後《たんご》の〈源〉経相《つねすけ》、上野の定輔、越後《えちご》は任中〈源行任《ゆきとう》。〉。厨家《くりや》が粉熟を供した。下臈《げろう》二、三人の粉熟が足りなかった。そこで箸を下さずに、撤去させた。湯漬《ゆづけ》を供した。定めていた間に、暁方に及ぼうとしていた。そこで定め申さなかった。「薩摩の大宰府解《だざいふげ》と不与状《ふよじょう》は、戎具《じゅうぐ》や糒《ほしいい》の年が同じではなかった。そこで事情を奏上して問わせなければならない」ということだ。中納言経房が云ったことには、「伊《い》勢豊受宮《せのとようけのみや》を造営する料物《りょうもつ》は、国々に召したが、進納を勧めていない。その国の功過は定め申してはならない」ということだ。また云ったことには、「先ず勘解由の文書は、あれこれを記してはならないと定めた」ということだ。召物《めしもの》の国々の勘文を召して見た。丹後と上野は進上していなかった。そこで勘解由勘文を記さなかった。今日、参入した公卿は、右大臣、大納言斉信・公任・行成・教通、中納言頼宗・経房・能信・実成・道方、参議公信・広業・資平。

明後日、除目始《じもくはじめ》が行なわれる。「但し、初めて御前に於いて行なわれることになる」と云うことだ。「重服や軽服《きようぶく》の人は、参ってはならない。物故者の申文《もうしぶみ》を奏上させてはならない」と云うことだ。

二十一日、丁酉。　検非違使、橘儀懐宅を捜索

召使が申して云ったことには、「大外記文義朝臣が申させて云ったことには、『明日、除目始が行なわれます』と」と。「今日、検非違使が儀懐の宅を囲みました。子の失踪《しつそう》によって、捜検しました。その身はありませんでした」と云うことだ。

二十二日、戊戌。　県召除目

今日、除目《じもく》が行なわれた。未剋の頃、雨を冒して内裏に参った〈匠作は車後に乗った。〉。これより先に、左右両府（顕光・公季）が参られた。今日、初めて文書を奏上し、宣旨を下された。左府は外記を召して、筥文《はこぶみ》などについて問うた。次いで左大臣以下が議所に着した。左大臣は南西の方から入った〈召使が幕を褰《かか》げた。〉。右大臣以下は北東の方から入った〈大臣は東面した。南を上座とした。〉。私は南座に着した。序列どおりに分かれて着した。筥文は納言の座の南に置いた。大臣は外記を召し、大臣の座の南辺りに改めて置かせた。少納言信通と左少弁《さしようべん》（藤原）義忠《よしただ》が、盃を執って両行した。その後、蔵人頭《くろうどのとう》朝任が来て、召した。終わって、大臣は大外記を召し、筥を揃えるよう命じた。退出した。外記を率いて参入し、これを取った。春興殿の北砌《きたのみぎり》〈日華門の外。〉に立った。大臣が、日華門の外の東砌《ひがしのみぎり》に立つよう命じた。そこで日華門の外の東砌に立った。頗る北に寄っていた。左大臣が座を起ち、春興殿の東廂《ひがしびさし》に入った〈少し急いだからか。〉。すぐに出て、日華門に入った。次いで右大臣以下が座を起ち、紫宸殿の北廂《きたびさし》を経て、射場に向かった。大臣は廊に立った。私は射場の内に立った〈雨儀。〉。西面して北を上座とし、納言が列した。参議は北面して東を上座とした。外記が筥を執って紫宸殿の下を進み、射場の東砌に列立した。終わって、左右大臣が参上し、御前の座に着した。次いで廊の内に進み立った。外記が硯を進上した。私は笏を挿み、硯を取って参上し、左大臣の座頭《ざがしら》に置いた。私は笏を抜き、左廻りに着した。大納言斉信・行成、中納言経房が、序列どおりに筥文を取って参上した。これより先に、関白が座に就いた。諸卿が座に着した。大納言公任卿は、いささか病悩する所が有って、筥文を取らずに議所に着した。参上の間、陣の辺りに留まった。中納言実成と参議資平も、同じく陣頭に留まった。列立の際、便宜が無かったからである。関白は、召しによって、御前の円座《わろうだ》に着した〈南面した。〉。関白は左大臣を召した。円座に着した。次いで右大臣。除目を始めた。すぐに燭を秉った。左大臣は、年齢が八十歳に及んでいるのに、執筆を行なった。諸人は感心しなかった。内蔵寮の衝重《ついがさね》は、恒例のとおりであった。議が未だ終わらない頃に、私は退出した〈亥剋。〉。御前の除目を、今日、初めて行なわれた。そこで去る夕方、男女の服喪《ふくも》の者は退出した。また、物故者の中文を奏上しなかった。今日、参入した諸卿は、左大臣・右大臣、大納言斉信・公任・行成・教通、中納言経房・能信・兼隆・実成、参議公信・(藤原)朝経《あさつね》・通任・広業・某《なにがし》(資平)・定頼。

今日、受領功過定《ずりょうこうかさだめ》は行なわれなかった。関白がおっしゃって云ったことには、「最初の除目の日に功過を定めるのは、事の憚りが有る。そこで明日、定めるよう、おっしゃられたのである」と。

二十四日、庚子。　除目入眼／藤原資頼、伯耆守に任じられる

内裏に参った〈匠作は車後に乗った。〉。左右府及び諸卿は、陣座にいた。未だ議所に着していない頃に、召しが有った。左大臣は外記を召して、筥文について命じた。「昨日、筥文を執った外記たちは、射場の南庭《なんてい》に列立した〈東を上座として北面した。〉」と云うことだ。私はこの事を聞いて、卿相に問うた。大納言斉信卿が云ったことには、「この儀は、年数が漸く隔っている。確かに覚えていないところである」と。私が云ったことには、「射場の東庭《とうてい》に列立する〈北を上座として西面する。〉」と。あれこれが云ったことには、「今、思い出したことには、大外記文義に日記が記したところを問い、射場の南庭に列した」ということだ。そうではないということを伝えておいた。そこで今日は、東庭に列した。右大臣が云ったことには、「昨日は参入しなかった。『陣座から諸卿が参上した際に、或いは小庭《こにわ》を渡って参上し、或いは宜陽殿の西壇の上を経た』と云うことだ。これについては如何であろう」と。私が答えて云ったことには、「一上《いちのかみ》は南座に着します。座を起って小庭を渡り、参上します。他の人は宜陽殿の西壇の上を経ます」と。大臣は承諾した。今日、左大臣の他は、宜陽殿の壇を経た。「昨日、権大納言行成は、小庭を渡った。また一、二人がこれに従った」と云うことだ。私は病悩していることを称して、射場に列しなかった。また大納言公任卿も、同じく留まった。諸卿は殿上間に着した。終わって、私は御前の座に着した。昨日、定め終わらなかった国々について、大納言斉信卿が承って行なった。戌剋の頃、外記・史・式部省《しきぶしょう》・民部省《みんぶしょう》・衛門尉《えもんのじょう》の申文を下給した。私は請け取って座に復し、撰び定めた〈下から撰び上げたのは、通例である。〉。見終わって、更にまた、下して書かせた。撰んだ申文を副えて右大臣に託し、座に復した。終わって、殿上間に出た。（藤原）資頼《すけより》の給官《きゅうかん》について、左将軍教通卿に問うた。答えて云ったことには、「伯耆《ほうき》に任じるとのことです」と云うことだ〈申文に載せた国である。〉。今夜、関白の直廬に食事が準備された。ところが、いささか病悩する所が有って、退出した。

暁方〈寅剋の頃。〉、匠作が来た。除目について談った。「資頼は伯耆に任じられました」ということだ。除目に伺候した上達部は、内大臣〈関白。〉、左大臣・右大臣、大納言斉信・公任・行成・教通、中納言頼宗・経房・能信・実成・道方、参議公信・朝経・広業・資平・定頼。大納言公任卿が云ったことには、「明後日、仁王会《にんのうえ》について定めることとなった。二十八日に修すことになる。先ず内々に、或いは請僧《しょうそう》を定める」ということだ〈大極殿《だいごくでん》、百高座《こうざ》。〉。左頭中将朝任が云ったことには、「明後日、賭《のり》射《ゆみ》が行なわれるということについて、今日、宣旨が下りました」と〈権大納言行成が上卿《しょうけい》を勤めた。〉。

二十六日、壬寅。　賭射／請假／資頼慶申

今日、賭射が行なわれた。五箇日の假《か》〈産穢《さんえ》に触れた。〉を申請した。参入しなかった。匠作が来た。すぐに内裏に参った〈着座《ちゃくざ》の際の儀を記し送るよう、四条大納言の書状が有った。「これは右大弁定頼が、着座を行なう為である」ということだ。〉。未剋の頃、内豎《ないじゅ》が来て云ったことには、「頭中将〈左。〉がおっしゃって云ったことには、『只今、参るように』ということでした」と。今朝、触穢《しょくえ》が有ったので、假文《かもん》を奉った。そこでこのことを申させておいた。伯州《はくしゅう》の吏〈資頼〉が来て、拝礼を行なった。黄昏に臨んで、入道殿と関白殿に参らせた。次いで内裏に参るよう、伝えておいた。両殿の指南《しなん》の者は、〈源〉懐信《かねのぶ》朝臣であった。また、〈菅原〉永頼《ながより》朝臣を介して、内裏に送らせた。夜に入って、資頼が帰って来て云ったことには、「入道殿に参りました。休息されていたので、しばらくして申し返しました。関白殿は内裏に参られました。賭射によります。伺候している者に云い置いて、内裏に参りました。蔵人弁《くろうどのべん》章信の宿所《しゅくしょ》に伺候しました。これより先に、奏聞しておきました」と。今朝、匠作を介して指示させたのである。特に賭射によって出御を申す際であった。深夜、陣から賭射の手結《てつがい》を進上した。三度で終わった。左方が勝った。

○二月

一日、丙午。　**石塔造立供養／道長、資頼の申請を揶揄／道長六女嬉子、東宮敦良親王に参入／敦儀親王、藤原隆家一女と婚す／藤原斉信等、着座**

石塔供養《せきとうくよう》は、通例のとおりであった。匠作《しょうさく》（藤原資平《すけひら》）が来て云ったことには、「前日、給わった銀の筥《はこ》は、銀の葉子《ようし》を納めました〈草子《そうし》の彩色《さいしき》は、心葉《こころば》を置きました。〉。今朝、関白殿《かんぱく》（藤原頼通《よりみち》）に持参しました。内裏に伺候されていましたので、四位侍従《じじゅう》（藤原経任《つねとう》）に託しました。無量寿院《むりょうじゅいん》（藤原道長《みちなが》）に参りました。雑事を談られました。次いで伯耆《ほうき》（藤原資頼《すけより》）について語られました。拝謁したところ、『申請は極めて猛々しかった。今年、第一の国である』ということでした。その間、興言《きょうげん》をおっしゃられました」ということだ。黄昏に臨んで、匠作が来た。「すぐに尚侍《ないしのかみ》（藤原嬉子《よしこ》）が東宮（敦良親王《あつなが》）の所に参入するのに供奉します。尚侍は関白の養女《ようじょ》となりました」と云うことだ。今夜、式部卿宮《しきぶきょうのみや》（敦儀親王《あつのり》）が、前帥《さきのそち》（藤原）隆家《たかいえ》の女《むすめ》に通じた〈「太娘《おおいらつめ》。大炊御門家《おおいみかどけ》に於いて、婚礼を行なった」と云うことだ。〉。夜に臨んで、前帥が、左衛門尉《さえもんのじょう》（藤原）為親《ためちか》を介して、脂燭《しそく》の火についてのあれこれの説について問い送ってきた。子細を報じた。

今日、酉剋、大納言《だいなごん》（藤原）斉信《ただのぶ》が、着座《ちゃくざ》を行なった〈正官《せいかん》に転じて、また着した。〉。権中納言《ごんちゅうなごん》（源）道方《みちかた》は、丑剋に着した。参議《さんぎ》（藤原）定頼《さだより》は、酉剋に着した。

二日、丁未。　春日奉幣／資頼の伯耆赴任により、道長に頓料を贈る／在庁官人に庁宣を下す／改元定／春日行幸行事所始／道長、改元について内議

早朝、西隣に移って沐浴《もくよく》を行なった。春日《かすが》社に奉幣《ほうべい》を行なった。修善《しゅぜん》を行なうこと、および服者《ぶくしゃ》がいるので、他処に於いて奉幣を行なった。伯耆の頓料《とんりょう》の麻百端《たん》を、（源）懐信朝臣《かねのぶあそん》を介して入道殿《にゅうどうどの》（道長）

に奉献《ほうけん》した。近代の例による。(菅野)敦頼《あつより》朝臣を呼んで、伯耆に仰せ遣わす事を定めた〈一、恒例の神事を勤仕《ごんし》すべき事。一、農桑《のうそう》を催し勧めるべき事。一、早く国内の濫行《らんぎょう》の輩《やから》を制止すべき事。〉。(県犬養《あがたいぬかいの》)為政《ためまさ》宿禰《すくね》に書かせた。使を遣わして、国庁《こくちょう》にいる官人や書生《しょしょう》たちに下すこととする。

今日、改元《かいげん》および革命《かくめい》について定められた。ところが、その告げは無かった。早朝、大納言(藤原公《きん》任《とう》)の御許に問い達した。報じて云ったことには、「今になるまで告げは無い。ただ、『式部大輔《しきぶのたいふ》(藤原)広業《ひろなり》の着座が停止《ちょうじ》となったことを伝えられた』ということだ。儒者《じゅしゃ》であるので、この決定が有ったのか。この事は、左大臣(藤原顕光《あきみつ》)が、上卿《しょうけい》を勤められたものである」と。申剋の頃、召使《めしつかい》が申して云ったことには、「大外記《だいげき》(小野)文義《ふみよし》朝臣が申させて云ったことには、『今日、議定《ぎじょう》を行ないます。参入されますように』ということです」と。病悩している所が有るということを答えた。当日の晩方に告げてくるのは、奇怪である。匠作が来て云ったことには、「今日、巳剋、春日行幸《かすがぎょうこう》の行事所《ぎょうじしょ》を始めました。上卿は着座によって、参りません。そこで参入します」ということだ。また云ったことには、「昨日の戌剋、尚侍が宮に参入しました。陪従《べいじゅう》した人は、大納言公任・(藤原)行成《ゆきなり》・(藤原)教通《のりみち》、中納《ちゅうな》言《ごん》(藤原)頼宗《よりむね》・(源)経房《つねふさ》・(藤原)能信《よしのぶ》・(藤原)兼隆《かねたか》・(藤原)実成《さねなり》、参議(藤原)公信《きんのぶ》・(藤原)通任《みちとう》・広業・某《なにがし》(資平)」と云うことだ。「昨日、入道殿に於いて、大略、革命の有無について定められました。諸道が申したところは、知り難いものです。今となっては、ただ災年《さいねん》による改元を行なうということで、詔書《しょうしょ》を作成することになりました」ということだ。「また、汝《なれ》(実資)が参るかどうかを問われました。物忌《ものいみ》によって参ることができないということを申しておきました」と。私が伝えたものである。内議《ないぎ》の他は、甚だ益の無いことである。

七日、壬子。　**近火／藤原娍子から書状／藤原兼経、隆家二女と結婚／東宮、嬉子直廬に渡御／行幸舞人陪従定／高田牧司位記請印／斉信の失儀を、頼通が非難**

辰剋の頃、待賢門《たいけんもん》大路の北辺り、室町《むろまち》小路以西が焼亡した。但し、東洞院《ひがしのとういん》大路および室町小路の際には及ばなかった。東西辺りの宅は、頗る遺った。左中弁《さちゅうべん》（藤原）重尹《しげただ》・前美作守《さきのみまさかのかみ》（源）則理《のりまさ》・中務大輔《なかつかさのたいふ》（源）方理《かたまさ》・大舎人頭《おおとねりのかみ》（源）守隆《もりたか》が、来て云ったことには、「火事は頗る近々です。そこで来たところです」ということだ。匠作は来なかった。「居所に火事の怖れが有りました。そこで来ませんでした」ということだ。皇后宮亮《こうごうぐうのすけ》（藤原）為任《ためとう》が来た。宮（藤原娍子《すけこ》）の御書状を伝えて云ったことには、「先日、不覚であった際に、見舞いに来た。その悦びを、今まで伝えていない」ということだ。恐縮して承ったということを啓上《けいじょう》させた。今夜、右三位中将《うさんみちゅうじょう》（藤原）兼経《かねつね》が、前帥の女と結婚した〈二娘。大炊御門宅の北宅《きたたく》に於いて結婚した」と云うことだ。右三位中将は重服《じゅうぶく》の人である。朔日・今夜と、頻りに聟取《むことり》が有る。〉。内裏に参った。中宮大夫《ちゅうぐうだいぶ》斉信卿が、春日社の御祈禱《きとう》と諸社奉幣使《しょしゃほうべいし》を定めた〈二十一社。来たる十五日に、使者を出立《しゅったつ》させる。〉。修理大夫《しゅりだいぶ》資平が、これを書いた。左大弁《さだいべん》（藤原）朝経《あさつね》が参入していた。彼に書かせるべきであった。行事《ぎょうじ》であったので、資平に書かせたのか。大弁が伺候しているのであるから、他に及んではならないのではないか。右大臣（藤原公季《きんすえ》）が参入した。陣座《じんのざ》に着さず、東宮に参った。卿相《けいしょう》は陣座に伺候した。関白の御書状に云ったことには、「東宮に参るように」ということだ。そこで参入した。諸卿も同じく参った。東宮が尚侍の直廬《じきろ》に渡御《とぎょ》された。関白及び右大臣〈東宮傅《とうぐうふ》。〉、次席の者は御供《ぐぶ》に供奉した。関白以下は、あの直廬に伺候した。饗饌《きょうせん》が有った〈上達部《かんだちめ》と殿上人《てんじょうびと》。〉。一巡の頃、燭《しょく》を秉《と》った。二、三巡で、纏頭《てんとう》を被《かず》けたことは、差が有った〈上達部・殿上人・主殿司《とのものつかさ》・行啓所《ぎょうけいしょ》の立明《たちあかし》の者。疋絹《ひっけん》。〉。賜禄《しろく》の儀が終わって、還御《かんぎょ》された。御供に供奉して、退出した。関白、右大臣、大納言斉信・公任・教通、中納言頼宗・経房・実成・道方、参議公信・(藤原)経通《つねみち》・朝経・広業・某(資平)・定頼。「今夜、行幸《ぎょうこう》の舞人《まいびと》と陪従を定められた」と云うことだ。太皇太后宮《たいこうたいごうぐう》(藤原彰子《あきこ》)の去る寛《かん》仁《にん》三年の御給爵《ごきゅうしゃく》を、高田牧司《たかだのまきし》宗形信遠《むなかたののぶとお》に給わった。今夜、位記《いき》に請印《しょういん》を行なった。「この事は、帥中《そちちゅう》納言《なごん》(経房)が承って行なった」と云うことだ。位記請印は、所司《しょし》が私に、内々に催促させた。「今日、大納言斉信と参議定頼は、着座を行なった後、初めて外記政《げきせい》に従事した。文書《もんじょ》を申させた後、外記《げき》は筥文《はこぶみ》を進上しなければならない。ところが法申《ほうもうし》を行なったのは、これは奇怪である。往古《おうこ》から聞いたことのない失儀《しつぎ》である。外記(橘)行頼《ゆきより》の失儀と称すわけにはいかない。初めて着した両人の為に、もしかしたら大きな怪異《かいい》であろうか」と云うことだ。外記は、外記政が行なわれないということを申した。極めて便宜《びんぎ》のない事である。「今日、斉信卿は、あれこれを談った」と云うことだ。後日、関白が匠作に談って云ったことには、「上卿一人の為ではないのではないか。宰相の為に宜しくない事である。あの人(斉信)は、そうであってはならない」と。後に験じなければならない。

十一日、丙辰。家印始／頼通、加階の後、着陣・着座／頼通、教通宿所の華美、および近習の乱悪を非難／申文なし

今日、午の初剋、家印《かいん》を始めた。改元の後、吉日《きちにち》を択んで始めたものである。「今日、関白は、宜陽《ぎよう》殿《でん》および陣座に着される」と云うことだ。一位に叙された後、初めて参られるのか。昨日、匠作が云ったことには、「先日、おっしゃられて云ったことには、『一緒に参入するように』ということでした。そこで扈従《こしょう》しなければなりません。また云ったことには、『申文《もうしぶみ》の儀を行なうように』ということでした。今となっては、一上《いちのかみ》の儀を用いられるべきでしょうか。左大臣は、やはり外座《げざ》に着すべきでしょう。参るか否か、最も疑慮《ぎりょ》が有るでしょう」。また云ったことには、『左大将《さだいしょう》教通は、宣耀殿《せんようでん》を宿《しゅく》所《しょ》としている。その室礼《しつらい》は、我が直廬に勝っている。直廬から参上する道は、彼（教通）の宿所を通る。繧繝端《うんげんべり》の畳を敷いている。我はただ、高麗端《こうらいべり》を用いている』と。また云ったことには、『殿舎《でんしゃ》を宿所としてはならない。但し、制することはできない。ただ彼の心に任せる。或いは云ったことには、「故粟田相府《あわたのしょうふ》（藤原道兼《みちかね》）の作法と同じである」と云うことだ』ということでした。また云ったことには、『近習《きんじゅう》の者たちは、皆、悪人である。我はまったく従類《じゅうるい》に悪事を行なわせたことはない』ということでした」と。

申剋の頃、匠作が来て云ったことには、「午剋、関白は宜陽殿と陣座に着しました。卿相が扈従しました。退出された際、外記と史《し》が前行しました。処置について意向を示しませんでした。今日、申文

の儀を行ないませんでした。列見《れつけん》が行なわれるからでしょうか」と云うことだ。「吉日であったので、宣旨《せんじ》を下すという意向が有りました。ところが、両蔵人頭《くろうどのとう》(藤原朝任《あさとう》・藤原公成《きんなり》)が伺候していませんでした。そこで直ちに退出されました」ということだ。

十三日、戊午。　興福寺涅槃会料の法服を送る／祈年穀奉幣定の上卿を辞退／春日行幸、延引

法服《ほうふく》一具《よろい》〈紫の甲袈裟《こうげさ》[結びを加えた。]、同色の横被《おうび》、檜皮《ひわだ》色の擣《うち》の裳《も》、鈍色《にびいろ》の表袴《うえのはかま》、同色の袙《あこめ》一重《かさね》、茜染《あかねぞめ》の大口袴《おおぐちばかま》。〉を、興福寺《こうふくじ》別当僧都《べっとうそうず》林懐《りんかい》の使に託して、これを送った。「明後日の涅槃会《ねはんえ》の分」ということだ。蔵人右中弁《くろうどうちゅうべん》(藤原)章信《あきのぶ》朝臣が、宣旨一枚〈下野守《しもつけのかみ》永明《ながあき》が、□方に申請した。〉を持って来た。「定め申すように」ということだ。文書を継がせるよう命じて、返給した。また、関白の仰せを伝えて云ったことには、「今日、参入して、祈年穀奉幣《きねんこくほうべい》を定め申すように」ということだ。謹んで承ったということを申させた。その後、参ろうとしたところ、犬の死穢《しえ》が有った。そこでそのことを章信朝臣の許に示し遣わした。すぐに報じて云ったことには、「関白に申しておきました」ということだ。夜に入って、匠作が言い送って云ったことには、「春日行幸は延引《えんいん》となりました」と云うことだ。驚きながら、式部大輔の許に問い遣わしたところ、報じて云ったことには、「還御は往亡日《おうもうにち》です。そこで延引しました。これは按察大納言《あぜちだいなごん》公任が申されたものです」ということだ。「明後日の奉幣使も、また延引となりました。但し、世間は病患《びょうかん》しています。同日、二十一社奉幣使を出立されます。宰相以下の使々を、皆、改めて定めました」ということだ。

十四日、己未。　亡父斉敏忌日／春日行幸延引の事情／内裏触穢

今日は忌日《きにち》である。そこで諷誦《ふじゆ》を東北院《とうほくいん》に修した。自ら斎食《さいじき》することはできなかった。そこで証空阿闍梨《しようくうあじやり》に斎食させた。法華経《ほけきよう》と般若心経《はんにやしんぎよう》を供養させ奉った。念賢《ねんけん》に開白《かいびやく》させた。袈裟《けさ》および僧の食膳料を施した。

匠作が来た。しばらくして退去した。黄昏に臨んで、来て云ったことには、「入道殿に参りました。おっしゃって云ったことには、『行幸の還御の日は、往亡日である。往亡日は、宅に帰ってはならない』と云うことでした。暦序《れきじよ》を見ると、（安倍）吉平《よしひら》が述べたところは、当たっていませんので、行幸の延引について、吉平朝臣に問い遣わしました。記し送って云ったことには、『昨日、定めて云ったことには、「近来、不浄《ふじよう》が天下に寛く満ちている。いささかも浄い処は無い。この時に当たって、神社の行幸は、甚だ畏れが有る。やはり先ず諸社に災疫《さいえき》を祈り謝され、その次いでにこの行幸を行なうべきである」ということでした。そこで先ず、祈り謝す為に、二十一社に奉幣します〈その日は、明日です。〉。また、この行幸の日は、大宮《おおみや》（彰子）の御衰日《すいにち》に相当します。大宮はすでに御願《ごがん》を立て申されています。大宮に随っておられますので、このような事によって、延引となったのでしょうか。往亡日については、甚だ誤った事です。日を択ぶ際に、王者《おうじや》と臣下とでは、事情が異なるのです。出行《しゆつこう》に不吉《ふきつ》の日でも、古今の行幸は多かったのです。どうしてましてや、還御の日については、なおさらです。私（吉平）が自ら参って啓上することにします。行幸の事情は、このようなものです。そこで啓上

したことは、このとおりです』ということでした」と。また、改めて定めた日を行事の大納言斉信卿に問い達した。報書に云ったことには、「行幸が延引となるということを、昨日の夕方、章信朝臣が来て、仰せ付けました。その仰詞《おおせことば》に云ったことには、『還御の日は、往亡日である。やはり不快である上に、天下は病死や触穢《しょくえ》が、もっとも盛んな時期である。賀茂祭《かものまつり》以後に、もし吉日が有れば、択び申させることとすべきである』ということです。来月二十五日の頃、参入して択び申すことにします。それ以前には、日次《ひなみ》が無いからです」ということだ。

「内裏に五体不具穢《ごたいふぐえ》が有る。明日は陣外に於いて、奉幣使を出立されなければならない」と云うことだ。

二十一日、丙寅。　皇太后宮遊宴を批判／暦博士等に革命を諮問／大極殿寿命経転読定

匠作が来て云ったことには、「昨日、関白及びあれこれの上達部が、皇太后宮《こうたいごうぐう》(藤原妍子《きよこ》)に参会して、管絃《かんげん》を行ないました。夜、すでに闌《たけなわ》に及びました」ということだ。近日、疫癘《えきれい》がまさに発《おこ》っている。死亡は数えきれない。路頭《ろとう》の汚穢《おわい》は、敢えて云うことができない。ところが一門の人たちは、疫病《えきびょう》を怖れず、且つ花を尋ねて遊宴することは、時日に間隙が無い。愚である。仁統《じんとう》および(賀茂《かも》)守道《もりみち》朝臣を呼んで、革命について問うた。また、善相公《ぜんしょうこう》(三善清行《みよしのきよゆき》)の勘文《かんもん》を見せた。家集《かしゅう》に記載している勘文である。大変革命《たいへんかくめい》二百四十年の内で、小変《しょうへん》は三度〈「六十年の辛酉《しんゆう》に三箇度」ということだ。〉。小変の辛酉年の三箇度は、革命であろうか、如何か。頗る疑慮が有る。そこでその事を決める為に、呼んだところである。各々、述べたところは、分明《ぶんめい》ではなかった。「この小変の辛酉は皆、不吉です。但し小変の文は、未だ見ない事です。革命ではないのではないでしょうか。ただ、『辛酉の今年は、不吉である』と云うことです。計って、今、考えたものでしょうか」ということだ。疑《ぎ》関《かん》は開き難いばかりである。守道はこの勘文を借り取って、退出した。

申剋の頃、蔵人右中弁章信が来た。関白の仰せを伝えて云ったことには、「天下に疫癘がまさに発っている。死亡の者は多い。何としよう。そもそも先年、疫癘の時、大極殿《だいごくでん》に於いて千口《く》の僧を招請して、寿命経《じゅみょうきょう》を転読《てんどく》した。すでにその効験《こうげん》が有った。明日以後は御衰日である。また重日《じゅうにち》や復日《ふくにち》、奉幣使の発遣の日である。今日、参入して、定め申すように。内々に定めた際、『修すべき吉日は、来月七日』ということであった。早く定め申すように」ということだ。謹んで承ったということを申させた。但しまずは陰陽寮《おんみょうりょう》を召して、日時を勘申《かんじん》させる事を、すぐに章信に命じた。また、前例の文書を揃えておく事も、同じく命じておいた。続いて内裏に参った。匠作は車後《くるまじり》に乗った。陣の後ろに於いて、日時勘文について、章信に問うたところ、云ったことには、「未だ進上していません」ということだ。私はすぐに陣の南座《なんざ》に着した。ただ史に命じて、例文および硯を進上させた。この頃、燭を秉った。修理大夫資平が、定文《さだめぶみ》を書いた〈延暦寺《えんりゃくじ》、六百口。東大寺《とうだいじ》、百口。興福寺、二百口。東寺《とうじ》、二十口。西《さい》寺《じ》、五口。元興寺《がんごうじ》、十五口。大安寺《だいあんじ》、二十口。西大寺《さいだいじ》、五口。薬師寺《やくしじ》、三十口。法隆寺《ほうりゅうじ》、五口。〉。終わって、頻りに日時勘文について命じた。時刻が推移し、章信が勘文を進上した〈来月七日、壬午。時は巳剋。〉。

章信を介して、日時勘文と定文を関白に奉った〈里第《りてい》にいらっしゃった。〉。その次いでに申させて云ったことには、「請僧《しょうそう》の供料《くりょう》は、諸国に召すべきでしょうか。それとも、『この御祈願料に召した物が、少々、残っている』と云うことです。これを充て用いるべきでしょうか。もしくは別に諸国に召すべきでしょうか。また、左中弁重尹は重服です。権左中弁《ごんのさちゅうべん》(源)経頼《つねより》は最勝会《さいしょうえ》の勅使《ちょくし》です。章信と(藤原)義忠《よしただ》は、春日行幸について、未だ行事所を停められていません。これを如何しましょう。ただ右少弁《うしょうべん》(藤原)頼明《よりあきら》がおります。彼を行事とすべきでしょうか。仰せに随うことにします」と。しばらくして、帰って来て云ったことには、「見られました。そもそも、薬師寺は、最勝会の準備が有るでしょうか。そうとはいっても、先ず通例のように定められ、もしあの寺が申すところが有れば、改めて定められるべきでしょう。供養料は、御祈願の料物《りょうもつ》を充てますように。もし足りないことが有れば、催促して進上させますように」ということだ。「行事の弁章信が奉仕しても、また何事が有るでしょうか。誠に春日行幸の行事とはいっても、その時期は、未だ定めていません。また、近々ではないのではないでしょうか。便宜に随って定めますように」ということだ。定文は、章信を介して奏聞《そうもん》した。すぐに返給したのである。章信に下給した。二枚とも、束ね申した。行事を勤めるよう命じた。関白の意向が有ったことによる。大極殿の室礼について、史(但波《たんばの》)奉親《ともちか》朝臣に、前例を調べて行なうよう命じた。また、寿命経を書写《しょしゃ》する所々について、前例によって行なう事を、同じく命じておいた。奉親が云ったことには、「上達部・諸司・所々の諸大夫《しょたいふ》たちに、皆、廻らし仰せたところです」ということだ。

史（津守《つもりの》）致任《むねとう》は、筥を撤去して退出した際、石橋の下に於いて、笏《しゃく》を落とした。筥を据えて、笏を取り加えて退出した。大きな失儀《しつぎ》である。腰に挿した笏は、往古から落とさない事である。また致任は、本来ならば硯筥《すずりばこ》を取らなければならない。ところが取らずに、直ちに退出した。そこで匠作が指示した。更に帰って取って、重ねて退出した。またこれは、失儀である。堂童子《どうどうじ》については、外記に命じた。「その数は、多いでしょう。御読経《みどきょう》や仁王会《にんのうえ》とは異なります」と云うことだ。花筥《はなばこ》について、章信朝臣に問うたところ、「前例を調べますが、すぐに諸寺を用います〈千枚。〉」ということだ。布施《ふせ》について問うたところ、「前例では、行なわれません」と。また、供養料の数を問うたところ、云ったことには、「二百十石ほどです」ということだ。戌剋の頃、退出した。

二十七日、壬申。　任符請印の失儀／春日社行幸日時勘申／賀茂社境堺

匠作が来て云ったことには、「昨日、藤中納言《とうちゅうなごん》兼隆が、請印を行ないました。失誤が有りました。任《にん》符《ぶ》を筥に盛りました。少納言《しょうなごん》（藤原）信通《のぶみち》を召して、下給しました。奏覧《そうらん》が終わって、外記に下給しました〈外記が進み奉った際、少し意向を示しただけでした。〉。その後、主鈴《しゅれい》に託しました。軒廊《こんろう》に於いて、これに印《お》しました。これは恒例です。権大納言《ごんだいなごん》行成と中納言経房卿は、先日、少納言に給いました」と云うことだ。違失は甚しい。また云ったことには、「昨日、大納言斉信卿が、吉平に春日行幸の日を勘申させました〈八月二十八日辛未か、十月一日癸卯。〉。八月二十八日は、伊勢豊受宮《いせのとようけのみや》の遷宮《せんぐう》が近々にあります。追って決定が行なわれるでしょう。十月一日は御衰日です」ということだ。権左中弁経頼が、賀茂《かも》社の西と北の境界の官符《かんぷ》を持って来た。ところが、北の境界は、確かではなかった。そこで又々、入道殿に申して決定するよう、伝えておいた。

二十九日、甲戌。　**道長室倫子、出家／藤原広業、本年は革命年に当たることを述ぶ／実資、公任を非難／道長、倫子出家により懺法を行なう／無量寿院の講堂の礎石を、上達部、曳く**

「入道太相府《にゅうどうだいしょうふ》（道長）の北方《きたのかた》（源倫子《ともこ》）は、昨日、無量寿院に於いて出家した。天台座主《てんだいざす》僧正《そうじょう》院源《いんげん》が、授《じゅ》戒《かい》を行なった。大僧都《だいそうず》慶命《きょうみょう》と前僧都《さきのそうず》心誉《しんよ》もまた、その事に従った」と云うことだ。

李部宰相《りほうさいしょう》〈広業。〉が、来て云ったことには、「先日、送ってきたところの善相公の革命勘文を考えましたが、今年は、すでに大変革命に当たります。応和《おうわ》元年辛酉は、小変革命に当たりました。仁統法師と守道を招いて、詳しくこの事を伝え、および置いて算えさせたところ、善相公の勘状《かんじょう》は、すでに相違はありません。仁統たちは、弁解するところは無く、帰伏《きふく》しました。また、昨日、無量寿院に於いて、諸卿が集会《しゅえ》した際、この議が有りました。按察大納言〈公任。〉が、事情を問われました。謹んで申しました。述べられたところはありませんでした。ただ善相公の勘文を送るよう、命じられました。前日、この術数《じゅつすう》を知らなかったので、勘文を進上しませんでした。或る卿相〈公任。〉は、嘲《あざけ》られました。ところが、指南《しなん》の秘書《ひしょ》を給わって、この趣旨を披陳《ひちん》しましたところ、答弁されることはありませんでした。学んで知られていない事で、当たるかどうかについて定められるのは、天道《てんどう》は何と謂うでしょう。また、万人が思うところが有るでしょう。暦紀経《れききききょう》を持って来て、ひとえにこの経の説によって、按察《あぜち》（公任）が確執《かくしつ》したものです。ところが善相公は、ただ『易緯《えきい》』や『詩説《しせつ》』によって、二六四六案を定めたものです。按察の案は相違しています。詳しく善相公の勘文に見えます」ということだ。応和元年の辛酉は、革命ではないということは、按察が述べたものであるが、そうであってはならない。すでに詔書に載せている。また、聖主《せいしゅ》（村上天皇《むらかみ》）と賢臣《けんしん》（藤原実頼《さねより》）が、共に行なわれたところである。私が感心しなかったところである。そこでこの善公《ぜんこう》（清行）の書を、慮外に尋ね得たところ、李部《りほう》（広業）が伝え聞いて、懇切に来て乞うた。そこで与えたものである。応和の革命の謗難《ぼうなん》は、愚心は安らかではない。故殿《ことの》（実頼）が承って行なったことによって、詔書を給わったのである。ところが一家の末孫《まつそん》（公任）が、謗難を発するというのは、傾き驚くばかりである。心に思ったが、言わなかった。ただ匠作に談った。ひとえに今年、革命に当たるかどうかを論じるべきである。応和に及んではならないのではないか。賢くはない、賢くはない。かえって愚かである、かえって愚かである。按察の書状に云ったことには、「或る卿相が云ったことには、『善相公の勘文を李部相公《りほうしょうこう》（広業）に与えたということで、告げたところは、如何であろう』ということだ」と。答えて云ったことには、「来て乞うたので、貸し与えたのである」と。

入道殿に参って、拝謁し奉った。昨日の北方の出家の事による。匠作は車後に乗った。去る夕方から、三箇日、懺法《せんぽう》を行なわれる。私は早く退出した。匠作は留まって伺候した。卿相二、三人が参入した。

きっと晩に臨んで、多く参るのであろう。夜に入って、匠作が伝え送ったことには、「阿闍梨叡義《えいぎ》が、不覚となりました。ただ死の時剋を待っています。夜間を過ぎることはできないでしょう〈『何日か、あの宅の東宅に住んでいる』と云うことだ。〉。急に出すわけにはいきません。もし非常のことが有れば、間に垣を隔てさせては如何でしょう」ということだ。また云ったことには、「『無量寿院の講堂《こうどう》の礎石《そせき》を、上達部が曳くことになった。上臈《じょうろう》は三果《か》、下臈《げろう》は二果』ということでした。『二百余人で一果を曳くように。二箇日で、引いて据えるように』と云うことでした」と。「これは鴻臚館《こうろかん》の石である」と云うことだ。近日、疫病がまさに発っている。下人は死亡している。遺った民は、無いようである。万人は悲嘆している。誰人に曳かせるというのか。

○三月

五日、庚辰。　大宰権帥源経房を餞す

匠作《しょうさく》（藤原資平《すけひら》）が来て云ったことには、「昨夜、帥納言《そちなごん》（源経房《つねふさ》）を御前に召しました。餞宴《せんえん》および御《おん》衣《ぞ》・御馬〈左馬寮《さめりょう》。〉を下給しました。卿相《けいしょう》四、五人が参入しました。まず帥が参入しました。『大宮《おおみや》（藤原彰子《あきこ》）・中宮《ちゅうぐう》（藤原威子《たけこ》）・尚侍《ないしのかみ》（藤原嬉子《よしこ》）の御在所で纏頭《てんとう》を行なった』と云うことです」と。

六日、辛巳。　資平、経房に馬を贈る／前伯耆守の分付帳／頼通、経房に餞す／前伯耆守、資頼に馬を贈る

馬寮《めりょう》に飼わせている馬を、匠作が乞い取って、都督《ととく》（経房）の許に遣わした。蔵人式部丞《くろうどしきぶのじょう》（藤原）良任《よしとう》が、賀茂祭《かものまつり》に関わる宣旨《せんじ》を持って来た。前伯耆守《さきのほうきのかみ》（藤原）隆佐《たかすけ》が来た。分付帳《ぶんつけちょう》および志し与えた雑物の文書《もんじょ》を見た。分付帳は（県犬養《あがたいぬかいの》）為政宿禰《ためまさすくね》に預けた。明日、新司《しんじ》（藤原資頼《すけより》）の許に持って参るよう命じた。吉日《きちにち》であるからである。雑物の解文《げぶみ》は、（巨勢《こせの》）文任朝臣《ふみとうあそん》に給わって、新司の許に遣わした。資頼が、二度、来た。明日の進発の雑事や国内の事について談った。「今日、関白《かんぱく》（藤原頼通《よりみち》）が、都督に餞した」と云うことだ。夜に入って、その御書状によって、匠作が参入した。

深夜、前伯耆守隆佐が、新司に志す馬および雑物を随身《ずいじん》して、来向した。逢わなかった。資頼の許に□すよう、伝えておいた。右中弁《うちゅうべん》（藤原）章信《あきのぶ》が来て云ったことには、「明日の御読経《みどきょう》の大極殿《だいごくでん》の御室《しつ》礼《らい》を、奉仕し終わりました。前例を調べると、巻数《かんず》を奏上しません」ということだ。

七日、壬午。　資頼・経房、赴任／大極殿寿命経御読経／五箇所不動法／度縁頒給に疑義

今日、午剋、伯耆守資頼が任国に赴任した。主計頭《かずえのかみ》（安倍）吉平《よしひら》が反閇《へんばい》を行なった〈織物《おりもの》の掛《うちき》と袴《はかま》を被《かず》けた」と云うことだ。〉。早朝、文任朝臣を介して、衣櫃《ころもびつ》一荷《か》〈絹十疋と宿直装束《とのいしょうぞく》を納めた。但し指貫《さしぬき》を加えなかった。この衣櫃は、絹四十疋を納める。元の数は五十疋である。ところが先日、吉日であったので、先ずは十疋を収納した。「来月、左兵衛佐《さひょうえのすけ》（藤原）資房《すけふさ》が、御禊《ごけい》の前駆《ぜんく》を奉仕することになっている。そこでこの絹は二十疋にして、なお指貫を加え、匠作の許に送った」ということだ。〉と馬四疋〈二疋には鞍を置いた。〉を送った。その書状に云ったことには、「御厩《みまや》の御馬の数が少ないのです。一疋を留めてください。また、衣櫃は、他に有りますので、随身しません」ということだ。すぐに文任朝臣に託して、厩《うまや》の馬二疋を遣わした。伝え聞いたことには、「巳剋、帥中納言《そちちゅうなごん》（経房）が下向した」と云うことだ。「関戸院《せきどのいん》に留まった」と云うことだ。民部卿《みんぶきょう》〈（源）俊賢《としかた》。〉が、前夜、桂《かつら》河に到って、逢った。藤中納言《とうちゅうなごん》〈（藤原）兼隆《かねたか》。〉が、出立所《しゅったつしょ》に到った。式部大輔《しきぶのたいふ》〈（藤原）広業《ひろなり》。〉・治部卿《じぶきょう》〈（藤原）経通《つねみち》。〉・修理大夫《しゅりだいぶ》〈資平〉が、装束《しょうぞく》を送った。五条《ごじょう》から還帰した。八省院《はっしょういん》に参った。今日、巳剋、千僧金剛寿命御読経《せんそうこんごうじゅみょうみどきょう》を始めた。私は行事《ぎょうじ》であったので、辰剋、八省院に参った。東廊《ひがしろう》に人はいなかった。そこで先ず大極殿に向かった。行事の弁《べん》と史《し》は、すでに参っていた。高座《こうざ》に図書寮《ずしょりょう》の御仏像を安置した。その後、五大力菩薩《ごだいりきぼさつ》像を懸けた〈「前例」と云うことだ。〉。高座の前の東西に、講師《こうじ》と読師《どくし》の高座を立てたことは、御斎会《ごさいえ》と同じであった〈「前例」と云うことだ。〉。請僧《しょうそう》の座を、大極殿の内〈東西。〉に敷き満たした。経机《きょうづくえ》と衝重《ついがさね》の上に寿命経《じゅみょうきょう》を置いた〈経文は、公卿・諸司・所々の諸大夫《しょたいふ》が書き奉ったものである。皆、定数《ていすう》が有った。ところが、多くは定数に倍して、書写《しょしゃ》し奉った。男女上下が書写したことは、その数を知らない。〉。上達部《かんだちめ》の座を南簷《えん》に敷いた〈仏前《ぶつぜん》の東西。〉。東欄《らん》の下に弁・少納言《しょうなごん》の座を敷いた。西欄の下に殿上人《てんじょうびと》の座を敷いた。「皆、これは前例である」と云うことだ。花筥《はなばこ》の机を、大極殿の南東と南西の戸の前に立てた〈行道《ぎょうどう》の時、堂童子《どうどうじ》が頒《わか》ち与えた。この筥《はこ》は、あらかじめ諸寺に命じて進上させたものである。或いは寺の請僧が、各々、持って参入した。〉。室礼を巡見した。終わって、東廊に着した。諸卿が参っていなかったとはいっても、時剋は巳剋〈巳二剋。〉であったので、行事の右中弁章信を召し、鐘を打つよう命じた。特に長く打たせるよう命じた。この頃、参議《さんぎ》経通と広業が参入した。私は小意《しょうい》があった為、座を起って、昭訓《しょうくん》門の内に入った。三人の宰相は、座を起って従った。大極殿の室礼を、重ねて臨検した。宰相は従ってこれを見た。卿相が多く参った。また、関白が参られた。すぐに仏前の座に着した。諸卿は分かれて着した。関白が云ったことには、「先ず請僧に随って参入する。且つは座に着させて、且つは転読《てんどく》させるのは如何か」と。あれこれが云ったことには、「はなはだ善い事である」と。請僧を座に着させるよう、章信に命じた。すぐに僧たちは座に着した。「また、題名《だいみょう》を掲げた後、転読し奉る」ということだ。巻数は幾《いくば》くもないのではないか。大僧都《だいそうず》慶命《きょうみょう》が云ったことには、「新たに写した経は、先ず題名を揚げた後、転読し奉るのが通例である。未だ題名を揚げていないのに、転読し奉ることは、如何なものか」と。卿相が云ったことには、「まずは読み奉り、また題名を掲げた後、通例のように読み奉っても、何事が有るであろうか」と。慶命は承諾した。威儀師《いぎし》頼慶《らいけい》が云ったことには、「大僧都林懐《りんかい》は、講師を奉るよう命じられていましたが、瘧病《おこりやまい》を煩って奉仕することができません」ということだ。そこで大僧都慶命に命じた。慶命が云ったことには、「御読経の作法は、高座を定めません。ところが今日は、定めています。これを如何しましょう」と。あれこれが云ったことには、「御読経とはいっても、またいささか、経義《きょうぎ》の理《ことわり》を演説《えんぜつ》するのが、宜しいであろう。前々は高座を定めた。また、経教《きょうぎょう》を演説する」ということだ。法橋《ほっきょう》頼命《らいめい》に読師を奉仕させる事を、頼慶に命じた。度者《どしゃ》について、関白に申した。おっしゃって云ったことには、「そのことを伝えるように」ということだ〈度縁《どえん》の者は、行道の際、史が西廊《にしろう》に於いて分かれて授けさせる。〉。講師と読師は、高座に着した。関白以下は、左右に分かれて東西廊から降り、庭《てい》中《ちゅう》の座に分かれて着した〈これより先に、長筵《ながむしろ》を敷いた。〉。また、弁・少納言・外記《げき》・史・殿上人も、同じく座に着した〈弁以下は東、殿上人は西。〉。次いで本僧二十人を頒った。左右から仏前に進み出た。次いで千僧が行道を行なった〈大極殿および西・南の廊の内を行道した。連々として断たなかった。〉。僧たちが座に着した。終わって、諸卿が座に復した。次いで私は威儀師頼慶を召し、読経僧たちに執杖《しつじょう》各一人を給うということを伝えた。頼慶が講師の高座に就いて、これを下し仰せた。次いで発願《ほつがん》を行なった。諸僧は題名を掲げた。僧の数を頼慶に問うたところ、申して云ったことには、「百二十一人が参りません」と。そこで従僧《じゅうそう》でその数を満たして、読経を行なわせた。ところが僧の数は、また章信朝臣を召して、度縁を下給する数を問うたところ、申して云ったことには、「まだ五十余枚、遺っています」ということだ。ここに五十余口《く》が参っていないことを知った。頼慶が申したところは、頗るいい加減に渉っている。講師が寿命経を釈した〈如意《にょい》を持った。未だ高座に登らない前に、この議が行なわれた。そこで急に取り遣わして、持ったものである。大納言《だいなごん》(藤原)公任《きんとう》が云ったことには、「この御読経の最初度は、故明豪僧正《みょうごうそうじょう》が講師として、経の趣旨を演説した」ということだ。〉。請僧たちは、読経を奉った。巻数を問うたところ、「或いは二百巻、或いは百余巻、或いは五、六、七、八十巻」ということだ。講師は南《な》無《む》の声を発した。僧俗が礼拝《らいはい》したことは、数度〈笏《しゃく》を置いた。〉。法会《ほうえ》が終わって、講師と読師は、退下して座に復した。次いで卿相が行香《ぎょうごう》を行なった〈左右に分かれた。〉。終わって、関白は内裏に入った。

太政官《だいじょうかん》の上官《じょうかん》は、昭訓門を出て前行した。上達部は、下﨟《げろう》を先とした〈裾《すそ》を垂れた。〉。史・外記・弁・少納言は、脩明《しゅうめい》門の外の東方に留まり立った〈西面して北を上座とした。〉。諸卿は脩明門から入って、右近衛陣《うこのえのじん》の屛下に列立《れつりつ》した。先ず下﨟の右大弁《うだいべん》(藤原)定頼《さだより》が、距離を計って立った。序列どおりに前を渡り、上に加わった。弁と少納言は、脩明門から入って、列立した〈弁と少納言は、西面して北を上座とした。外記と史は、北面して東を上座とした。〉。関白は、列の前を歩いて過ぎた。下官(実資)の所に当たって、立ち留まって、揖礼《ゆうれい》を行なった。次々の者も、皆、揖礼を行なった。次いで関白は陣内に入った。次いで下官は、立ったまま揖礼して入った。次々の者も、同じようにした。月華《げっか》門から入った。階下《かいか》を経て、仗座《じょうのざ》に着した〈関白は軒廊《こんろう》の西第二間から入った。宜陽殿《ぎようでん》の壇を経て、陣の北座に着した。一位であるから、座に当たる間から入ったのか。また北座に着したのは、もしかしたら一上《いちのかみ》の儀を用いなかったのか。太政大臣《だいじょうだいじん》の儀によったのか、如何であろう。私は軒廊の東第二間から入った。諸卿も同じであった。〉。しばらくして、関白は、座を起って、殿上間《てんじょうのま》に参上した。私は退出した〈匠作は車後《くるまじり》に乗った。〉。今日、参入した卿相は、相国《しょうこく》(頼通)〈関白。〉、大納言私・(藤原)斉信《ただのぶ》・公任・(藤原)行成《ゆきなり》・(藤原)教通《のりみち》、中納言《ちゅうなごん》(藤原)頼宗《よりむね》・(藤原)能信《よしのぶ》・兼隆・(藤原)実成《さねなり》・(源)道方《みちかた》、参議経通・(藤原)通任《みちとう》・(藤原)朝経《あさつね》・広業・定頼。今日、五箇処に於いて、疫癘《えきれい》を攘《はら》う法を行なわれた〈「不動法《ふどうほう》」ということだ。〉。真言院《しんごんいん》〈大内裏《だいだいり》。〉は大僧《だいそうじ》正済信《ようさいしん》、天台《てんだい》(延暦寺《えんりゃくじ》)〈北方。〉は座主《ざす》権僧正《ごんのそうじょう》院源《いんげん》、三井寺《みいでら》〈東方。〉は前僧都《さきのそうず》心誉《しんよ》、東寺《とうじ》〈南方。〉は律師《りっし》仁海《にんかい》、仁和寺《にんなじ》〈西方。〉は律師成典《じょうてん》。後日、頼慶が云ったことには、「史が云ったことには、『頒給《はんきゅう》する度縁は、請僧の遺りは五十余枚です』ということです。本来ならば全て請僧に下給しなければなりません。ところが、僧綱所《そうごうしょ》の綱掌《こうしょう》および天台の所司《しょし》、東大寺《とうだいじ》と興福寺《こうふくじ》の小綱《しょうごう》に下給しました。そこで度縁の遺りは、数が少ないのです」ということだ。今、頼慶の申すとおりならば、史が行なったところは、極めて不当である。ただ請僧に下給しなければならないのである。まったく諸寺の所司に下給してはならないのではないか。弁に問わなければならない。また、章信朝臣に問うたところ、云ったことには、「頼慶が申したところは、確かではありません。度縁は千百枚で、八百枚を綱掌と天台・東大寺・興福寺の所司に下給しました。ところが千枚の内で下給したということを申しています。また、従僧たちは、召しを蒙《こうむ》って法会に預った者たちに、皆、度者を下給しました」と云うことだ。

十日、乙酉。　頼通に資頼の任官を謝す／相撲の有無について頼通と談ず／内裏触穢

午の後剋、関白に参謁《さんえつ》した〈匠作は車後に乗った。〉。資頼の任官の礼を申した。正月の除目《じもく》から以後、今まで申さなかった。今日、思い立って参詣したものである。今年の相撲《すまい》について、意向を取った。おっしゃられて云ったことには、「去年の疱瘡《ほうそう》によって、相撲は行なわれなかった。今年も疫癘がある。また行なわれ難いのではないか」と。私が申して云ったことには、「疱瘡は老者に及びません。疫癘については、老少を論じません。京畿内《きょうきない》・外国《げこく》が、一同に大いに憂いています。この頃に相撲《すまいの》使《つかい》を定め遣わすのは、甚だ便宜《びんぎ》が無いでしょう」と。関白の様子は、すでに相撲は行なわないようである。もっとも道理に当たる。

内裏に五体不具穢《ごたいふぐえ》が有った〈「犬が死人の手を噛んで入り、清涼殿《せいりょうでん》の御前に置いた」と云うことだ。〉。

十八日、癸巳。　石清水臨時祭試楽

「今日、臨時《りんじ》祭試楽《さいしがく》が行なわれた」と云うことだ。「後一条天皇《ごいちじょう》の御物忌《ものいみ》」と云うことだ。

十九日、甲午。　後一条天皇、物忌により夜御殿から試楽を見る／異牛、内裏に闖入／長家室行成女、死去／賀茂斎院修理／斎院禊祭料未進を督促／石清水臨時祭／頼通、病悩／道長、世情の不穏を語るを避ける

早朝、匠作が来て云ったことには、「昨日の試楽は、はなはだ便宜がありませんでした。主上《しゅじょう》（後一条天皇）は、堅固《けんご》の御物忌であったので、夜御殿《よるのおとど》を鏁《と》じて籠っていました。御殿油《おんとのあぶら》を供しました。出御《しゅつぎょ》はありませんでした。そこで左大将《さだいしょう》（教通）は、参入して、戸を開かせました。夜御殿から出御せずに、試楽を御覧になりました。これは女房《にょうぼう》が、御物忌を申したのです」と。もしかしたらこれは怪異《かいい》か。

今日、御物忌に籠った上達部は、大納言教通、中納言頼宗・能信、参議経通。

一昨日、牛の尾に馬の頭を結び付けた。その牛が、禁中《きんちゅう》に走り入り、殿舎《でんしゃ》に入った。宮々の人は、迷い躁《さわ》いだ。躁ぎが大いに出来したのである。宮中が騒動したことは、未だこのようなことはなかったのではないだろうか。中務録《なかつかさのさかん》（中原）義光《よしみつ》は、あの日、尚侍の直廬《じきろ》に出た。「牛が走り入った事は、秉燭《へいしょく》の頃で、大宮の御在所や東宮（敦良親王《あつなが》）に入った。中宮の御所は、これは藤壺《ふじつぼ》である。牛は藤壺の南渡殿《みなみのわたどの》に登り走り、御殿油を供する主殿司《とのものつかさ》に走り懸かった。次いで中宮の女房の下女《しもおんな》の童《わらわ》の腰を蹴り折った」ということだ。この頃、内裏の騒乱は、敢えて言うまでもない。権大納言《ごんだいなごん》(行成)の女《むすめ》は、今朝、死亡した。何年来、病者であったが、(藤原)長家《ながいえ》の室となった。右少弁《うしょうべん》(藤原)頼明《よりあきら》が、斎院《さいいん》(選《のぶ》子《こ》内親王)の奏状を持って来た。すぐに左頭中将《さとうのちゅうじょう》(藤原)朝任《あさとう》の許に遣わした。奏聞《そうもん》を経る為である。夜に入って、頼明が帰って来て云ったことには、「斎院を実検《じっけん》しました。ところが、斎院長官《さいいんのかみ》(源)光《みつ》清《きよ》は、参入するということを申していましたが、遂に参りませんでした。そこで大略、修理職《しゅりしき》と木工《もく》寮《りょう》に、修理すべき処々を仰せ下しておきました。修理職の官人は参入しましたが、木工寮の官人は参りませんでした。後日、光清と一緒に実検して、確かに召し仰すことにします」ということだ。私は逢わなかった。修理大夫を介して、伝え通させた。斎院が、禊祭料《けいさいりょう》の未進勘文《みしんかんもん》を進上した。見終わって、返給した。催促して納めるよう命じた。もし遂に弁じ申すことが無ければ、奏聞を経るよう、同じくこの趣旨を命じた。晩方、匠作が来て云ったことには、「今日の臨時祭《りんじさい》は、興がありませんでした。右大臣(藤原公季《きんすえ》)、大納言斉信・公任・教通、中納言以下、あれこれが参入しました。祭使右頭《うとうの》中将《ちゅうじょう》(藤原)公成《きんなり》に、右大臣が挿頭《かざし》を執りました。『頗る便宜がある』と云うことでした」ということだ。左頭中将朝任が、匠作を介して伝えて云ったことには、「斎院の御簾《みす》を奉仕するよう、明日、密々に伝え送りますように」ということだ。事の詳細は、関白に申した。ところが不審とされたので、伝え送ったものであろうか。明日、示し遣わすことにする。「今日、左大臣(藤原顕光《あきみつ》)、斉信・公任卿が、見物しませんでした。その他は、これを見ました」と云うことだ。「関白は、まだ病悩の様子が有って、参入されませんでした」と云うことだ。「上達部は、あの殿に参って、見舞い申しました。謁見《えつけん》することはありませんでした」と云うことだ。「次いで無量寿院《むりようじゆいん》（藤原道長《みちなが》）に参りました。世間が静かではない事を、中宮大夫《ちゆうぐうだいぶ》〈斉信。〉が、入道殿《にゆうどうどの》（道長）に申しました。一切、承引《しよういん》することはありませんでした。ただ他の事を談られました。或いは競馬《くらべうま》、或いはとりとめも無い事でした」と云うことだ。そこにいた人々は、垣の外に隔てられたようなものである。また何事が有るであろうか。

二十七日、壬寅。　禊祭行事、負傷／禊祭宣旨に内蔵寮に下す宣旨を加えることの不可／禊祭行事、改替

史（宇治《うじの》）忠信《ただのぶ》が云ったことには、「昨日、禊祭の行事の史（坂合部《さかいべの》）貞致《さだむね》が、陣の腋《わき》の床子《しようじ》から堕ちました。面を突き損ないました。冠が脱げて、顛れ臥しました。下部《しもべ》たちが扶持《ふち》して、率いて入りました。心神《しんしん》は不覚となりました」と。蔵人兵部丞《ひようぶのじよう》（藤原）教任《のりとう》が、宣旨を持って来た〈弁に覆奏《ふくそう》して、下させた宣旨。〉。但しいくつか、内蔵寮《くらりよう》や穀倉院《こくそういん》に下される宣旨を加えていた。事情を指示して、返し授けた。そうではない事である。そのことを伝えておいた。匠作が来て云ったことには、「今朝、無量寿院および関白殿に参ります」と。宣旨は、右少弁頼明の許に遣わした。しばらくして来たが、遇わなかった。賀茂上御社司《かものかみのおんしやし》が申文《もうしぶみ》を進上した。これは祭の事に触れたものである。行事所《ぎようじしよ》に伝えるよう、中上する時に奏聞を経なければならない。また、頼明朝臣が来た。大和守《やまとのかみ》（源）政職《まさもと》朝臣を介して、雑事を伝えさせた。「史貞致は、昨日、床子から落ちた後、尋常となりません。他の史に祭事を行なわせてください」ということだ。

二十八日、癸卯。　賀茂上社司・大原郷刀禰の解状／大原郷刀禰、賀茂祭雑事の勤仕を拒否

頼明朝臣が、賀茂上社司の解文および大原《おおはら》郷の刀禰《とね》の解状を進上した〈社司は、御社および神館《かんだち》の修造を申請した。但し、神館の屋根には、檜皮《ひわだ》を葺《ふ》かない。また、大原郷の刀禰たちは、祭の雑事を承引しない。これは延暦寺の四至《しし》が、未だ決定していないからである。大原の刀禰たちが申したところは、このようである。詳しくは解状にある。〉。見終わって、返給した。私が命じて云ったことには、「先に社に大原郷を寄進《きしん》し奉っておいた。去年は祭事を勤仕《ごんし》した。今年、事をあれこれに寄せて、どうして恒例の神事を欠こうとするのか。延暦寺の四至については、幾くもない。その決定は、未だ行なっていない。早く祭の雑事を勤仕するよう命じるように。大原郷の刀禰が、なおも確執《かくしつ》するところを申したならば、召して進上するよう、宣旨を諸司に下給するように。また、神館を葺くよう、社司に命じるように」と。この事は、関知しているところである。そこで先ず命じさせたものである。もしも又々、申すところが有れば、状況に随って、奏聞を経なければならない。刀禰たちが、なおも勤仕することができないということを申したならば、事情を奏上し、検非違使《けびいし》の官人に召し戒めさせなければならない。禊祭の未進勘文を進上してきた。見終わって、返給した。催促して進上させるよう、命じておいた。

二十九日、甲辰。　藤原公任、灸治／道長、無量寿院百余体絵仏供養／脱衣の輿を非難

「昨日、按察大納言《あぜちだいなごん》〈公任。〉が、灸治《きゅうじ》を行なった」と云うことだ。そこで早朝、問い達した。報じて云ったことには、「灸治は、あれこれ、思い煩いました。ところが遂げました。更に肱《ひじ》でございます」ということだ〈「左方の肱が、何月か、進退《しんたい》することができない」と云うことだ。〉。今日、無量寿院に於いて、百余体の絵仏《えぶつ》を供養《くよう》された。二丈三尺の大日如来《だいにちにょらい》像一体・丈六《じょうろく》の釈迦《しゃか》如来《にょらい》像三十体・同じ薬師《やくし》如来《にょらい》像十体・同じ観音《かんのん》像二十体・同じ不動尊《ふどうそん》像五十体・同じ降三世明王《ごうざんぜみょうおう》像一体・同じ軍荼利明王《ぐんだりみょうおう》像一体・同じ大威徳明王《だいいとくみょうおう》像一体・同じ金剛夜叉明王《こんごうやしゃみょうおう》像一体・同じ金剛童子《こんごうどうじ》像一体。

「これは去年、主上が御病悩していた際、立て申された御願《ごがん》である」と云うことだ。また、特に墨字《ぼくじ》の仁王経《にんのうきょう》百部および金剛寿命経《こんごうじゅみょうきょう》千巻を書写した。願文《がんもん》に云ったことには、「仁王般若経《にんのうはんにゃきょう》一百部・金《こん》剛寿命陀羅尼経《ごうじゅみょうだらにきょう》一千巻を書写した。修する趣旨は、またその志が有る。たまたま辛酉《しんゆう》の歳を推したのである。革命《かくめい》の運に当たっている。聖上《せいじょう》〈後一条天皇〉は慎しまなければならない。臣下には懼《おそ》れが有る。ひとえに仏法《ぶっぽう》の護持《ごじ》を仰ぎ、君臣《くんしん》の礼法《らいほう》を備える」と云うことだ。午剋の頃、参入した。願主《がんしゅ》〈道長〉は、諸卿を率いて巡礼《じゅんれい》された。終わって、御堂《みどう》に帰られた頃、参会した。更に下官を伴って、帰って坐られた。諸卿は従った。仮に上達部の幄《あく》の座にいらっしゃった。今日の事を談られた。その儀は、池頭の四面に仏台《ぶつだい》を構築して、仏を懸けた。上下に屏幔《びょうまん》を引き〈仏の上を覆い、下に曳いた。〉、仏毎に作花《つくりばな》・仏供《ぶつぐ》・香・御明《みあかし》が有った〈「或いは三体、或いは二体、或いは一体。□荘粧《そうしょう》の香花《こうげ》・仏供については、人々の力に随って、充てられたものである」と云うことだ。〉。中尊《ちゅうそん》の前〈南面した。〉に、礼盤《らいばん》を懸けた。その東と西に、高座を立てた。また、経机《きょうづくえ》や行香机《ぎょうこうづくえ》は、恒例のとおりであった。堂童子は東西にいた。請僧の幄を中島《なかじま》に立てた。先ず法会に進む幄は、南大門の内にあったのか。誦経《ずきょう》の幄を南大門の東腋《ひがしわき》に立てた。上達部の幄は、中尊の南東の方角に当たっていた。池の上の橋に舞台を構築した〈中尊に当たった。〉。願主は、清談《せいだん》が終わって、退帰された。諸卿が従った。この後、左大臣が上達部の饗宴〈大堂《おおどう》の北渡殿《きたのわたどの》。〉に参着された。諸卿は座に着した。その後、関白が参入された。諸卿は動座《どうざ》した。中納言以下は、座を避けた。致仕《ちし》大納言《だいなごん》俊賢は、卿相の座に加わって着した。「座次《ざじ》は、元の座次のとおりであった」と云うことだ〈式部省《しきぶしょう》の式文《しきぶん》は、今、考えると異なっていた。〉。食事に就いた頃、鐘を打った。食事が終わって、関白以下は幄の座に向かった。左府（顕光）は、履《くつ》が無かった。徒跣《かちはだし》で長い時間、池の上に立った。諸卿は目を向けた。遂に持って来なかった。そこで人の履を取って、着した。しばらくして、願主入道相府《にゅうどうしょうふ》（道長）が、上達部の上首《じょうしゅ》に着した。請僧は座に着した〈百口。〉。講師天《てん》台座《だいざ》主《す》権僧正院源と読師興福寺《こうふくじ》別当《べっとう》大僧都林懐は、輿《こし》に乗って参入した〈楽人《がくにん》は、その前にいた。音を発した。楽師《がくし》は左右にいた。〉。請僧の幄の南辺りに、輿を下ろした。各々、高座に着した。次いで唄師《ばいし》二人〈阿《あ》闍梨《じゃり》澄誉《ちょうよ》と已講《いこう》日歓《にっかん》。〉。次いで散花《さんげ》二人〈阿闍梨頼秀《らいしゅう》と阿闍梨賢寿《けんじゅ》。〉。これより先に、堂童子が座に着した〈各々、四位一人・五位三人。〉。花筥を請僧に頒ち授けて、座に復した〈薪《たきぎ》の行道では、しばらく座を避けた。〉。次いで行道が行なわれた。「その前に、獅《し》子《し》・鳥童《とりわらわ》・菩《ぼ》薩《さつ》・音声《おんじょう》の人がいた」と云うことだ。蔵人頭《くろうどのとう》左中将《さちゅうじょう》朝任が、講師の高座の辺りに就いて、執杖を給うということを伝えた。大唐《だいとう》・高《こ》麗《ま》舞《まい》は、各一曲であった。二曲の準備が有った。ところが、日はすでに暮れようとしていた。そこで、もう一曲を止めた。舞が終わって、帰り入った後、左府が意向を示された。舞人《まいびと》左近将監《さこんのしょうげん》（狛《こまの》）光高《みつたか》を召し、単衣《ひとえぎぬ》を脱いで下給した。願主入道相府も、同じく脱いで下給した。次いで関白が右近将曹《うこんのしょうそう》（多《おおの》）政方《まさかた》に下給した。私も同じく下給した。その後、更に光高と政方を召した。上達部は、衣を脱いで下給した。算が無かった。入道相府が云ったことには、「多く下給してはならない。他の舞人たちを召して、普《あまね》く下給するように」ということだ。そこで召しに応じて、舞人たちが参入した。下臈の上達部と殿上人が、これに下給した。上臈《じょうろう》は、ただ光高と政方に下給した。中でも政方は、退帰された際、処々に被物《かずけもの》を落とした。また、入道相府が諸大夫に命じて、衣を脱ぎ、楽人たちに被けさせた。今日、衣を脱いだ事に、諸卿は感心しなかった。世間は病患《びょうかん》が熾盛《しじょう》である。上下の者が愁えているところである。仏事《ぶつじ》については、何の妨げが有ろうか。衣を脱ぐ興は、一切、有ってはならない事である。左府が響応《きょうおう》し、先ず衣を脱いだ。衰老《すいろう》の上臈（顕光）が追従《ついしょう》した。現世《げんせ》・来世《らいせ》の二世《にせ》で、共に何の益が有るというのか。衆人《しゅうじん》は口を聚めるばかりである。「次いで御諷誦《ふじゅ》を修した。勅使《ちょくし》および宮々の使たちに被物があった。次々に一家の諷誦や講があった」と云うことだ。講師が開白《かいびゃく》を行なった。請僧たちは経の題名を掲げた。講師は、いささか仏・菩薩の本誓《ほんぜい》、および二種の経が説くところを演説した。この頃、燭《しょく》を秉《と》った〈左右近衛府《このえふ》の官人が立明《たちあかし》を勤めた。上達部は、参って地上にいた。そこで続松《つぎまつ》を執って、地上に坐った。入道相府が命じたところである。〉。法会が終わって、各々、分散した。参会の諸卿は、関白、左大臣、大納言斉信、致仕大納言俊賢、大納言公任・教通、中納言頼宗・能信・兼

隆・実成・道方、参議（藤原）公信《きんのぶ》・経通・通任・朝経・広業・資平・定頼。

○七月

五日。（『大饗御装束間事』簀薦事、机事による）　**任大臣大饗の簀薦・机**

簀《す》薦《こも》を編むよう命じた。

外記《げき》と史《し》の前の白木机《しらきのつくえ》十四前《ぜん》を造るよう、主明宿禰《おもあきらすくね》に命じた。「すぐに木造工《こづくりのたくみ》を召し進めます」と云うことだ。「白木は求め得ることができません。関白殿《かんぱく》（藤原頼通《よりみち》）は、檜《ひのき》で、彩色《さいしき》させました」ということだ。

九日、壬午。　春日社読経／聖天供／藤原公季が左大臣、実資が右大臣に昇任／道長に謝意を表す／任大臣大饗雑事定／不動息災法

備前守《びぜんのかみ》（藤原）景斉《かげただ》が、桑糸十疋を送ってきた。今日から春日《かすが》御社に於いて、大般若経《だいはんにゃきょう》を転読《てんどく》し奉る。これは去年の分である。去年の夏と当季の聖天供《しょうてんぐ》を行なった〈天台座主《てんだいざす》（院源《いんげん》）が、聖天《しょうてん》像を迎え奉った。懐円《かいえん》師に、永く供養《くよう》させ奉ることとした。「これは謹厚《きんこう》の者である」ということだ。〉。午剋〈吉時《きつじ》である。（安倍）吉平《よしひら》が勘申《かんじん》した。〉、内裏に参った〈治部卿《じぶきょう》（藤原経通《つねみち》）と修理《しゅり》大夫《だいぶ》（藤原資平《すけひら》）が、扈従《こしょう》して内裏に参った。〉。陣《じん》座《のざ》に伺候した。（藤原）章信朝臣《あきのぶあそん》を尋ねたところ、「御使として右府（藤原公季《きんすえ》）に参った」ということだ。そこで左頭中将《さとうのちゅうじょう》（源）朝任《あさとう》を招いて、参入したということを申させた。伝えて云ったことには、「しばらく伺候されますように」ということだ。内々に云ったことには、「左大将《さだいしょう》（藤原教通《のりみち》）が参入します。一座《いちざ》を命じられるのでしょうか」ということだ。中納言《ちゅうなごん》（藤原）兼隆《かねたか》・（源）道方《みちかた》、参議《さんぎ》（藤原）公信《きんのぶ》・経通・資平が、座にいた。「章信朝臣が右府から内裏に帰り参った」と云うことだ。招き取って事情を問うたところ、云ったことには、「右府が参られるようにという仰せ事が有りました。しかし、病悩を申されました。ところが、参入されました。右衛門督《えもんのかみ》（藤原実成《さねなり》）が伝えてきました。右衛門督が云ったことには、『任大臣大饗《にんだいじんだいきょう》について、急いで準備されています』ということでした」と。しばらくして、左大将教通が参入した。朝任が私に伝えて云ったことには、「右大臣に」と。また左大将に伝えて云ったことには、「内大臣に」ということだ。もしかしたら関白〈内大臣。〉は、左大臣に転じるのか。私は座を起ち、陣座に於いて、左将軍（教通）に、禅門《ぜんもん》（藤原道長《みちなが》）に参るべきか否かについて問うた。復答して云ったことには、「昨日、おっしゃって云ったことには、『参入してはならない。また関白の直廬《じきろ》に参ってはならない。仰せを奉った後、早く退出するように』ということでした」と。私が答えて云ったことには、「禅門に参入することは、忌みは無いであろう」と。また、云ったことには、「思うところは、このようなものです。ところが、あの命に随うので、すぐに退出することとします」ということだ。私は感恩《かんおん》していたので、禅門に参入した。すぐに奉謁《ほうえつ》し、雑事を申し奉った。この次いでに、大饗《だいきょう》の準備を行なった。記す暇がない。退出した後、大外記《だいげき》（小野）文義《ふみよし》朝臣が来た。前に召して、雑事を命じた。宣旨《せんじ》を蒙《こうむ》る前に、大夫史《たいふのし》（但波《たんば》）奉親《ともちか》朝臣が来たが、内裏に参る頃であったので、前に呼ばなかった。晩方、按察大納言《あぜちだいなごん》(藤原公任《きんとう》)が来訪された。数剋、清談《せいだん》した。処々を廻り見られて、感気《かんき》が有った。夜に入って、帰られた。今日は吉日《きちにち》であったので、秉燭《へいしょく》の後、修理大夫に大略、大饗の雑事を書き出させた。今夜から、阿闍梨《あじゃり》証誉《しょうよ》を招請して、七箇日を限り、不動息災法《ふどうそくさいほう》を修させた。伴僧《ばんそう》は二口《く》。当季の通例の修善《しゅぜん》である。何日か、阿闍梨叡義《えいぎ》を招請して、尊星王《そんしょうおう》を申させていた。その効験《こうげん》が有ったので、宣旨を奉った後に、桑糸三疋を与えた。これは布施《ふせ》である。「今日まで、祈り申すことにします」ということだ。

十四日。(『大饗御装束間事』饗事、立机居饗前後事による)　**任大臣大饗雑事定**

初任の饗は、古昔《こせき》の例では、寒熱に随って、湯漬《ゆづけ》や水飯《すいはん》の準備を行なった。「承平《じょうへい》六年、その例を変えて、饗宴を準備された」と云うことだ。

今朝、右府(公季)が伝えられて云ったことには、「大饗の日は、諸卿が座に着した後に、机を立てる。ところが先年、大相府《だいしょうふ》(道長)が任じられた日に、先に机を立てた。汝《なれ》(実資)の饗宴は、如何か」と。報じて云ったことには、「一条大相府《いちじょうだいしょうふ》(藤原為光《ためみつ》)は、上達部《かんだちめ》が座に着した後に、机を立てました。ところが、一日の内に所々で饗宴があり、懈怠《けたい》するでしょうから、先に立てるべきでしょうか。今回は、諸卿は三箇所に向かいます。先に机を立てられても、何事が有るでしょう。下官(実資)については、諸卿が未だ来られない前に、机を立てさせることにします」と。

十九日、壬辰。　簾工に禄を下給／経通昇進の見込み／関白随身下毛野公忠、藤原致光を打擲／道

長、頼通を罵倒し、検非違使別当を勘当

簾工《すだれたくみ》二人に、絹各一疋・手作布《たづくりのぬの》各一端《たん》を下給した。礼部《れいほう》（経通）が来て云ったことには、「所望している事は、成就するという意向が有るとはいっても、今回は欠員が無いようです」と。もしかしたら検非違使別当《けびいしべっとう》（公信）が昇進するのであろうか。

昨日、関白が内裏から退出された。卿相《けいしょう》が扈従し、検非違使別当が同じく従った。関白の随身《ずいじん》の右《う》近府生《こんのふしょう》（下毛野《しもつけのの》）公忠《きんただ》が、内御書所《うちのごしょどころ》の北辺りに於いて、弓で度々、前相模守《さきのさがみのかみ》（藤原）致光《むねみつ》を打擲《ちょうちゃく》した。冠はすでに落ちた。関白は検非違使別当に命じて、公忠を右獄《うごく》に拘禁《こうきん》させた。検非違使《けびいし》が検非違使の官人を召し遣わしている間に、公忠は内裏に帰り入った。致光は、涙を流して、入道殿《にゅうどうどの》（道長）に申した。入道殿は大いに腹立《ふくりゅう》した。その際、関白が愚かであるということをおっしゃられた。また、検非違使別当が、随身火長《かちょう》に命じて、すぐに獄所《ごくしょ》に遣わさなかったということについて、数度、勘当《かんどう》された。「公忠の宅は、西京《さいきょう》にある。右獄に拘禁するのは、あの宅の近隣である。そこで入道殿は、（藤原）宗相《むねすけ》朝臣に命じて、左獄《さごく》に移して拘禁させた」と云うことだ。公忠は天下の凶悪の者である。ところが、関白は召し仕われている。天下の人は感心していない。或いは云ったことには、「ささいな事によって、致光朝臣と間隙が有った。そこで非常の事を行なった」ということだ。

公忠は、足を引き上げて、これに縄を打ち、獄の政所《まんどころ》に禁固された。随身（秦《はたの》）吉正《よしまさ》が、翌朝、罷り向かってこれを見て、申したところである。

二十三日。（『大饗御装束間事』机事による）　**任大臣大饗の机**

礼部が云ったことには、「参議以上の机の面は白い絹、弁や少納言《しょうなごん》の机の面は赤い絹です。正暦《しょうりゃく》二年記に見えます」と。（藤原）輔公《すけきみ》が云ったことには、「弁や少納言以上の者と尊者《そんじゃ》は白い絹、外記と史は赤い絹です」ということだ。外記と史の机の面は、見えるところは無い。紙の面とすべきであろうか。按察《あぜち》（公任）が云ったことには、「輔公の説は用いてはならない。外記と史の饗宴は、古昔は土器《かわらけ》を用いた。まったく絹の面が有るはずはない。ここに紙の面であることがわかる」ということだ。

二十四日、丁酉。　任大臣大饗の室礼／公信、昇進決定を称す／大臣召召仰

今日、室礼《しつらい》が終わった。また、屏幔を立てさせた。すぐに撤去させた。明日、立てるべきである。また、酒部《さかべ》の平張《ひらばり》を立てた。また、それを撤去した。明朝、張るべきである。上達部の円座《わろうだ》十七枚と酒《さか》部所《べどころ》の平張を、入道殿に借り申した。春宮亮《とうぐうのすけ》（藤原）惟憲《これのり》が来て、談った次いでに云ったことには、「右兵衛督《うひょうえのかみ》公信の昇進が決定したということを、自ら称して前駆《ぜんく》を準備しています。『両殿（道長・頼通）は怪しまれている』と云うことです。特に関白の御機嫌は不快です」ということだ。

両宰相（経通・資平）が、終日、行事《ぎょうじ》を行なった。按察大納言が訪ねられた。右大弁《うだいべん》（藤原定頼《さだより》）が従っていた。「蔵人弁《くろうどのべん》章信が、関白の御書状で按察に伝えて云ったことには、『明日の大臣召《だいじんめし》の上卿《しょうけい》を勤めるように。今日、召仰《めしおおせ》が行なわれるであろう』ということであった。今日、参入して伝えるということを申させておいた」と。大蔵卿《おおくらきょう》（藤原）通任《みちとう》が来て、談った。大夫史（但波）公親《きんちか》朝臣が来た。前に呼んで、雑事を命じた。

二十五日、戊戌。　**公季任太政大臣大饗・実資任右大臣大饗・教通任内大臣大饗／道雅・公信、昇進の誤伝**

今日、任大臣の儀が行なわれた〈太政大臣《だいじょうだいじん》に公季、左大臣に頼通〔関白。〕、右大臣に僕（実資）、内大臣に教通、大納言《だいなごん》に（藤原）頼宗《よりむね》と（藤原）能信《よしのぶ》。〉。僕の任大臣大饗は、小野宮《おののみや》に於いて行なった。皆、これは故殿《ことの》（藤原実頼《さねより》）の旧儀《きゅうぎ》であって、この宮に於いて初任大饗《しょにんだいきょう》を行なわれた。一つも失儀《しつぎ》は無かった。時の人は感賞した。小野宮の土木の功が成った頃、今、昇進の饗宴が有った。事の相応は、天がそうさせたものであろうか。治部卿経通が来て、すぐに内裏に参った。修理大夫資平は、私の供にいなければならないので、参入しなかった。蔵人右中弁《くろうどうちゅうべん》章信が云ったことには、「入道相府《にゅうどうしょうふ》（道長）が云ったことには、『早く関白の直廬に参って伺候し、宣命《せんみょう》を待つのが宜しいであろう』ということでした。左大将はすでに参りました。随身は通例のとおりでした」と。故殿は、宣命が終わってから、参られた。その例によって、参入しようと思った。今朝、この趣旨を按察〈公任。〉に伝えたところ、報じて云ったことには、「愚案《ぐあん》のとおりならば、入道相府は、早く内府（教通）の任大臣大饗を行なおうと思っているので、催促されたところであろう」と云うことだ。「且つ、太相府《だいしょうふ》（公季）の遅参《ちさん》が有るからであろう」と云うことだ。「早く参られるようにとの書状が有った」と云うことだ。私が思ったところは、宣命を奏上するという告げを聞いて、漸く参入したならば、冊命《さくめい》の後に及ぶのではないか。未の初剋の頃、章信朝臣が伝え送って云ったことには、「只今、宣命の上卿を勧めるよう、按察大納言に命じられました」ということだ。この頃、暴風・暴雨であった。しばらくして、止んだ。この間を過ごしていて、時剋が推移した。未剋の頃、雨が止んで、天が晴れた。内裏に参った〈隠文《いんもん》の帯と螺鈿《らでん》の釼《たち》を用いた。前駆は五位六人〔（橘）俊遠《としとお》・（藤原）隆佐《たかすけ》・（藤原）永信《ながのぶ》・（藤原）範永《のりなが》・（平）範国《のりくに》・（藤原）保相《やすすけ》。〕、六位四人〔右近将監《うこんのしょうげん》清親《きよちか》・左衛門尉《さえもんのじょう》（藤原）顕輔《あきすけ》・（伴《ともの》）重通《しげみち》・（藤原）章経《あきつね》。〕。故殿の御記《ぎょき》に云ったことには、「尊者の前駆は、五位四人・六位六人」ということだ。本来ならば、あの例を守らなければならない。ところが近代は、五品《ごほん》の数を増すばかりである。車副《くるまぞい》は四人、雑色《ぞうしき》は二十人。この数の他、右衛門府《えもんふ》の物部《もののべ》以下・随身番長《ばんちょう》以下が、布衣《ほい》と袴《はかま》を着して扈従した。〉。和《か》徳《とく》門に参着した頃、大納言公任卿が紫《し》宸殿《しんでん》を経て〈雨儀《うぎ》。〉、御所に進んだ。修理大夫を介して、事情を取らせたところ、帰って来て云ったことには、「宣命の清書《せいしょ》を奏上する為に、参上した」ということだ。そこで関白の直廬に向かった。これより先に、左将軍は、あの御直廬にいた。将軍が云ったことには、「午剋に参入しました。途中、暴風・大雨に遇いました」ということだ。今日、午剋の間は皆、吉時であった。私はこの時剋の内に参入した。申剋、上達部が外弁《げべん》に着した。この頃、小雨・雷鳴があった。幾《いくば》くもなく、共に止んだ。左将軍が云ったことには、「事はすでに成りました。釼を解くべきでしょうか。また、随身の装束《しょうぞく》を脱がせるべきでしょうか」と。そうあるべきであるということを答えた。下官は勅授《ちょくじゅ》を聴《ゆる》されたので、帯剣《たいけん》した。「申剋、太相府が参入した」と云うことだ。人に命じて見させたところ、帰って来て云ったことには、「紫宸殿の辺りに佇立《ちょりつ》しています」と云うことだ。「主上《しゅじょう》（後一条《ごいちじょう》天皇）は、紫宸殿に出御《しゅつぎょ》した」と云うことだ。重ねて事情を取ったところ、冊命が終わって、還御《かんぎょ》した。修理大夫が来て云ったことには、「儀が終わりました」ということだ。そこで内府と一緒に、陣頭に参った。太相府は壁の後ろを徘徊《はいかい》し、私を招いて云ったことには、「今日、牛車《ぎっしゃ》を聴す宣旨を下された。また、その慶賀《けいが》を奏上すべきであろうか」と。私が答えて云ったことには、「そうでしょう」と。太相府・僕・内府は、一緒に宣仁《せんにん》門から入り、階下《かいか》を経て〈新大納言《しんだいなごん》たち（頼宗・能信）は見えなかった。前例では、一緒に悦びを奏上するものである。〉、射場《いば》に進んだ〈西を上座として北面し、列立《れつりつ》した。〉。左少将《さしょうしょう》（源）顕基《あきもと》〈四位。〉を介して、慶賀を奏上された。私は意向を示した。私及び内府の慶賀である。太相府は、両人については加え申されるべきであろう。顕基が帰り出た。聞いたということをおっしゃった。未だ拝舞《はいぶ》に及ばず、早く帰り入った。前例ではない。拝舞が終わって、饗饌《きょうせん》について奏上される為、また顕基を招かれた。私が云ったことには、「職事《しきじ》の人を介して奏上されるべきであろう」と。上卿に宣下されなければならないからである。太相府は承諾した。すぐに蔵人右中弁章信を召して、奏上された〈おっしゃって云ったことには、「ただ上達部について奏上すべきか。もしくは太政官《だいじょうかん》の上官《じょうかん》について加えるべきか」と。そうではないということを答えた。奏上される詞は、明らかではない。伝える事が有るべきである。〉。長い時間が経って、来て云ったことには、「聞いた」ということだ。太皇太后宮《たいこうたいごうぐう》（藤原彰子《あきこ》）・中宮《ちゅうぐう》（藤原威子《たけこ》）・東宮（敦良《あつなが》親王）に、悦びを啓上《けいじょう》させた〈大宮《おおみや》（彰子）では、仰せによって、御前に於いて拝舞した。もう一宮は、都合のよい所に於いて再拝《さいはい》した。〉。陣頭に退帰した際、太府《たいふ》(公季)が承香殿《じようきようでん》の北道で逢って云ったことには、「宮々(彰子・威子・敦良親王)に慶賀を啓上する為に参入した」ということだ。私と内府は、和徳門に到った。諸卿は、この門の内に会合した〈大納言公任・(藤原)行成《ゆきなり》・頼宗・能信、中納言兼隆・実成・道方、参議公信・経通・通任・資平・定頼。〉。公任卿が云ったことには、「冊命の儀は、雨儀を用いた。地はまだ湿り、御前の儀を行なわれることはできない」ということだ。私が云ったことには、「太府は、先ず里第《りてい》を出た頃であろうか」と。重ねて(秦)為国《ためくに》に命じて見させたところ、しばらくして帰って来て云ったことには、「只今、車に乗って退出しました」と〈後日、大外記(文《ふみの》)久義《ひさよし》が云ったことには、「摂政《せつしよう》・関白は上東《じようとう》門を出入りします。その他、牛車を聴された人は待賢《たいけん》門を用います。今、前例を調べると、宣旨書を欲する際は、朔平《さくへい》門に於いて車に乗り、上東門から出られます」ということだ。この事は、公任卿が承って行なったところである。後日、故殿の御記および『検非違使類聚《けびいしるいじゆう》』を請い送った。その後、伝え送って云ったことには、「上東門から出入りするのは、これは先例である。左大史《さだいし》公親朝臣が申したところは、『待賢門を用いる』と。誤って覚えているところである。説によって、文義が申したものか。左大臣(源)雅信《まさのぶ》は、初め車に乗って上東門から出入りし、その後、待賢門から出入りした。外記庁《げきちよう》の南に於いて、車から下りた」ということだ。この事は、あの時、下官がまた、見たところであって、時の人が知っているところである。また、章信朝臣が云ったことには、「牛車宣旨を公任卿に伝え仰せました。『上東門を用いるように』ということでした。ところが、文義が申したところは、当たっていないのです。先例では、皆、上東門を用います」ということだ。〉。そこで私および内府以下は退出した。太政官の上官たちは扈従しなかった。雨儀によるものである。私と内府は、陽明門《ようめい》の内に立ち〈南を上座として西面した。〉、諸卿は門内に列立した〈南を上座として東面した。これは雨儀である。〉。次いで雑色が退出した。次いで前駆が退出した。私は揖礼《ゆうれい》して退出した〈大宮《おおみや》・待賢門《たいけんもん》・西洞院《にしのとういん》大路を経た。本来ならば陽明門《ようめい》大路を用いなければならない。ところが、獄門《ごくもん》を通ることになるので、これらの路を経た。思慮したところである。私は里第から参入する時、待賢門・大宮大路を経た。「内府は土御門《つちみかど》第から参入した際に、陽明門大路を用いた」と云うことだ。配慮の無い事である。〉。途中、燭《しょく》を秉《と》った。閑院《かんいん》の東門〈太府の邸第《ていだい》である。〉に到った。内府も同じく到った。並んで車を下り、門を入った。諸卿は従った。あれこれが云ったことには、「晴儀《せいぎ》か雨儀か、如何でしょうか」ということだ。私が云ったことには、「主人（公季）の御心に任すべきであろう。また、特に湿ってはいない。雨儀は便宜《びんぎ》が無いのではないか」と。また、縁戚《えんせき》の人々を介して、事情を取ったところ、おっしゃられて云ったことには、「あれこれ、ただ行なわれるように」ということだ。意向は、拝礼《はいらい》を行なわれるようにとのことであった。また、「次々の初任の所で雨儀を行なうのは、便宜が無いのではないか。太府に於いて雨儀を行ない、他の所は晴儀を行なったら、はなはだ便宜が無いのではないか」と云うことだ。主人は階の前に下り立った。そこで私及び諸卿・弁・少納言・外記・史が参列した。拝礼が終わって、主人は再三、私に目くばせした。私は二、三歩、進んで、留まり立った。また、目くばせした。そこで階隠《はしがくし》の下に進み立った。主人は先に昇り、大納言の座の間に当たって、長筵《ながむしろ》の上にいらっしゃった。次いで私が参上し、簀子《すのこ》敷《じき》に立った。座席を見ると、連座《れんざ》を敷いたようなものであった。灯燭《とうしょく》が明るくなく、見誤ったのか。少し意向を示した。太府が云ったことには、「西方から着すように」ということだ。ところが、能く見ると、連座であった。そこで簀子敷から東行し、座の末から座に着した〈尊者および諸卿の座は、皆、南面した。連座は未だ見聞したことのない事である。貞信公《ていしんこう》（藤原忠平《ただひら》）が太政大臣に拝された時、尊者の座は横座《よこざ》にあった。その後の儀は、同じであった。但し、故大入道殿《だいにゅうどうどの》（藤原兼家《かねいえ》）および現在の入道相府の二人は、子（藤原道隆《みちたか》・頼通）が内府であったので尊者に列さなければならなかった。便宜が無かったので、権議《ごんぎ》が有って、連座を設営した。現在の太府は、すでに拠るところは無い。諸卿は怪しんだ。そもそも座席の儀は、寝殿《しんでん》の南廂《みなみびさし》に尊者二人および公卿の座一行を敷き、西を上座として南面する。尊者二人に、各々敷物二枚と茵《しとね》一枚。大納言の座とは頗る絶席《ぜっせき》している。他は土敷《つちしき》と円座。弁と少納言の座は東廂《ひがしびさし》で、南を上座として西面する。外記と史の座は東対《ひがしのたい》の西廂《にしびさし》。座の上下は、暗かったので見えなかった。上達部と弁以下の饗宴は、皆、あらかじめ据えてあった。三箇所であったので、あらかじめ据えたものである。ただ飯を据えなかった。これは前例である。座の後ろに机を立てて、饗を据えただけである。〉。饗宴は清食《せいじき》を用いた。正月大饗《しょうがつだいきょう》では、或いは御斎会《ごさいえ》の間と称し、まま精進《しょうじ》の例は有った。初任の時の例は、調べなければならない事である。諸卿は傾き驚いた。もしかしたら前例を調べて行なわれたのであろうか、如何か。後日、大外記文義が云ったことには、「僧の食膳を頒《わか》ったようなものでした」ということだ。尊者は赤木机《あかぎのつくえ》各二脚に簀薦二枚。他は簀薦。机の面は白い絹。主人は机一脚で、簀薦を敷かなかっただけである。弁と少納言は黒柿机《くろがきのつくえ》で、簀薦を敷かなかった。「古昔の例である」ということだ。尊者はただ、赤木机を用い、次席の上達部は黒柿机、弁と少納言は白木である。「ところが、何年来の例は、そうではない」と云うことだ。一献《こん》があった。主人は座を起って、長押《なげし》から下り、盃を取って私に勧めた。巡行《じゅんこう》が終わって、信濃守《しなののかみ》〈藤原〉惟任《これとう》〈五位。〉が、円座を執って、これを敷いた。主人はこれに着した。次いで主人の机を立てた。二献があった〈殿上人《てんじょうびと》の四位。〉。次いで飯を据えた。三献があった〈殿上人の四位。二、三献の巡行は、主人を経た。〉。終わって、汁を据えた。終わって、箸を下した。その後、一献があった〈親しい上達部。〉。次いで録事《ろくじ》を召した。弁と少納言の録事二人〈殿上人の四位一人、五位一人。〉、外記と史の録事二人〈地下人《じげにん》の五位。〉が、進んで簀子敷に坐った。主人が命じて云ったことには、「弁と少納言の録事」と。次いでおっしゃって云ったことには、「太政官の上官の録事」ということだ。先例を知られないようなものである。諸卿は傾き怪しんで、これを伝えた。次いで一献があった〈上達部。〉。終わった次いでに、円座を簀子敷に敷いた。主人及び諸卿は、下りて坐った〈大納言頼宗は、急に病悩が有って退去した。或いは云ったことには、「明日は前駆がいない。そこで今夜、所々に慶賀を申そうと思って、病悩と称して退出した」と云うことだ。〉。穏座《おんのざ》の肴物《さかなもの》を勧めた。「楽人《がくにん》はいないので、召さなかった」ということだ。穏座が一、二巡した後、外記・史・弁・少納言・上達部の賜禄《しろく》の儀を行なった。あれこれが云ったことには、「先ず史生《ししょう》の賜禄の儀を行なわなければならない。そして先ず閑処《かんじょ》に於いて、これを行なう」ということだ。すでに前例に違っている。諸卿は耳語《じご》した。非例《ひれい》を思ったからであろうか。弁と少納言が下り立ったことは、通例のとおりであった。この頃、立明《たちあかし》の官人に疋絹《ひっけん》を下給した。「ただ、上達部の賜禄の順序は、先例を失した」と云うことだ。尊者の禄は、大納言能信と中納言実成が取った。主人が伝え取って、与えられるべきであろうか。先跡《せんせき》を失している〈私の禄は大掛《おおうちき》一重《かさね》。蘇芳《すおう》の織物《おりもの》の掛《うちき》を加えた。〉。次いで引出物《ひきでもの》は、各々馬一疋。両人は南階《みなみのきざはし》から下りた。私は先に自邸に向かい、北門から入り、門外に於いて車を下りた。諸卿は未だ来ていなかった。仕方なく、しばらく南階の上に於いて待った。但し私の家の儀〈「寝殿の南廂を上達部の座とした。東第一間に尊者の座を敷いた。土敷二枚、東京錦端《とうぎょうきべり》の茵で、横座は西面にあった。その座の後ろおよび母屋《もや》の南・西廂の北隔《きたへだて》の簾《すだれ》の前に、皆、四尺屏風《びょうぶ》を立てた。また、尊者は赤木机二脚。机の面は白い絹」と云うことだ。〉は、簀薦二枚。大納言以下参議は円座で、端の色は、皆、異なっていた。大納言と参議は南面《みなみおもて》にあった。尊者・納言・参議の座の下には、菅円座《すげのわろうだ》を敷かなかった。苦熱《くねつ》による。正月大饗では敷くのである。納言以下の膳は、赤木机〈机の面は白い絹。〉一脚と簀薦。尊者及び以下の者は、あらかじめ机を立てて弁備《べんび》した。但し、飯を据えなかった。議が有ったならば、先に立てるものである。太相《だいしょう》(公季)と同じである。考えるにこれは、正暦の例である。弁と少納言の座は、西廂にあり、南を上座として東面した。両端錦《りょうべりにしき》の畳に、黒柿机〈机の面は黄色い絹。〉で、簀薦を敷かなかった。机の面の絹の色は、正暦の例によった。「天慶《てんぎょう》の例では、弁・少納言以上、尊者の机の面は、皆、白い絹、外記・史の机の面は黄色い絹」と云うことだ。後に考えたところでは、やはり天慶の例によるべきであった。正暦の例は、確かではなかったのか。便宜を計って行なったものであろうか。外記と史の座は、西対《にしのたい》の南廂に、東を上座として対座《たいざ》した〈南北に相対した。〉。緑端《みどりべり》の畳に、朴木《ほおのき》の榻足《しじあし》の机。机の面に紙を押した〈天慶の例は、机の面に赤い絹であった。この例によるべきである。〉。座の後ろに軟障《ぜじょう》を引いた。また、東面の母屋の簾に副って、同じく軟障を引いた。西対の南・東の廂《ひさし》は、簾を懸けなかった。但し東廂の北第一・二間〈渡殿《わたどの》を限りとした。その南から第一・二間と称すだけである。〉は、簾を懸けた。便宜が有ったからである。諸大夫《しょたいふ》の座は、西中門《にしちゅうもん》の北廊《きたろう》。また西対の南唐廂《みなみからびさし》に座を敷いて、机を立てた。「近代の例である」と云うことだ。はなはだ便宜のないことである。正月大饗では、立てさせてはならないのである。殿上人の饗は渡殿、史生の饗は政所に準備した。「官・外記の史生は、多く欠いた。官掌《かじょう》と召使《めしつかい》〈四人。〉は、合わせて三十人ほど」と云うことだ。使部《しぶ》の饗百前は、西隣に準備した。左大史公親朝臣に命じて、幄《あく》を立てて座を敷かせた。中門の内の南腋《みなみわき》に、酒部の平張を立てた。「高火炉《たかかろ》・中取《なかとり》二脚・床子《しょうじ》は、修理職《しゅりしき》が造って進上しました。これは先例です」ということだ。また「門の腋の白土は、同じく修理職が塗りました。また先例です」と云うことだ。修理職が申したところである。検非違使の饗二十前は、厩《うまや》の廊に設備した。また、尊者の前駆十人および垣下《えんが》十人の饗は、侍所《さむらいどころ》に準備した。尊者の雑色二十人の饗と垣下および二十人の饗は、雑色所《ぞうしきどころ》に設備した。「垣下と称するのは、つまりこれは我が家の雑色である」と云うことだ。また尊者の車副四人と牛童《うしわらわ》の饗があった。但し牛童の饗は、先例と異なっていた。「饗机二脚は、強机《こわづくえ》と号した。榻足である」と云うことだ。「飯および菜は、はなはだ猛々しかった」と云うことだ。牛粥《うしがゆ》のための桶は二、粥のための米は一石、牛張船《うしはりぶね》・飼草張船《かいぐさはりぶね》のためには手作布一段。随身所《ずいじんどころ》の饗は二十前。未だ「大将は元のとおり」という宣旨を下されていないとはいっても、随身たちが住んでいる。また、「立明の官人たちが、随身所に着した」と云うことだ〈「皆、これは、近代の事である」と云うことだ。〉。次いで立明の官人に、重ねて上達部や太政官の上官が来ているかどうかを見させたところ、申して云ったことには、「皆、参会しています」ということだ。そこで下り立った〈南階の西の開柱《ひらきばしら》に当たり、頗る東に寄って立った。西に去ることは二丈余ほどであった。〉。尊者以下史以上が列立した。終わって拝礼を行なった。私は答拝《とうはい》を行なった。私は再三、尊者に目くばせした。尊者は元の列の中間に進み出て、留まり立った。また目くばせした。揖礼を行なって、すぐに歩み進み、一緒に階を昇った。尊者は座に着した。私は仮に長筵《ながむしろ》に坐った〈大納言の座の上頭《じょうとう》に当たった。〉。この頃、永信朝臣が私の履《くつ》を執った。〉。次いで上達部・弁・少納言・外記・史が、序列どおりに座に着した。終わって、私は座を起ち、簀子敷から西行して、南廂の西第二柱に当たって坐った。盃を執って、尊者に勧めた。四位侍従《じじゅう》(藤原)経任《つねとう》が、東方から菅円座を執り、来てその後ろに敷いた。私の前に机一脚を立てた〈簀薦を敷かなかった。〉。検非違使たちが申させて云ったことには、「床子を立てて、庭中《ていちゅう》に伺候しなければなりません」ということだ。私が答えて云ったことには、「正月大饗は、庭中に伺候するのが通例である。初任の大饗は、確かに覚えていない」と。諸卿が云ったことには、「見たことのない事である」ということだ。また、申させて云ったことには、「饗饌が有ります。どうして伺候しないでしょうか。またの仰せに随って処置することにします」ということだ。「伺候するのは、これはたとえ先例が無いとはいっても、申すところはそうであるべきである」ということだ。そこでそのことを伝えさせた。すぐに床子を立てて、庭中に伺候した。太相府は、すでに伺候していなかった。そのことを問うたところ、申して云ったことには、「検非違使の官人たちが参集していない間に、事はすでに終わってしまった」ということだ。二献があった〈右頭中将《うとうちゅうじょう》（藤原）公成《きんなり》。〉。終わって、飯を据えた。三献があった〈民部大輔《みんぶのたいふ》（藤原）実経《さねつね》。〉。次いで汁物《しるもの》があった。終わって、箸を下した。四献があった〈治部卿経通。〉。次いで録事を召した。四人の者が参り進み〈四位侍従経任と春宮大進《とうぐうだいじん》（橘）義通《よしみち》朝臣、以上は殿上人。外記・史の録事は永信朝臣と範永朝臣。〉、簀子に連なって坐った。私が命じて云ったことには、「弁と少納言に御酒《みき》を給え」と。経任と義通は、称唯《いしょう》して退出した。次いで命じたことには、「外記と史に御酒を給え」と。永信たちは、称唯して退出した。この間は、云々。録事の円座を敷いた。次いで五献があり〈大蔵卿通任。〉、巡々が終わった。穏座の円座を敷いた。次いで下りて、肴物を勧められた。酒事《さかごと》が有った。楽人の座を階の前に敷かせた。すぐに座に着した。若狭守《わかさのかみ》（藤原）遠理《とおまさ》〈四位。〉が、上首《じょうしゅ》であった。合わせて六人〈「近日、或いは病悩し、或いは服喪《ふくも》である」と云うことだ。〉。琵琶《びわ》と和琴《わごん》を下給した。横笛《よこぶえ》・答笙《とうしょう》・篳篥《ひちりき》は、皆、随身しただけである。管絃《かんげん》の声を発した。次いで衝重《ついがさね》を据えた。次いで史生の禄を下給した。書吏《しょり》典薬属《てんやくのさかん》（足《あす》羽《はの》）千《ち》平《ひら》が、見参《げんざん》を唱えた。禄の布は、中取二脚に積んで、庭中に於いて召し、これを下賜した。庭中に当たらず、紅梅の南に当たった。次いで外記と史の禄を下賜した〈五位は赤練《あかねり》の衾《ふすま》一条《すじ》、六位は疋絹。〉。次いで弁と少納言の禄〈同じ赤練の衾、各一重。〉。弁・少納言・外記・史に禄を被《かず》けた。次いで宰相の禄〈大掛一重。三位は鳥子《とりのこ》の重羅《かさねら》、四位は赤練の一重。〉。次いで中納言〈白い大掛一重。〉。次いで大納言〈中納言と同じ。〉。これより先に、楽人に下給した〈四位は白い掛一重、五位は単重、六位は疋絹。〉。座毎に上臈《じょうろう》からこれを行なった。「もう二所は、下から上に逆上って、これを行なった」と云うことだ。前例を失している。私は盃を執って、尊者に勧めた。次いで尊者の禄。白い大掛一重、黄朽葉《きくちば》の織物の掛を加えた。治部卿が簾《れん》下《か》に就いて〈南廂の南東の角の間。〉、禄を執った。私はこれを伝え取った。次いで引出物は、馬二疋〈片口《かたくち》の五位、片口の六位。衛府《えふ》である。馬の前に各々五位二人が、燭を秉った。〉。引き廻らした際、騎るよう命じた。後に続松《つぎまつ》を執って、一、二回、廻らせた。下りて牽き出した。尊者の前駆の者が、進み出て、これを取った。尊者は南階から下りた。諸卿は座を起った。按察公任は、引出物より以前に、立明の官人たちの禄を下給した。諸卿が云ったことには、「汝(実資)は、一緒に内府〈入道相府の上東門第《じょうとうもんてい》。〉に向かうべきである」と。その儀は、私の儀と同じであった。二献は上達部であった。次々の献は、これと同じであった。四献の後に録事を召したことは、私と同じであった。但し、外記と史の座は、西対の東廂であった〈東面して北を上座とした。〉。召人《めしびと》は、私の許に来た者たちであった。禄は皆、疋絹であった。四位と五位の疋絹は、如何であろう。五位以上の疋絹は、朝廷の禄の他に、臣下の家では特に見えない。もしかしたら前例が有るのであろうか。近代の事は過差《かさ》が有る。ところが、この禄については、どうして更に軽々しいのであろうか。

入道相府は、寝殿の南東の角の簾中《れんちゅう》にいらっしゃった。拝礼しようとしていた際、高声におっしゃったことには、「立明の者は留まるように」ということだ。引出物は馬二疋。禄は大掛一重。蘇芳の織物の掛を加えた。暁方に臨んで、儀が終わった〈月は辰剋に及んだ。〉。私が南階から退下した際、両宰相が地下から進み出て、足下《そっか》に分かれて坐った。後に聞いたことには、「上達部が云ったことには、『はなはだ威光が有る事であった』ということだ」と。

……「……議、隠文の帯を着し、前駆を連れて内裏に参ったが、任じられないということを聞いて、急いで退出した」と云うことだ。世は奇怪としたばかりである。また、右兵衛督公信も、同じく中納言に任じられると称して、前駆を準備した。皆、これはいい加減な説がもたらしたものか。

二十六日、己亥。　教通、定頼に申慶の扈従を命ず／佩剱を道長の意に従って選ぶ

右大弁定頼が来て云ったことには、「汝（実資）の供に参ろうと思っていました。ところが内府が云ったことには、『大将（実資）の供には、あれこれの人たちを定めてあるのではないか。我（教通）の供に参るように』ということでした。これを如何しましょう」と。私が答えて云ったことには、「早くあの御供に扈従されるように」と。会わなかった。申剋の頃、入道殿に参った。両宰相は、車に乗って扈従した。四位侍従経任、伯耆守《ほうきのかみ》（藤原）資頼《すけより》、左兵衛佐《さひょうえのすけ》（藤原）資房《すけふさ》・（藤原）経仲《つねなか》が前駆となった。この他は、四位二人〈（源）政職《まさもと》と（橘）儀懐《よしかね》。〉・五位十七人〈（藤原）信通《のぶみち》・（源）懐信《かねのぶ》・永信・隆佐・（藤原）頼宣《よりのぶ》・範永・範国・（藤原）通能《みちよし》・（橘）兼懐《かねやす》・保相・（藤原）高親《たかちか》・（藤原）有信《ありのぶ》・（川瀬《かわせの》）師光《もろみつ》・（高階《たかしなの》）重規《しげのり》・（源）永輔《ながすけ》・（藤原）致《むね》行《ゆき》・(藤原)為盛《ためもり》。〉・六位十人〈木工允《もくのじょう》親経《ちかつね》・皇后宮少進《こうごうぐうしょうじん》(宮道《みやじの》)仲光《なかみつ》・斎院次官《さいいんのすけ》(藤原)助通《すけみち》・右近将監清親・左衛門尉顕輔・左兵衛尉《さひょうえのじょう》(宮道)式光《しきみつ》・雑色(平)親経・帯刀《たちはき》(菅原)義資《よしすけ》・章経・重通。〉。無量寿院《むりょうじゅいん》に到って、御房の辺りに於いて事情を申させようとしていた頃、中将(藤原)長家《ながいえ》が迎え会って云ったことには、「直ちに昇るように」ということだ。内府も同じくこのことを命じた。ところが聞き入れず、庭中に進んで、拝礼を行なった。笏《しゃく》を撤し、釼を解いて、禅公《ぜんこう》(道長)に奉謁した。すぐに皇太后宮《こうたいごうぐう》(藤原妍子《きよこ》)に参った。これより先に、内府は同宮に参り、皇太后宮大進《こうたいごうぐうだいじん》(藤原)佐光《すけみつ》を介して、悦びを啓上させた。拝礼が終わって、関白殿〈堀河《ほりかわ》辺り。(源)行任《ゆきとう》の宅である。〉に参った頃、西方は天が陰り、雷電があった。そこで急いで御門に参り到った。車から下りた頃、雨脚が著しく降った。主人(頼通)は出て、中門で会った。私は拝礼を行なった。主人は共に列して、座に着した。座席の準備が有った。大臣二人の座は、土敷と茵。他の卿相は、土敷と円座。大納言能信、中納言兼隆・実成が、座に着した。参議経通と資平が未だ着さない頃、大雷電が一声あり、風雨が交じって、雨脚は注ぐようであった。天顔《てん》《がん》は静かではなかった。この頃、内府が参入した。はなはだ威儀《いぎ》が無かった。兼隆卿を介して、拝礼を行なうことができないということを伝えられた。ところが、中門に於いて拝礼を行なった。答拝することはできなかった。ただ南階の中段に下りていた。雨脚が特に甚しかったからである。私及び他の卿相は、座を起ったが、退下することはできず、進退《しんたい》に便宜が無かった。主人は座に復した。私はまた、座に復した。次々の者も、このとおりにした。次いで内府が座に着した。内府が云ったことには、「雷電と雨脚に、式部大輔《しきぶのたいふ》（藤原）広業《ひろなり》の宅の西方で遇いました。牛は雷の声に驚いて、走りました。また、前駆は四方に馳せ散って、一人も従いませんでした。中将長家は、為す術がありませんでした。そこで呼んで、車後《くるまじり》に乗りました。この間の作法は、極めて便宜がなかったのです」ということだ。主人は再三、人を召して、肴物について命じた。事は頗る早くない。主人の命によって、三人の宰相〈経通・資平・定頼。定頼は内府の供であった。〉が座に着した。肴物を勧められた。一巡の後〈初献は主人、次献は実成。〉、引出物として、馬各一疋があった。庭中に水が溢れ、騎らせずに直ちに牽き出した。私は先ず座を起って、退出した。途中、燭を秉った。今日、隠文の帯と樋螺鈿《ひらでん》の釼を用いた。先日、入道殿に奉謁した次いでに、命じられたところである。私が思うところは、蒔絵《まきえ》の釼が宜しいのではないか。近代の事は、多くあの命に帰すばかりである。

二十八日、辛丑。　右大将旧のごとしとの宣旨／公季、乗車して上東門を用いる

大外記文義が云ったことには、「今日、右大将《うだいしょう》は旧のとおりであるとの宣旨を下されることになりました。内裏に伺候するよう、関白が召し仰せられました」と。そこで内裏に参った。詳細を聞かせられる為、先ず申させたものである。深夜、蔵人弁章信が来て云ったことには、「只今、兼官《けんかん》は先のとおりであるとの宣旨を下されました」ということだ〈本のとおりである。但し、馬寮御《めりょうご》監《げん》の宣旨について、章信に問うたところ、云ったことには、「右大将は先のとおりであるとの宣旨が下りました。そこで御監も同じです。別の宣旨は有ることはないということは、その定が有ります」と云うことだ。「左右大将および太皇太后宮《たいこうたいごうぐう》権大夫《ごんのだいぶ》頼宗・中宮権大夫《ちゅうぐうごんのだいぶ》(能信)だけです」と。〉。大将は先のとおりであるとの宣旨が下った。ところが慶賀を奏上しないということは、故殿の御記に見える。貞信公の命によって、調べられたところである〈天慶七年、初めて右大臣に任じられた時の事である。〉。右近将曹《うこんのしょうそう》(紀)正方《まさかた》が参って来て、云ったことには、「大外記文義が伝えて云ったことには、『右大将は先のとおりである』ということです」と。府生《ふしょう》と近衛《このえ》一人を指名して進めるよう、命じておいた。章信が云ったことには、「この宣旨は、中納言《な》道方が奉って下しました」と。大外記文義が云ったことには、「先日、牛車宣旨が下りました。前例を調べて、宣旨書を欲していた際、太相府は朔平門に於いて車に乗り、上東門から出ました。摂政・関白の人の他は、牛車や輦車《てぐるま》は待賢門から出入りします。ところが、意に任せて上東門を用いるのは、如何なものでしょう」ということだ。能く前例を調べて知るべきである。宣旨を承って下す人は、納言《ごん》公任卿である。明日、問わなければならない。昨日、故殿の御記および『検非違使類聚』を取り送られたところである。輦車を聴す奏は、もしかしたらこの事によるものか。

二十九日、壬寅。　牛車について公任の意見／府生・近衛の差進／法華経講説

牛車宣旨について、按察に問い遣わしたところ、返報して云ったことには、「牛車について、先日、伝えて云ったことには、『摂政・関白や、宮中を出入りすることを聴された者の他は、上東・待賢門を聴す』と云うことだ。調べて書き下させるのならば、『検非違使類聚』を見ると、『輦車は宮中を出入りすることを聴し、牛車は上東門を出入りすることを聴す』と云うことだ。これは人によるのではない。牛車は便宜が無いので、他の門を出入りするものか。一条左府《いちじょうさふ》（雅信）は、始めは上東門を用い、後に意に任せて待賢門を用いたのである。あの時の人は、申すところが有った」と云うことだ。密々の事である。先日、公親朝臣は謬事《びゅうじ》を申したのである。按察が云ったことには、「府生は、吉日に指名して進めるべきか。それとも、宣旨が下るに随って、指名して進めるべきか。『来月四日、内府が雑事を始める』ということだ。その日以前に、府生を連れずに殿の辺りに参るのは、如何なものか。吉日ではないとはいっても、指名して進めるに随って、連れるべきであろうか」ということだ。私が答えて云ったことには、「慶賀は権随身《かりのずいじん》を指名して進め、それを連れて慶賀を申す。日の善悪を謂わない。特に、本官《ほんかん》に還復《かんぷく》するのは、すでに新官ではない。随身もまた、元の随身であって、ただ府生・近衛一人だけを選んで進めるのである。まったく日の善悪を論じてはならないのではないか」と。また、按察が云ったことには、「内府が伝えて云ったことには、『来月朔日、御堂《みどう》に行事が有ります。必ず参らなければならないのです。府生を連れていないのは、如何なものでしょう』ということだ。仰せのとおり、新任の人は日を択ばず、指名して進めるに随って、すぐに随身して、慶賀を申す。ましてやこれは、本官である。吉日を択ぶべきではない事とか、報せました。そもそも本府の方には、また着陣《ちゃくじん》や文書《もんじょ》の加署《かしょ》などがございますでしょう。御記に見えておりますでしょうか」と。陀羅尼品《だらにほん》を、念賢《ねんけん》に明日、講説《こうぜち》させ奉ることになっていた。ところが、慶賀の後は衰日《すいにち》に当たるからである。今日は吉日である。そこで講演《こうえん》し奉ったところであるばかりである。

○八月

一日、甲辰。　石塔造立供養／道長、一切経を無量寿院経蔵に移す／道長、石山寺に参詣／着陣、倚子を立てる日を勘申／勘文

石塔供養《せきとうくよう》は、通常のとおりであった。匠作《しょうさく》（藤原資平《すけひら》）と最円阿闍梨《さいえんあじゃり》が来て云ったことには、「今日、一《いっ》切経《さいきょう》を、上東門院《じょうとうもんいん》から無量寿院《むりょうじゅいん》の経蔵《きょうぞう》に移し運びました。楽人《がくにん》が前行しました。僧綱《そうごう》以下が、次いで歩きました。四位・五位及び諸衛府《えふ》の官人の下僚《かりょう》が、序列どおりに運びました。願主《がんしゅ》（藤原道長《みちなが》）及び諸卿は、跪《ひざまず》きました。上達部《かんだちめ》と殿上人《てんじょうびと》が迎えて、経蔵に運び置きました。終わって、大唐《だいとう》・高麗《こま》舞《まい》がありました。殿上《てんじょう》の侍臣《じしん》は、衣を脱ぎました。ただ僧綱たちに被物《かずけもの》が有りました。僧俗は皆、饗饌《きょうせん》が有りました。関白《かんぱく》（藤原頼通《よりみち》）・内府（藤原教通《のりみち》）・両大納言《だいなごん》（藤原頼宗《よりむね》・藤原能信《よしのぶ》）は、慶賀《けいが》によって参会しませんでした。『これは禅門《ぜんもん》（道長）の御決定である』と云うことです。仏事《ぶつじ》が終わって、石山寺《いしやまでら》に参られました〈馬に騎りました。〉。御僧は二人。或いは云ったことには、『目の病を祈り申される為である』と云うことでした」と。今日、府生《ふしょう》・近衛《このえ》一人〈府生は吉貞《よしさだ》、近衛は□□。〉を指名して進めた。（安倍）吉平朝臣《よしひらあそん》を呼んで、初参の日を勘申《かんじん》させた。その勘文《かんもん》は、紙背《しはい》に記す。倚子《いし》を造るよう、右中弁《うちゅうべん》（藤原）章信《あきのぶ》に命じた。太政官《だいじょうかん》と外記庁《げきちょう》の倚子、侍従所《じじゅうしょ》の前机である。関白の倚子は、もしかしたら後日、立てられることになるのであろうか。吉平が云ったことには、「昨日、ただ初参される日を勘申

されました。二十一日です。倚子を立てる日については、命じられませんでした。二十一日の他には、また吉日《きちにち》はありません」ということだ。その二十一日に、同じく参入することとする。参られる時刻を承って、参入することとする。また、下官(実資)の倚子は、急いで立てることはない。あの倚子を立てられた後に、立てさせるべきである。たとえ同日とはいっても、あの御倚子を立てた後に立てるべきであるということについて、密々に意向を示すよう、伝えておいたところ、あの殿の命が有った。そこで参入した。考えるに、意向を示したのか。

宜陽殿《ぎようでん》と陣座《じんのざ》に着される日時を択び申す。

今月二十一日甲子。時は未・申剋。

御倚子を造る日時を択び申す。

今月十三日丙辰。時は午・申剋。

十六日己未。時は巳・未・申剋。

太政官と外記庁の倚子を立てる日時を択び申す〈侍従所の前机は、同じ時剋に立てることとする。〉。

今月二十一日甲子。時は未・申剋。

勧学院《かんがくいん》の歩《あゆみ》の日時を択び申す。

今月十三日丙辰。時は午・申剋。

十六日己未。時は未・申剋。

山階寺《やましなでら》(興福寺《こうふくじ》)が賀を申す日時を択び申す。

今月十六日己未。時は巳・午・未・申剋。

今、考えると、勧学院の歩と山階寺の賀は、最吉日《さいきちにち》を勘申してはならない。また、時剋を勘申してはならない。ただ坎日《かんにち》や衰日《すいにち》を除く他の日が、宜しいのではないか。これはただ、初参の日を勘申させた次いでに、勘申させたところである。

本陣に着される日時を択び申す。

九月二十八日庚子。時は午・申剋。

十月二日甲辰。時は未・申剋。

請印《しょういん》を行なわれる日時を択び申す。

八月十六日己未。時は午・未剋。

二十一日甲子。時は巳剋。

十月二日甲辰。時は巳・未剋。

二十二日甲午。時は巳・未剋。

三日、丙午。　下毛野公忠、原免

匠作が云ったことには、「章信朝臣が云ったことには、『(下毛野《しもつけのの》)公忠《きんただ》は、勅宣《ちょくせん》を奉ったので、原免《げんめん》されました』と」と。

七日、庚戌。　藤原教通の初参の作法／勧学院の歩

伝え聞いたことには、「今日、内大臣(教通)が初参を行なう」と。按察《あぜち》(藤原公任《きんとう》)が伝え送って云ったことには、「公卿が初めて着陣《ちゃくじん》する日は、反閇《へんばい》を行なうのか。先例は如何でしょうか。また、大臣が参着する時には、雨儀《うぎ》は温明殿《うんめいでん》の砌《みぎり》から退出すべきであろうか」と。報じて云ったことには、「公卿が初参する時の反閇は、聞いたことのない事である。但し大臣の初参の時、反閇は行なうのか。また、未だ知らない事である。下官が大納言や参議《さんぎ》の時、初参の日は、反閇を行なわせなかった。大臣の初参は、他とは異なるのであろうか。関白が初参される例が、もっとも佳《よ》いであろう。事情を申されて、その例に従われるのが吉いであろう。また、内府が大納言に任じられて、初参した時の反閇の有無は、如何であろう。また、初参の雨儀は、未だ知らない事である。初参の日は、敷政《ふせい》門から出入りに用いるべきであろうか。それならばやはり、温明殿の壇を用いるべきであろうか、如何か」と。

晩方、匠作が来て云ったことには、「昨日の関白の命によって、束帯《そくたい》を着して参入しました。今日、勧学院の歩が行なわれます。その準備が有るからです」ということだ。「近代は上達部が勧盃《けんぱい》を行なう」と云うことだ。上古《じょうこ》は、もっぱらそうではなかった。夜に入って、匠作が来て云ったことには、「勧学院の衆は、秉燭《へいしょく》の後、関白殿に参りました。兄弟の納言(頼宗・能信)及びあれこれの卿相《けいしょう》が、参入して勧盃を行ないました。先ず見参簿《げんざんぼ》を進上し、拝礼《はいらい》した後、饗宴の座に着しました。三献《こん》の後、復飯《ふくはん》を据えました。朗詠《ろうえい》を行ないました。各々、絹二疋を下給しました。先日、封戸《ふこ》を寄進《きしん》した時の

学生《がくしょう》の歩では、悩《や》む所が有ったので、禄を下給しませんでした。そこで二疋を下賜しました」ということだ。

十一日、甲寅。　定考／太政大臣と関白の先後

今日、太政官の定考《こうじょう》が行なわれた。簡《ふだ》には先ず太政大臣《だいじょうだいじん》（藤原公季《きんすえ》）を書いた。後日、大外記《だいげき》（小野）文《ふみ》義《よし》朝臣が申したところである。「関白の命によって、書いたものです。正暦《しょうりゃく》の例では、無《む》官《かん》の摂政《せっしょう》（藤原道隆《みちたか》）を、ひとえに太政大臣（藤原為光《ためみつ》）の上に列しました。現在は、その例に叶いません」ということだ。子細は十六日の記にある。

十六日、己未。　祈年穀・天変奉幣使、出立／除目の予定／信濃勅旨駒牽

今日、諸社使《しょしゃし》が出立《しゅったつ》した〈年穀《ねんこく》と天変を祈られた。権大納言《ごんだいなごん》（藤原）行成《ゆきなり》卿が上卿《しょうけい》を勤めた。〉。勅任《ちょくにん》の符を、式部史生《しきぶのししょう》安倍為義《ためよし》を召して、預け給わった。

匠作が来た。すぐに退出した。晩に向かい、来て云ったことには、「関白殿に参りました。雑事を談られた次いでに云ったことには、『衛府の督《かみ》と欠国《けっこく》を、晦日《つごもり》の頃に任じられることとした。京官除目《きょうかんじもく》については、その後、心閑《しず》かに行なわれることとする』ということでした」と。

大外記文義が云ったことには、「今日、駒牽《こまひき》が行なわれました。左衛門陣《さえもんのじん》の饗宴は、通例のとおりでした。廃務《はいむ》の日に、駒牽を行なった例は有ります。但し権大納言は、八省院《はっしょういん》から退出してしまって、参入することのできる上卿はいませんでした」と云うことだ。また云ったことには、「今日、関白の

倚子を造ることになっていました。ところが、廃務であったので、急に停止《ちょうじ》となりました」と。

十九日、壬戌。　初参の時剋／公季邸に勧学院の歩

左大史《さだいし》(但波《たんばの》)公親朝臣《きんちか》が参って来た。前に召した。申して云ったことには、「明後日、何時に参ることになっていますか」と。伝えて云ったことには、「未剋に関白が参られることになっているので、その後に参入することとする。未・申剋は、共に吉時《きつじ》である」と。また、申文《もうしぶみ》の儀を行なうということを伝えた。また、大弁および権左中弁《ごんのさちゅうべん》(源経頼《つねより》)に伝えるよう、同じく命じた。「この何日か、弁たちは服喪《ふくも》となっています。ただ権左中弁経頼は、服喪ではありません。但し章信は、伊勢豊受宮《いせのとようけのみや》の事を行なっていますので、内裏の穢《え》に触れていません」と云うことだ。「内裏の穢によって、関白が参られる事は、定まらないとのことです」と云うことだ。そこで公親朝臣に問うたところ、云ったことには、「今朝、あの殿(頼通)に参りました。(橘)義通《よしみち》朝臣が申して云ったことには、『明後日の前駆《ぜんく》を催し仰せるよう、仰せが有りました』ということです」と。その後、(源)懐信《かねのぶ》朝臣が来て云ったことには、「明後日、関白が参られることになっています」ということだ。匠作が入道殿《にゅうどうどの》(道長)に参り、来て云ったことには、「穢の間の初参について、意向を取ったところ、おっしゃって云ったことには、『まったく忌んではならない』ということでした」と。内裏の穢は、二十一日だけである。あの日の早朝、左衛門・左兵衛陣《さひょうえのじん》の簡を取り棄てるのが宜しいのではないだろうか。関白が初参されて、穢の簡を見られるのは、便宜《びんぎ》が無いであろうということを、公親朝臣に伝えた。申して云ったことには、

「もっともそうあるべき事です」ということだ。今日、勧学院の歩が行なわれた〈「太相国《だいしょうこく》（公季）は、饗《きょう》禄《ろく》を準備した」と云うことだ。後に聞いたことには、「東対《ひがしのたい》の南廊《なんろう》の廂《ひさし》に、簾《すだれ》に副えて屛風《びょうぶ》を立てた」と云うことだ。〉。

二十一日、甲子。　家司を定む／右大臣家請印始／倚子を立つ／着陣・着座／陣申文／昇殿

匠作が来た。家司《けいし》と侍　所《さむらいどころ》の職事《しきじ》を定めた。（清原）為成真人《ためなりまひと》に書き下させた。政所別当《まんどころべっとう》は政平《まさひら》朝臣。従《じゅう》は木工允《もくのじょう》伴興忠《とものおきただ》。大書吏《たいしょり》は典薬属《てんやくのさかん》足羽千平《あすはのちひら》。少書吏《しょうしょり》は右馬属《うまのさかん》茨田光忠《まんだのみつただ》。知家事《ちけじ》は左衛門府生《さえもんのふしょう》紀真光《まひかり》と水取季武《もひとりのすえたけ》。案主《あんじゅ》は身人部信武《むひとべののぶたけ》。侍　所別当《さむらいどころべっとう》は（林）重親《しげちか》朝臣。未剋、始めて請印を行なった。南庭《なんてい》に机を立てた〈興忠と光忠が舁き立てた。本来ならば案主に行なわせなければならない。ところが参らなかったことによるものである。〉。光忠が印の櫃を持って机上に置いた。興忠が伊予《いよ》の返抄《へんしょう》を覧筥《らんばこ》に納めて、持って来た。為成真人が、これより先に伺候して、取り伝えてこれを奉った。私は寝殿《しんでん》の南　階《みなみのきざはし》の廂の間に坐った。内裏に参るので、束帯を着していた。見終わって、返給した。興忠が伝え給わった。光忠は机に就いて、封を開くよう申し、捺印《なついん》した。また、印を納めるよう申し、封を付した。また、印文《いんもん》を持って来た。為成が取り伝えた。すぐに返給した。興忠が持って、退出した。光忠は印の櫃を取って退出した。次いで興忠と光忠が机を撤去した。「今日、左大臣（頼通）の倚子を、未剋に立てることになっている」と云うことだ。また、或いは云ったことには、「戌剋に立てることになっている」と。同剋に立てるよう、興忠に命じて仰せ遣わした。また、確かに立てさせることを見るよう、同じ

く命じておいた。今日、未剋、左大臣が初参を行なった。私は申剋に参ることになっている。人を遣わして、彼の退出を見させた。走って来て云ったことには、「只今、左衛門陣を出ました」ということだ。そこで参入しようと思ったところ、小雨が降った。その間を過ぎて参入したところ、関白は堀《ほり》河《かわ》辺りから帰られた。私は、しばらくして参入した〈郁芳《いくほう》門と大宮《おおみや》大路を経た。〉。関白の車は、遙かに過ぎていた。その距離は、二町余りほどであった。私が左衛門陣に到った頃、細雨《さいう》が降った。ところが、笠を差さなかった。史《し》(宇治《うじの》)忠信《ただのぶ》が、匠作を介して申させて云ったことには、「宜陽殿の座は、太政大臣と左大臣は横座《よこざ》、汝《なれ》(実資)と内大臣は連座《れんざ》です。今日、決定が有りました。また太政官《だいじょうかん》と外記庁の座は、両人の御座は横座に敷くことになりました」ということだ。そこでその決定によって、今日、敷いたものである。これは権左中弁経頼が定め申したものである。敷政門から入った。匠作が従った。すぐに宜陽殿の座に着した〈申二剋。連座。東向き。太政大臣の座は、未だ意味がわからない。内大臣が初めて着した日は、横座に敷いた。今日、座は無かった。奇怪である。皆、諸卿の座が有った。また事の決定が有ったのか。もしかしたら参らない人の座を敷かず、太政大臣の座を敷いてはならないのであろうか。極めて奇怪である。〉。すぐに座を起って、仗座《じょうのざ》に着した。陣官《じんかん》を召して、膝突《ひざつき》を敷かせた。右大弁《うだいべん》(藤原)定《さだ》頼《より》を呼んで、申文の儀を行なうかどうかを問うた。「申文の儀を行なわれてください」ということだ。すぐに座を起って、陣の腋《わき》に向かった。しばらくして、座に復して云ったことには、「申文」と。揖《ゆう》礼《れい》を行なった。称唯《いしょう》して、史に目くばせした。左少史斉通《さしょうしただみち》が、書杖《ふづえ》を執って小庭《こにわ》にいた。私は目くばせした。称唯して参って来て、膝突に着して、これを進上した。取って見た〈文書《もんじょ》三枚。〉。先のように巻いて、これを賜わった〈板敷《いたじき》の端に置いた。〉。一々、束ね申した〈二枚は伊予と阿波《あわ》の匙文《さじぶみ》、一枚は馬料の文。〉。与奪《よだつ》した〈匙文は申し給わった。馬料の文は目くばせした。〉。史が退出した。左頭中将《さとうのちゅうじょう》（源）朝任《あさとう》が宣旨《せんじ》を下した〈大原野祭《おおはらののまつり》の御幣料《ごへいりょう》。雑物は内蔵寮《くらりょう》の請奏《しょうそう》。〉。権左中弁経頼は、これは源氏である。最初に、氏社《うじのやしろ》の祭の宣旨を異姓《いせい》の弁に下すのは、思慮が有る。そこで右大弁定頼に下した。宣旨を大弁に下すのは、通例である。特に大臣は、他に異なるばかりである。大弁（定頼）は宣旨を下給した。私は座を起って、奥座《おくざ》に着した。しばらくして、射場殿《いばどの》に進んだ。治部卿《じぶきょう》（藤原経通《つねみち》）と匠作が従った。左頭中将を介して、昇殿《しょうでん》の慶賀を奏上させた。拝舞《はいぶ》を行なった。後に殿上間《てんじょうのま》に参上した。伺候していた頃、雨脚ははなはだ密であった。申の終剋に臨んで、雨が止んで反照《はんしょう》した。ところが、雨湿《うしつ》は留まった。儀は敷政門から出るのは、頗る便宜が無い。初めにまた和徳《かとく》門から出るのは、如何なものか。雨はすでに止んでいた。敷政門から出るのが、難が無いのではないだろうか。先ず匠作を介して、大外記文義に問わせた。申させて云ったことには、「関白が退出された頃、雨脚が下っていました。そこで左衛門陣に於いて、笠を差しました。陽明《ようめい》門に於いて、その御笠および卿相以下の笠を撤去しました。どうしてましてや、雨脚はすでに止んでいます。何事が有るでしょう」ということだ。そこで敷政門から退出した。参議三人〈経通・資平・定頼。〉と太政官の上官《じょうかん》が扈従《こしょう》した。左衛門陣の壇を下り立った頃、外記《げき》（橘）行頼《ゆきより》と史忠信が、走り出た〈南は外記、北は史。〉。私は陣を出て、北に向かった際、扇で笏《しゃく》を鳴らした。史は留まった。外記は外記門の下に到って、召使《めしつかい》を喚《め》した。召使は称唯して走り出た。左右に前行した。私は陽明門の西辺りに到って、留まり立った。参議は左兵衛府《さひょうえふ》の小門に当たって、留まり立った。弁・少納言《しょうなごん》・史・外記も、また留まり立ったことは、通例のとおりであった。私の随《ずい》身《じん》や前駆は、退出した。私は揖礼を行なって、退出した。「関白〈左大臣。〉は、未剋、宜陽殿に着した。また陣座に着して、文書を申させた。殿〈頼通〉は、宣旨を下した」と云うことだ。「大納言能信は、巳剋、宜陽殿に着した」と云うことだ。

二十二日、乙丑。　太政官・外記庁の倚子／勧学院の歩／見参簿

早朝、（中原）師重《もろしげ》を介して、昨日の太政官と外記庁の座について、公親朝臣に問い遣わした。帰って来て、云ったことには、「戸を閉じ、物忌《ものいみ》を称して、逢いません。伝えたところ、申させて云ったことには、『昨日の未剋、関白の倚子を立てました。同剋に、大将〈実資〉の倚子を立てさせました。罷り向かって、立てさせたところです。太政大臣と左大臣〈関白。〉は横座、大将の倚子は連座〈南向き。納言の座の上に立てました。〉。興忠が見申し上げたところです。ところが、未だ申していないということは、極めて奇怪な事です』ということでした」と。その後、（川瀬《かわせの》）師光《もろみつ》朝臣が申して云ったことには、「昨日、内裏に伺候していた頃、興忠は内裏に参りました。未剋、倚子を立てたということを申しました。太政官の倚子は、左大史公親朝臣が一緒に立てました。外記の倚子は、大外記文義朝臣が一緒に立てさせました。次いで侍従所の机は、興忠一人が罷り向かって立てました」ということだ。

今日、勧学院の歩が行なわれた。そこで近代の例に任せて、西対《にしのたい》の東廂《ひがしびさし》に座席を設備した。座の後ろに屏風を立てた。机は二十前《ぜん》。礼部《れいほう》（経通）と匠作が来た。秉燭の後、学生が来た。見参簿を進上させた。（藤原）永信《ながのぶ》朝臣が執って進上した〈見参簿二枚は、暦の紙背に記す。〉。参入するよう命じた。中門から入って、庭中《ていちゅう》に進んだ〈有官別当《うかんのべっとう》、無官別当《むかんのべっとう》、次いで学生たち。〉。拝礼を行なった。この頃、随身たちは、燎《ひ》を執って立った。拝礼が終わった。有官別当民部大丞《みんぶのだいじょう》（藤原）敦舒《あつのぶ》以上十一人が座に着した。一献は、治部卿経通〈参議。〉と右大弁定頼〈参議。〉。二献は修理大夫《しゅりだいぶ》資平〈参議。〉と民部大輔《みんぶのたいふ》（源）顕定《あきさだ》。次いで汁を据えた。次いで三献は美濃守《みののかみ》（藤原）頼任《よりとう》と四位侍従《じじゅう》（藤原）経任《つねとう》。次いで箸を下した。四献は、経任〈然るべき人がいなかったので、両度、役した。〉と右少将《うしょうしょう》（藤原）良頼《よしより》。その後、左頭中将朝任と右中弁章信が来た。諸大夫《しょたいふ》たちも、多く来た。四献が終わって、復飯を据えた。次いで饗饌を撤去した。ところが、ただ飯を少々、撤去させて、従者に下賜させた。これは通例である。これより先に、朗詠を行なった。万歳千秋《ばんぜいせんしゅう》を誦した。各々、疋絹《ひつけん》を下給した。諸大夫がこれを執った。知院事《ちいんじ》三人に疋絹を下給した。知院事と案主が、政所に饗宴を下給した。また、案主・雑色《ぞうしき》・仕丁《しちょう》に布八十端《たん》を下賜した。勧学院。

勧学院政所。

　別当民部大丞敦舒　知院事以下の見参簿を進上する。

　　知院事大膳少属《だいぜんのしょうさかん》　生江為良《いくえのためよし》

掃部少属《かもんのしょうさかん》　立野正頼《たてのまさより》
　安倍為義
蔭子《おんし》（藤原）惟《これ》国
学生（藤原）恒頼《つねより》　案主紀村景《むらかげ》　長谷部為盛《はせべのためもり》
（藤原）方頼《まさより》　大中臣吉光《おおなかとみのよしみつ》　佐々貴吉成《ささきのよししげ》
（藤原）忠信　壬生有孝《みぶのありたか》　安倍為恒《ためつね》
（藤原）季明《すえあき》　紀景吉《かげよし》　小部守信《ちいさべのもりのぶ》
（藤原）有孝　雑色二十五人
（藤原）有成《ありしげ》
（藤原）頼義《よりよし》　仕丁一人
（藤原）守善《もりよし》　右、見参簿を進上したところは、このとおりである。
清科善道《きよしなのよしみち》
治《じ》安《あん》元年八月二十二日
知院事大膳少属生江為良
　掃部少属立野正頼

二十四日、丁卯。　検非違使、平致経を隠匿する法師を追捕／実は平正輔が追捕したとの説

「(平)致経《むねつね》は、横川《よかわ》に隠れているらしい」と云うことだ。「昨夜、検非違使《けびいし》の官人たちが、随兵《ずいひょう》を遣わして、囲んで捕えさせた。今朝、致経を養っていた法師静覚《じょうかく》を捕えることができ、連行して来た。この法師は、効験《こうげん》の有る者である」と云うことだ。或いは云ったことには、「検非違使の官人たちは、賀茂御社《かもおんしゃ》にいた。東山道《とうさんどう》から入京するのを待ち受けた。実はこれは、(平)維衡《これひら》朝臣の郎等《ろうどう》の(平)正輔《まさすけ》が差し遣わしたものである」と云うことだ。夜に入って、前帥《さきのそち》(藤原隆家《たかいえ》)が来て語った。都督《ととく》(隆家)の興が有った。

二十六日、己巳。　除目作法を道長に問う

両宰相(経通・資平)が来た。礼部が云ったことには、「晦日と朔日の両日、関白は堅固《けんご》の御物忌です。入道殿が命じられることに随って行なうよう、権大納言行成に伝えられました」ということだ。前摂津守《さきのせっつのかみ》(源)長経《ながつね》が来た。明朝、関白殿に参って、除目《じもく》の有無を伝え送ることとするということを述べた。今朝、除目の作法について、修理大夫を介して入道殿に申した。また、議所の座、太政官・外記・宜陽殿の座が定まったので、太政大臣と左大臣の座を横座に敷くべきか、当日の上卿は幔《まん》の南西の角から入るべきか、それとも一上《いちのかみ》が、ただこの道を用いるべきか。答報されて云ったことには、「もっとも準備が有る事である。但し思うところは、議所には太政大臣がいるはずはない。また、大臣は連座することは無い。後日、議してあれこれ処置すべきであろうか。当日の上卿は、南西の角を出入りする」ということだ。

二十八日、辛未。京官除目の上卿を勤む／道長、実資を東宮傅に任ぜんとす／通任の失誤

今日から内供《ないぐ》（良円《りょうえん》）の房〈天台《てんだい》（延暦寺《えんりゃくじ》）。〉に於いて、三口《く》の僧を招請して、三経を転読《てんどく》させ奉った〈一口、金剛般若経《こんごうはんにゃきょう》。一口、仁王経《にんのうきょう》。一口、寿命経《じゅみょうきょう》。〉。この読経は、五箇日を限る。これは除目の間の祈願である。また諷誦《ふじゅ》を清水寺《きよみずでら》に修した。今日、京官除目が行なわれた。同日、召仰《めしおおせ》が行なわれた〈「関白殿が仰せ下した」と云うことだ。〉。早朝、匠作が来た。外記（安倍）祐頼《すけより》が、欠官《けつかん》の勘文を進上した。先日、入道《にゅうどう》禅室《ぜんしつ》（道長）がおっしゃって云ったことには、「大臣に任じられた後、初めて京官除目を承って行なう際に、私に欠官の勘文を進上する場合は、死欠《しけつ》を記さない」と。そこで大外記文義に命じて、死欠を記さず、「替」の字を記した。また、大間書《おおまがき》に復任《ふくにん》を載せなかった。またこれも、禅門の命である。能筆《のうひつ》二管《かん》と堅墨《かたすみ》一挺《ちょう》を祐頼に下給した。筥《はこ》に納めさせる為である。未剋の頃、雨を冒して内裏に参った。匠作が従った。陽明門に到った頃、大納言（藤原）斉信《ただのぶ》・行成・能信、参議（藤原）公信《きんのぶ》が参会した。一緒に参入した。温明殿の壇上を経て、敷政門から入った。壁の後ろを徘徊《はいかい》した。寄物《よせもの》〈昨日、大外記文義朝臣が進上したもの。〉および忽忘《こつぼう》に備えるための書二枚を、中を結んで、匠作を介して文義に伝え給い、硯筥《すずりばこ》に入れさせた。内大臣が壁の後ろに於いて、談じて云ったことには、「入道殿が云ったことには、『右府（実資）を東宮傅《とうぐうふ》に任じようと思う。汝（教通）については、宮司《みやづかさ》でなくても、何の疎《おろそ》かが有るであろうか』と」と。思わぬ慶びは、かえって奇妙である。私は仗座に着した。諸卿も同じく着した。議所の座について、左大弁《さだいべん》（藤原）朝経《あさつね》に問うたところ、知らないということを答えた。左大史

公親朝臣に問うよう命じた。座を起って、陣の腋に向かった。帰って来て云ったことには、「通例のとおり奉仕します」ということだ。私が云ったことには、「『横座と連座が有る』と云うことだ。そこで尋ね問うたものである。通例のとおり座を敷くというのは、如何か」と。大弁は座を起って公親に問うた。来て云ったことには、「太政大臣と左大臣〈関白。〉の座は、横座に敷きます。右大臣と内大臣の座は、対座《たいざ》〈『右大臣は南、内大臣は北。入道禅室と関白が定めて、装束司《しょうぞくし》に命じられた』と云うことでした。〉です」ということだ。次いで外記を召して、筥文《はこぶみ》について問うた。申して云ったことには、「揃っています」ということだ。その後、私は議所に着した〈宜陽殿の柱の内を経て〔雨儀。〕、日華門《にっか》から出て、議所の南西の幔門《まんもん》から入った。〉。諸卿も同じく着した〈内大臣以下は、北東の幔門から入った。〉。未だ一献に及ばないのに、蔵人《くろうど》〈藤原〉範基《のりもと》が来て、召した。私は召使に外記を召させた。外記順孝《のぶたか》が、外記たちを率いて参って来た。本来ならば、先ず一人が参入し、仰せを承って、参って来なければならない。そこでそのことを伝えた。もう二人は驚いて走り、日華門を退入した。元のように帰り入るのであろう。甚だ違例《いれい》である。筥を執るよう、順孝に命じた。順孝は退帰した。また参って来た際、外記二人が日華門から出て来て、加わり、筥を執った〈本来ならば北方から順孝に加わって、参り進まなければならない。違例はもっとも多かった。〉。日華門の東砌《ひがしのみぎり》の内に列立《れつりつ》した〈北を上座とした。雨儀。〉。私は座を起って、日華門から入り、宜陽殿と紫宸殿《ししんでん》の北廂《きたびさし》を経て、射場殿に向かった。内府以下が従った。私および内府は、軒廊《こんろう》に立った〈戸の西の間。〉。諸卿は射場《いば》の内に列立した〈雨儀。納言は西面し、参議は北面した。〉。外記三人は、筥を執って、紫宸殿の下を通り、射場の東砌に列立した。私は揖礼して参上した。これより先に、関白殿は殿上間に伺候していた。次いで内大臣が参上した。関白は先に御座に着した。次いで私と内大臣が着した。次いで大納言斉信卿が硯筥を執った。大納言公任と行成が、筥文を執った。諸卿は座に着した。主上《しゅじょう》〈後一条天皇《ごいちじょう》〉が左大臣〈関白。〉を召した。称唯して、御前の円座《わろうだ》に着した〈南面した。〉。左大臣が私を召した。称唯して、御前の円座に進んで着した〈西面した。〉。次いで内大臣を召した。進んで着した〈西面した。〉。終わって、灯燭《とうしょく》を供した。次いで主上は、奉仕するようにとの意向が有った〈座が定まった頃。〉。関白が伝え示した。私は称唯して笏を置き、一の筥文を取った。申文の筥に移して盛り、内外欠官帳《けつかんちょう》各一巻を空筥に納めた。笏を挿み、簾下《れんか》に寄って、これを進上した。笏を抜き、退いて伺候した。御覧が終わって、下給した。笏を挿んで、これを給わった。元のように、移し置いた文書を元の筥に返し盛った。大間書を執って、座の右に繰《く》って置いた。笏を執って、伺候した。また仰せが有った。関白が伝え告げた。笏を置いて、墨を磨《す》った。ただ民部省《みんぶしょう》の奏が有っただけであった。そこで事情を関白に伝えたところ、「早く任じるように」ということだ。本来ならば三省の奏を揃えて、任じなければならないものである。関白が云ったことには、「何年来、まったく進上しない」ということだ。また、民部省の奏は、申請する際には、国の目を欠《さかん》かない。そこで事情を申し、讃岐《さぬき》国の目に任じた。奏に鉤点《かぎてん》を懸けた。奏の端《はし》に、「讃岐目」と書き付けた。御前から申文を下給した〈御硯筥の蓋に盛った。往古《おうこ》から見えない事である。直ちに申文を下給するだけである。〉。関白は、これを給わって、前に置いた。先ず内給《ないきゅう》・院宮《いんぐう》・公卿給《くぎょうきゅう》を、私が給わった。院宮の御《ご》給《きゅう》の文を取り遣わすよう申した。関白は許諾した。私は大蔵卿《おおくらきょう》〈藤原通任《みちとう》〉を召した〈召したことには、「大蔵卿藤原朝臣」と。〉。院宮の御給の文を取り遣わすよう命じた。下給する申文の中で、任符《にんぷ》を返上する文を撰んで留めた。他の申文の未給《みきゅう》・名替《ながえ》・二合《にごう》・巡給《じゅんきゅう》〈未給の給不、名替・国替《くにがえ》の合不、二合の年の巡給の当不である。〉を、宰相を召して下給した。外記に申文を勘じさせた。この頃、受領《ずりょう》の功過《こうか》を定められなければならない事を、関白に申した。すぐに大納言斉信に伝えられた。すぐに文書を召して、定め申した〈両国。〉。公卿給は、ただ勘じたものに随って、関白に上げ伝えた。除目に書き入れ、成《なり》文《ぶみ》に付けた。成文は中を結んで、置いた。大蔵卿通任は、未だ院宮の御給の文を取り進めない前に、参って来て、公卿給を給わった。極めて奇怪である。ところが、追却《ついきゃく》するわけにはいかない。無理に下賜した。関白は驚き怪しまれたのである。時剋が多く移り、大蔵卿は院宮の御給を伝え進めた。詞に云ったことには、「東宮御給《とうぐうごきゅう》の文は、これより□。一品宮《いっぽんのみや》〈脩子《ながこ》内親王〉は求め出すことができない」ということだ。あれこれは含み笑いをした。左右将監《しょうげん》を遣わして、御申文を給わることを申した。そして院宮司《いんぐうし》に参って来て、随身して参入する。大蔵卿は、使を遣わす事を知らず、申したものである。極めて愚かである。この院の御申文は、私が関白に伝えて奉った。奏上させ終わって、給い授けた。私は一々、書き入れた。先ず関白に伝えて任じた。但し、名替は、勘文に任せて、任じるだけである。関白が云ったことには、「夜に終わってはならない。明日は、早く始めるように」ということだ。受領功過の定文《さだめぶみ》は、斉信卿が奉った。内大臣がこれを取って、上卿に渡した。これより先に、衝重《ついがさね》を据えた。二献に及ばなかった。私は筥一合《ごう》を取って開いた〈初めと同じであった。〉。大間書を納めた〈大間書の上に紙を巻き、中を結んだ。結び目に墨を引いた。これは近代の例である。古《いにしえ》は「封」字を書いたのか。〉。および成文を御前に奉った。序列どおりに退下した。明日から二箇日は、天皇の御物忌である。そこで作物所《つくもどころ》の宿所《しゅくしょ》〈右頭中将《うとうのちゅうじょう》（藤原）公成《きんなり》の宿所。〉に宿した。木工允興忠に命じて、食事を準備した。雑物は、我が家から給わった。修理大夫は、宿所に於いて食した。

今日、参入した上達部は、丞相《じょうしょう》三人（頼通・実資・教通）、大納言斉信・公任・行成・頼宗・能信、中《ちゅう》納言《なごん》（藤原）兼隆《かねたか》・（源）道方《みちかた》、参議公信・経通・通任・朝経・某《なにがし》（資平）。

二十八日。（『魚魯愚別録』一・召仰事による）

御直盧《じきろ》に於いて仰せ下されたのである。

二十九日、壬申。　除目第二日／東宮傅に任じられる

早朝、諷誦を清水寺に修した。

今朝、右近衛陣《うこのえのじん》が粥を準備した。ところが、思慮すると、未だ着陣していない間に、右近衛府《うこのえふ》の物を用いるのは、憚りが有るであろう上に、今日は申《さる》の日である。そこで用いてはならないということを、右近将曹《うこんのしょうそう》（紀）正方《まさかた》に命じておいた。両頭中将《とうのちゅうじょう》（朝任・公成）が、来て談った。「右近衛陣の粥は、殿上間に据えました。また、飯や酒の準備が有りました。豊贍《ほうせん》の饗でした」と云うことだ。急に興忠に

命じて、粥や強飯《こわいい》を弁備《べんび》させた。両宰相が、先にこの食事に預かった後、両頭の書状によって、殿上間に向かい参った。大外記文義を召して、雑事を命じた次いでに、あらかじめ硯筥に入れなければならない文書を下給した。□□「匠作に食させました。治部卿は休息しています」と云うことだ。私は食し終わった。未剋の頃、左仗《さじょう》に着した〈月華《げっか》門から入り、右仗《うじょう》の前を経て、笠を差させ、射場殿に向かった。〉。この頃、雨脚は降りしきっていた。議所に向かう路は、水がすでに盈溢《えいいつ》していた。そこで陣座に於いて召しを待った。申の終剋、蔵人兵部丞《ひょうぶのじょう》(藤原)教任《のりとう》が、宣仁《せんにん》門から入って、奥座に昇ろうとした。道方卿が指示した。そこで急いで膝突に進んで、諸卿を召した。私は外記を召し、筥文について命じた。外記たちは筥文を取り、宜陽殿に列立した〈西面し、北を上座とした。〉。私は座を起った。諸卿が従った。作法は、昨日と同じであった。関白は殿上間に伺候していた。先に参上したことは、また昨日と同じであった。また、三丞相が御前の円座に進んで着したことも、また同じであった。大間書の筥を下給した。私は簾下に進み、笏を挿んで給わった。この頃、灯燭を供した。その後、大間書を繰って置いた。昨日、下給した公卿給を勘進《かんしん》した。一々、大間書に入れた。また下し勘じさせた。まずは勘じて進上するに随って、書き入れた。章信朝臣に、勘出《かんしゅつ》するに随って、まずは進上するよう伝えさせた。ところが、公卿給一枚を持って来た。宰相に進上させるということを命じて、返給した。その後、経通が持って来た。硯筥に納めさせる為、あらかじめ文義に給わった文書は、すでにその実体は無かった。そこで章信朝臣を介して、事情を問わせた。来て云ったことには、「硯筥に納めておきました」ということだ。その実体が無いということを、また伝えておいた。しばらくして、持って来て云ったことには、『硯筥を取ることになっている外記行頼に給いました。ところが、思い忘れて、入れませんでした』ということでした」と。受領の中文と衛門尉《えもんのじょう》の中文は、関白が伝えて下給した。私は内府に取り伝えた。内府は、大納言公任卿に目くばせした。公任卿が進んで、これを給わった。この頃、京官を任じた。受領の吏と衛門尉の挙《きょ》の冊は、公任卿が進上した。伝えて奏上した。摂津守に橘儀懐《よしかね》、周防守《すおうのかみ》に橘俊遠《としとお》。皆、これは、挙の冊の他である。また、衛門尉に平行親《ゆきちか》〈蔵人。〉。また挙の他である。関白が伝えて云ったことには、「汝〈実資〉を東宮傅に任じることとする」ということだ。まったく思いも懸けなかった事である。御傍親《ぼうしん》は数多い。ところが下官を任じられるのは、且つは驚き、且つは怪しむばかりである。除目が終わった。丑剋、大間書の日を書き入れた。大間書を筥に納めた〈成文は納めなかった。〉。奏覧《そうらん》した。終わって、下給した。成文を加え入れた〈中を結んだ。〉。自ら執って、退出した。中納言道方を清書《せいしょ》の上卿とした。そこで大間書と成文を預けた。「清書の宰相は、資平一人」と云うことだ。私は射場に於いて、右頭中将公成を介して、慶賀を奏上させた。左《さ》衛門督《えもんのかみ》兼隆・左兵衛督《さひょうえのかみ》公信・右兵衛督《うひょうえのかみ》経通・皇太后宮亮《こうたいごうぐうのすけ》〈藤原〉長家《ながいえ》も、同じく奏上した。拝舞を行なった。終わって、一緒に太皇太后宮《たいこうたいごうぐう》〈藤原彰子《あきこ》〉に参った。宮司が伺候していなかった。長家を介して、女房《にょうぼう》に通じさせ、拝舞を行なった。次いで中宮《ちゅうぐう》〈藤原威子《たけこ》〉に参った。宮司が伺候していなかった。また長家を介して、女房に伝えさせ、拝礼を行なった。終わって、東宮〈敦良《あつなが》親王)に参った。春宮大進《とうぐうだいじん》義通を介して、拝礼を行なわせた。次いで関白の御宿所に参った。地が湿っていたので、拝礼を致さなかった。また、再三、命が有った。そこで直ちに昇って、奉謁《ほうえつ》した。退出した際、左金吾《さきんご》(兼隆)以下が拝礼を行なった。退出した。入道殿に参った。事情を申させたとはいっても、左衛門権佐《さえもんのごんのすけ》(大江)保資《やすすけ》が左衛門督に告げて云ったことには、「御堂《みどう》に入られて、念仏《ねんぶつ》を始められています。戒め仰せられて云ったことには、『上達部がもし参入したならば、そのことを伝えるように』ということでした」と。そこで慶賀を申さなかった。拝礼が終わって、退出した際、(藤原)頼宣《よりのぶ》が走って来て云ったことには、「未だ念仏を始めていません。逢うことにします」ということだ。退帰して、すぐに奉謁した。しばらく語って、退出した。「除目が終わった日は、執筆《しゅひつ》の人は魚類を内記所に於いて給わる」と云うことだ。「これは正月除目の事である」と云うことだ。京官除目では聞いたことがない。また故殿《ことの》(藤原実頼《さねより》)の御記《ぎょき》に見えるところは無い。正月除目の御記に、この事が有る。七月に任大臣の儀があり、八月に除目の執筆を勤めた。すぐに皇太弟傅《こうたいていふ》に任じられた。初めて除目を行なった際に、すぐに慶賀を行なった例を調べなければならない。

前美濃守《さきのみののかみ》(藤原)泰通《やすみち》は、春宮亮《とうぐうのすけ》に任じられた。「本任の解由状《げゆじょう》は、未だ下されていない」と云うことだ。人々は驚き怪しんだ。春宮亮(藤原)惟憲《これのり》が辞退した替わりである。

御物忌に参籠《さんろう》した上達部は、内大臣、大納言公任・能信、中納言兼隆・道方、参議公信・経通・資平〈某。〉。

○九月

三日、乙亥。　公任に大間書を見せる／東宮坊官の見参簿

大間書《おおまがき》を密かに見ることにするということについて、昨日と一昨日、頻りに按察納言《あぜちなごん》（藤原公任《きんとう》）の書状が有った。そこで今朝、遣わし奉った。民部卿《みんぶきょう》（源俊賢《としかた》）の書状に云ったことには、「関白《かんぱく》（藤原頼通《よりみち》）が、必ず召して見られるのではないか」と。そこで驚きながら、大間書を取り返した。すぐに関白は、（藤原）章信朝臣《あきのぶあそん》を介して、大間書を見るということを伝えられた。章信に託して、これを奉献《ほうけん》した。按察《あぜち》（公任）が云ったことには、「公卿の尻付《しづけ》は、はなはだ目安かった。好言《こうげん》のようであるとはいっても、はなはだ感心して見ました。家の為の事である」ということだ。

東宮史生《とうぐうししょう》・蔵人《くろうど》・坊掌《ぼうしょう》の見参簿《げんざんぼ》を、春宮属《とうぐうのさかん》の史《し》（宇治《うじの》）忠信《ただのぶ》が持って来た〈史生二人・蔵人三人・坊掌三人。〉。

八日、庚辰。　伊勢豊受宮遷宮神宝使を発遣

「今日、伊勢豊受宮神宝使《いせのとようけのみやじんぽうし》を神祇官《じんぎかん》から発遣した」と云うことだ。行事《ぎょうじ》は（源）道方《みちかた》卿と右中弁《うちゅうべん》章信〈「章信は初めて行事を勤めた。軽服《きょうぶく》であったので、他の弁《べん》に替えられた。ところが、彼もまた服喪《ふくも》であった。その他の弁も、皆、服喪であった。そこで除服《じょぶく》の後、元のように章信を行事とした」と云うことだ。〉。

九日、辛巳。　平維衡、罷申

常陸介《ひたちのすけ》（平）維衡《これひら》が、明日、赴任するということを申した。織物《おりもの》の袿《うちき》を被《かず》けた。

十日、壬午。　皇太后宮女房、法華経供養／春日行幸日時、確定

伝え聞いたことには、「今日、無量寿院《むりょうじゅいん》に於いて、皇太后宮《こうたいごうぐう》(藤原妍子《きよこ》)の女房《にょうぼう》が書写《しょしゃ》して結縁《けちえん》した経を、供養《くよう》し奉った。卿相《けいしょう》が集会《しゅえ》した」と云うことだ。「写経《しゃきょう》の荘厳《そうごん》は、敢えて云うことができない」と云うことだ。

「来月十四日の春日行幸《かすがぎょうこう》が決定した」と云うことだ。「十一日を過ぎて、仰せ下されることになった」と云うことだ。夜に入って、宰相(藤原資平《すけひら》)が来て云ったことには、「今日、皇太后宮の女房たちの写経を、無量寿院に於いて供養し奉りました。律師《りっし》永昭《えいしょう》を講師《こうじ》としました。堂僧《どうそう》を七僧《しちそう》としました。聴聞《ちょうもん》の人々は、内府(藤原教通《のりみち》)、大納言《だいなごん》(藤原)斉信《ただのぶ》・公任・(藤原)頼宗《よりむね》・(藤原)能信《よしのぶ》、中納言《ちゅうなごん》道方、参議《さんぎ》(藤原)経通《つねみち》・(藤原)広業《ひろなり》、左三位中将《ささんみちゅうじょう》(藤原)道雅《みちまさ》・右三位中将《うさんみちゅうじょう》(藤原)兼経《かねつね》、参議私(資平)」と。

十九日、辛卯。　右近衛府月奏

月奏《げっそう》を進上してきた。見ずに返給した。未だ着陣《ちゃくじん》していないので、署さなかったのである。

二十九日、辛丑。　公任、上表／頼通、高陽院を造営／過差、道長に倍す

昨日、按察大納言《あぜちだいなごん》公任卿が、辞退の状を上呈した。すぐに返給されたということを伝え送った。また、「重ねて上呈することとする」ということだ。「但し、状況に随って、来月を過ぎて、出仕することとする」ということだ。今朝、状況の趣旨を取ったのである。

宰相が来た。しばらくして退去した。また、夜に乗じて、来て云ったことには、「高陽院《かやのいん》に参りました。上達部《かんだちめ》が多く会しました。『造営について、築山《つきやま》と立石《たていし》』と云うことでした。高大で壮麗なことは、比類《ひるい》することのできるものはありません。諸大夫《しょたいふ》は、自ら掃除を行ない、間毎に人を充てて、その事を勤めさせていました。桃で磨《みが》かせていたことは、明鏡《めいきょう》に異なりませんでした。過差《かさ》の甚しさは、禅門《ぜんもん》（藤原道長《みちなが》）に倍するでしょう」と。また、云ったことには、「五、六尺の立石を立てさせ、樹木を植えさせていました」と云うことだ。

未だ着陣していないので、月奏や考文《こうぶん》に署さなかった。

○十月

一日、癸卯。　旬平座

……

今日、後一条天皇《ごいちじょう》は紫宸殿《ししんでん》に出御《しゅつぎょ》しなかった。平座《ひらざ》が有った。□□□□□□□□□皇太后宮大夫《こうたいごうぐうだいぶ》（源）道方《みちかた》・左……

二日、甲辰。　着陣／太皇太后宮に参る／頼通、高陽院に移徙

宰相（藤原資平《すけひら》）が□□□□□□□□□□□恐れは無かった。そこで三人の陰陽師《おんみょうじ》に□□□□□□□□□□来て云ったことには、「高陽院《かやのいん》に参って、上□□□□□□□□□照り耀《かがや》いていました。万人は目くばせするばかりでした。□□□□□□□□□直物《なおしもの》は、来たる八日に行ないます」と。甚だ□

□□□□□□□□□□覚えていないとのことだ。(日下部《くさかべの》)清武《きよたけ》は左近番長《さこんのばんちょう》□□□□□□□□身か。また、云ったことには、「(下毛野《しもつけのの》)公忠《きんただ》は還復《かんぷく》するようにとの意向が有る」と。これは内々の事□□犯の後、未だ幾日も経ずに、元の□に補されるのは、□政か。内裏に参った。宰相が従った。私は兼《けん》官《かん》の後、今日、初めて参った。敷政《ふせい》門から入った。先ず左仗《さじょう》に着し、弁《べん》(藤原)章信《あきのぶ》に宣旨《せんじ》を下した〈来月の吉田祭《よしだのまつり》の御幣《ごへい》と、内蔵寮《くらりょう》の請奏《しょうそう》。〉。すぐに同じ弁に下給した。次いで右仗《うじょう》に着した〈□□□なかった。〉。右近将監《うこんのしょうげん》(高《こうの》)扶宣《すけのぶ》が、硯および□□・□永の解由状《げゆじょう》を進上した〈本来ならば先ず解由状を進上した後、硯を請来《しょうらい》するものである。〉。解由□「朝臣《あそん》」を書いた。解由状を撤去させるよう□。□□□□□□□□□□天皇の御物忌《ものいみ》に伺候した。そこで□□□に参らなかった。□□□□□□□□太皇太后宮大進《たいこうたいごうぐうだいじん》(藤原)季任《すえとう》朝臣を介して、女房《にょうぼう》に伝えさせた。この頃、□□□□□□□□殿上間《てんじょうのま》に伺候していた際、天皇はすぐに出御した。長い時間があって、□□□□□□御在所《ございしょ》に□。これより先に、また宰相を介して□□□□□□□□□□。右少弁《うしょうべん》(藤原)頼明《よりあきら》が云ったことには、「簾下《れんか》に伺候するように」ということだ〈あらかじめ高麗端《こうらいべり》と讃岐円座《さぬきのわろうだ》を敷いていた。〉。すぐに参上し、簾下に伺候した。女房を介して、事情を啓上《けいじょう》させた。度々、太皇太后宮《たいこうたいごうぐう》(藤原彰子《あきこ》)の仰せが有った。□啓上させた。しばらくして、退出した。大外記《だいげき》(小野)文義《ふみよし》朝臣が、□□□を下した。□□□□□□□私は朝服《ちょうふく》を着し、前に召して、下給した。その□□□□□□□□□書き、署した所に「朝臣」の字を加えて、返給させた〈伝燈□□□□□□□□□□□東大寺《とうだいじ》は、去る□□□□□□□□□。〉。「関白《かんぱく》(藤原頼通《よりみち》)が高陽院に移られた」と云うことだ。翌日、宰相が云ったことには、「権□□□□□□□が、移徙《わたまし》に従って、御供に供奉《ぐぶ》しました」と云うことだ。

三日、乙巳。　**高陽院饗宴を訪れる**

資平が云ったことには、「(平)範国《のりくに》が□・□汝《なれ》(実資)は今日と明日では、何日が□□□か」ということだ。今夕、参るということを答えた。黄昏に臨んで、両宰相(藤原経通《つねみち》・資平)が来た。関白殿□に参ろうとした。二度、上達部《かんだちめ》が参っているかどうかを見させた。□□内府(藤原教通《のりみち》)が参入したとのことだ。□□、参ったところである〈戌剋。〉。両宰相が従った。主人(頼通)と内府以下が、饗の座に□□□。三巡の後、聚攤《しゅうだ》の興が有った。色紙《しきし》一帖《じょう》を□□□□□□□□□。皆、□□高坏《たかつき》。次々と数を減じた。攤《だ》が終わった。主人と行事《ぎょうじ》の人□□□。行事の人が、□□。引出物《ひきでもの》は馬二疋〈私及び内府に各一疋。〉。深夜、各々□□□□□□□。私・内大臣(教通)、大納言《だいなごん》(藤原)斉信《ただのぶ》・(藤原)頼宗《よりむね》・(藤原)能信《よしのぶ》、中納言《ちゅうなごん》(藤原)兼隆《かねたか》・(藤原)実成《さねなり》・道方、宰相(藤原)公信《きんのぶ》・経通・……

四日、丙午。

除目《じもく》や官奏《かんそう》の作法を申す為に、無量寿院《むりょうじゅいん》(藤原道長《みちなが》)に参ろうと思った。そこで先ず、事情を式部大輔《しきぶのたいふ》〈(藤原)広業《ひろなり》。〉に取った。禅門《ぜんもん》(道長)が報じて云ったことには、「この何日か、□障りは無い。明日、来るのに、何事が有るであろう」ということだ。

五日、丁未。　**射場始／道長を無量寿院に訪ねる**

府生《ふしょう》たちが□□。右近将監扶宣が、将たちに示し遣わした。□□今日、奏を作成するよう命じた。「今日、射場始《いばはじめ》が行なわれます」と云うことだ。「懸□□□□□奉仕します」ということだ。この府《ふ》生奏《しょうそう》は、八日に持って来るよう、同じく命じた。□□□明日は堅固《けんご》の物忌であるからである。未剋の頃、無量寿院に参った。宰相と四位侍従《じじゅう》(藤原)経任《つねとう》が従った。長い時間、談られた。多くはこれは、公事《くじ》であった。晩方に臨んで、退帰した。あらかじめ座席を設備されていた。昨日、参るということを□か。

八日、庚戌。　府生奏／直物・小除目／叙位／教通、実資の公事奉行を見倣う

右近将監扶宣が、府生奏を持って来た〈長谷《はせ》部兼行《べのかねゆき》・宇自《うじ》可吉忠《かのよしただ》・高□□・日下部清武。〉。すぐに「朝臣」の二字を加えて返給した。署が終わった後、頭中将《とうのちゅうじょう》(藤原)公成《きんなり》に託すよう命じた。宰相が来た。蔵《くろ》人弁《うどのべん》章信朝臣が来た。今日の直物の有無について申させた。また、小除目《こじもく》が行なわれるであろうか。□□□□□□□□(中原)師重《もろしげ》の申文《もうしぶみ》を章信朝臣に託しておいた。大外記□□雑事を□□。内裏に参った〈宰相は車後《くるまじり》に乗った。〉。敷政門から入った。陣座《じんのざ》を徘徊《はいかい》した後、章信朝臣を召し遣わした。左《さ》頭中将《とうのちゅうじょう》(源)朝任《あさとう》が来て、おっしゃって云ったことには、「官奏を奉仕するように。また、同じく内大臣に伝えるように」ということだ。すぐに左大弁《さだいべん》(藤原朝経《あさつね》)に伝えて、陣座に着した。章信朝臣が来て云ったことには、「□□事情を関白に申しました。おっしゃられて云ったことには、『行なうように』ということでした」と。外記《げき》(安倍)祐頼《すけより》を召し、直物を進上するよう命じた。長い時間が経っても、奉らなかった。黄昏に臨んで、これを奉った〈直物の勘文《かんもん》と当年の召名《めしな》を筥《はこ》に入れた。召名に夾算《きょうさん》を挿すのは、如何なものか。〉。私は召名を取り出し〈古昔《こせき》は当年の召名を加えて奏聞《そうもん》した。「近代は加えない」と云うことだ。〉、外記を召して、筥文《はこぶみ》を給わった。祐頼は筥を執って退出した。意向を示した。諸卿も示し伝えた。そこで退いて、軒廊《こんろう》に帰り立った〈雨儀《うぎ》。〉。私は座を起ち、紫宸殿の北廂《きたびさし》を経て、射場《いば》に参った。外記は紫宸殿の下を経た。私は左頭中将を呼んだ。考えると、関白の宿所《しゅくしょ》に遣わされたのか。長い時間、徘徊した。□□□□□□頭中将が来た。私は本所に退下した。返給した。外記に給わった。復□□□文。私は当年の勘文を返納し、左大弁に目くばせした。大弁は進んで来て、筥を取り、座に復した。この頃、燭《しょく》を秉《と》った。終わって、大弁は笏《しゃく》を挿んだ。私は目くばせした。称唯《いしょう》して、勘文に任せて、召名を直した〈まずは勘文を付けた。召名に夾算を挿した。初めから夾算を挿したのは、外記の失誤か。〉。除目の清書《せいしょ》の上卿《しょうけい》中納言道方卿は、仰せを奉って、阿波介《あわのすけ》某《なにがし》姓貞友《さだとも》を入れて、□清書した。大間書《おおまがき》に書き載せないので、公卿給《くぎょうきゅう》を入れなかった。そこで外記文義が云ったことには、「□尻付《しづけ》は記し付すことができません」ということだ。そこで章信朝臣を介して、事情を奏上させた。おっしゃられて□□□□□□□□文義朝臣を召して、これを伝えた。左中将《さちゅうじょう》（朝任）は公卿給十二枚を下給し、□□大弁に目くばせした。大弁は座を起って進み、公卿給を給わって、座に復した。旧年の召名を召して改めた。右頭中将《うとうのちゅうじょう》公成が、府生奏を下給した次いでにおっしゃって云ったことには、「下毛野公忠を府生に任じるように」ということだ。蔵人兵部丞《くろうどひょうぶのじょう》（藤原）教任《のりとう》を陣の後ろに召し、府生奏を下給した。但し公忠は、停任《ちょうにん》された者である。座に復した後、文義朝臣を召した。「停任された者の還復宣旨の例は、如何か」と。申して云ったことには、「確かに覚えていないものです。後日、勘《かん》申《じん》することにします」ということだ。左頭中将が、京官《きょうかん》の者の申文を下給した。一度ではなかった。また、詞で任官すべき人々をおっしゃられた。私が云ったことには、「いささか姓名を記して、持って来るように」と。すぐに記し付けて、持って来た。失誤しない為である。また、命じて云ったことには、「治国《ちこく》の者で、加階《かかい》を申請した者が有る。薩摩守《さつまのかみ》(藤原)頼孝《よりたか》が加階を申請したのは如何か。その他の者は、誰々か」ということだ。奏上させて云ったことには、「申文を下給していません。また、承ったところはありません。功過《こうか》の勘文を下給して、定め仰せられるべきでしょうか」と。すぐに定《さだめ》文《ぶみ》を下賜した。薩摩《さつま》の頼孝と大隅《おおすみ》の(惟宗《これむね》)行利《ゆきとし》の功過を定めた。過失は無かった。加階に関わるよう、すぐに奏上させた。おっしゃって云ったことには、「一階を叙すように」と。また、おっしゃって云ったことには、「美濃《みの》の(藤原)泰通《やすみち》の功過を定め申すように」ということだ。文書《もんじょ》を召して、定め申した。不《ふ》与状《よじょう》を申請しなかった国である。そこで定めて書いた。初めに下給した両国の定文に加えて、これを奏上した。左《さ》頭《とう》(朝任)がおっしゃって云ったことには、「右兵衛督《うひょうえのかみ》藤原朝臣経通を太皇《たいこう》太后宮権大夫《たいごうぐうごんのだいぶ》に任じるように」ということだ。除目は折堺《おりげい》に書いた〈古昔は先ず書いて奏上し、□尻付が有った。□□すぐに奉行《ぶぎょう》の上卿の許に送った。ところが近代はそうではない。〉。太皇太后宮権大夫は、別紙とした。上達部であるからである。京官及び国替《くにがえ》一紙、武官《ぶかん》一紙、叙位《じょい》一枚〈二人。〉を、左大弁が書き終わった。当年・旧年の召名〈夾算を挿した。〉、直物の勘文と成文《なりぶみ》、除目、叙位の文を一筥に合わせ盛って、これを進上した。私は直物の勘文と成文を取って、座に置いた。外記を召し、筥文を給わった。（中原）師任《もろとう》が筥を執って退出したことは、祐頼と同じであった。卿相《けいしょう》たちが伝え仰せた。そこで退いて、雨儀の所に帰り立った。私は座を起って射場に進み、左頭中将に託して奏聞させた。私はしばらく、殿上間に参上した。長い時間の後、下給した。射場に於いて、これを下給した。陣座に復した。外記が筥文を進上した。私は大弁に目くばせした。大弁が進んで来た。筥のまま、これを下給した。□□除目と叙位を取って、座に置いた。大弁は、私の前に於いて、旧年の召名の夾算を数えたところを出した。また、当年の召名を出そうとした。私は出さないよう伝えた。そこで出さなかった。帖《たた》み重ねて筥に返し納め、これを進上した。遺った召名は、笏に取り副えて、座に復した。私は直物の勘文と成文および除目や叙位を返し入れ、この除目や直物を二省に下給すべき事、また位記《いき》を作成すべき事を、源中納言《げんちゅうなごん》道方卿に委ねた。すぐに筥を差し遣わした。納言（道方）はこれを受け取った。終わって、私は座を起ち、退出した。子二剋。今日、参入したのは、内大臣、中納言実成・道方、参《さん》議《ぎ》公信・経通・朝経・（藤原）通任《みちとう》、□□□□□。内大臣が云ったことには、「汝（実資）が奉行して、公事を行なう日は、必ず参入して見ることにします」ということだ。

停任および二合《にごう》の文を、陣座の後ろで蔵人式部丞《しきぶのじょう》（藤原）良任《よしとう》に下給した。

入道相府《にゅうどうしょうふ》（道長）が、馬六疋を貢上された。左右馬寮《めりょう》に分給した。

上達部が申請された。或いは欠が無い。欠官帳《けつかんちょう》を召して見させた。剰欠《じょうけつ》が有った。そこでそのことを奏聞した。□□□□□。そこで□□したものである。

師重について、天皇の許容が有った。弾正忠《だんじょうのちゅう》に任じられた。関白の御意向か。

十日、壬子。　頼通、維摩会の布施を督促

中務少輔《なかつかさのしょう》(源)頼清《よりきよ》朝臣が申させて云ったことには、「維摩会《ゆいまえ》の布施《ふせ》について、もしかしたら奉献《ほうけん》されますか。明日、布施物を御寺(興福寺《こうふくじ》)に遣わすことになっています。事情を伝える為、家司《けいし》が参って来たものです」ということだ。「頼清は関白の侍所《さむらいどころ》の別当である」と云うことだ。私が答えて云ったことには、「講師《こうじ》の布施は、氏長者《うじのちょうじゃ》(頼通)が遣わすもので、読師《どくし》の布施は、次席の人が遣わすものである。太政大臣《だいじょうだいじん》(藤原公季《きんすえ》)は、もしかしたら遣わされることができないのであろうか。定に随って、処置することとする」と。また、云ったことには、「関白が高陽院に移られた際、おっしゃられて云ったことには、『移徙の後は、申請するわけにはいかない。この事は、ただ通例によって行なうように。納言以上の御許に参って、申させなければならないのである』ということでした」と。私が云ったことには、「納言は、ただ褂《うちき》を出す。大臣は、講師と読師の布施を遣わす。一定が有るわけではない」と。下し遣わすことにしたとはいっても、頼清は特に述べるところは無かった。また、云ったことには、「身は軽服《きょうぶく》に着しているので、殿(頼通)の辺りに参ることは難しい」ということだ。

十一日、癸丑。　維摩会講師の布施／停任者の還復宣旨

維摩会講師《ゆいまえこうじ》の布施について、(橘)俊遠《としとお》朝臣を呼んで、事情を問うた。「承っているところはありません」ということだ。私が云ったことには、「頼清朝臣が、太政大臣の家司に相対して、事情を取っている。もし命じられるところが有れば、またその命によって□□が、もっとも佳《よ》い事であろう」と。俊遠が云ったことには、「頼清朝臣を関白の□門の外に召し遣わして、子細を伝え含めます」ということだ。私が云ったことには、「早く事情を聞いて、布施物を遣わすように」と。大外記文義朝臣が云ったことには、「停任の者の還復宣旨は、外記局の文書を調べて見ましたが、ただ宣旨書に記しています。考えるに、また本司に命じられるべきでしょうか。外記日記《げきにっき》は、兵部省《ひょうぶしょう》に伝宣《でんせん》するということを記していません」ということだ。「今となっては、兵部丞を召して、仰せ下すべきでしょう。外記宣旨については、書きました」ということだ。

十二日、甲寅。　春日社行幸試楽、延引／維摩会読師の布施を奉献

宰相が未剋の頃に来て、云ったことには、「今日の試楽は、雨によって、明日に改め定められました」ということだ。

頼清朝臣が云ったことには、「関白の御書状に、『維摩会読師の布施は、氏長者については、講師の布施を下給する。今、改めて更に読師の布施を下給することはない。また、読師の布施を下給されるよう、大相府《だいしょうふ》(公季)に申し達してはならない。やはり汝(実資)が読師の布施を下給するように』ということでした」と。謹んで承ったということを報せ伝えておいた。故殿《ことの》(藤原実頼《さねより》)の例文を調べて見ると、ただ講師の布施の法を記されているだけである。絹十二疋・綿三十屯・信濃布《しなののぬの》八端《たん》。読師の布施の法は、見えるところは無かった。そこで故左府(藤原顕光《あきみつ》)の家司である(惟宗)行明《ゆきあき》を召して、事情を問うた。例文を取り遣わした。「絹十疋・綿二連《れん》・信濃布十二端を記しています」ということだ。絹と綿の数は講師を減じている。但し布は、□□数を増しているのは、如何であろう。

十三日、乙卯。　春日社行幸試楽

今日、行幸《ぎょうこう》の試楽が行なわれた。宰相は左兵衛佐《さひょうえのすけ》(藤原)資房《すけふさ》を随身《ずいじん》して来た。これは舞人《まいびと》である。すぐに一緒に内裏に参った。

兵部丞教任を召し、下毛野公忠を元のように右近府生《うこんのふしょう》に任じるよう命じた。教任が云ったことには、「只今〈酉剋。〉、試楽が終わりました」ということだ。

十四日、丙辰。　春日社行幸

今日、春日行幸《かすがぎょうこう》が行なわれた。暁方、内裏に参った〈寅二剋。〉。これより先に、諷誦《ふじゅ》を清水寺《きよみずでら》に修した。陣頭に人はいなかった。「内府が先に参った」と云うことだ。考えると、殿上間に伺候しているのか。しばらくして、行事の大納言斉信卿が参入した。留まって□□□任が云ったことには、「丑剋に参入した。殿上間の方に伺候していた」ということだ。斉信卿が云ったことには、「宣命《せんみょう》を奏上するのですか」と。早く奏上するよう答えた。南座《なんざ》に移り着して、大内記《だいないき》(菅原)忠貞《たださだ》朝臣を召した。宣命について命じた。すぐに進んだ。座を起って、御所に進んだ。奏覧《そうらん》が終わり、座に復して云ったことには、

「清書は社頭《しやとう》に於いて奏上するように」ということだ。この頃、御輿《みこし》は日華門《にっか》に持ち立った〈行幸の時剋は寅□剋であった。ところが、御出《ぎょしゅつ》の頃は□寅の終剋であったばかりである。〉。私は先ず階下《かいか》を経て、南階《きざはし》の南西に立った〈弓箭《きゅうせん》は、随身が持った。〉。左大将《さだいしょう》〈教通〉〈内大臣。〉は、南《みなみの》階の南東に立った。諸卿は序列どおりに列立《れつりつ》した〈大納言斉信・〈藤原〉行成《ゆきなり》、中納言兼隆・実成・道方、参議公信・経通・朝経・資平。〉。少納言《しょうなごん》は未だ参っていなかった。そこで左少将《さしょうしょう》を代官《だいかん》として、鈴と印を供奉させた。次いで御輿を寄せた〈鳳輿《ほうよ》。前例を失した。本来ならば葱花輦《そうかれん》を供さなければならない。行事の大納言が伝えなかったのか。また、前例を知らないのか。左頭中将朝任〔蔵人。〕が、私の許に進んで云ったことには、「葱花形の輿《こし》に乗られなければなりません。ところが鳳輿を寄せました。もしかしたら葱花輦を供すということを命じられるべきでしょうか、如何でしょう」と。私が答えて云ったことには、「神事の行幸は葱花輦を供するのが通例である。今、鳳輦《ほうれん》を供したのは、違失の甚しいものである。ところが、御輿はすでに供された。今となっては、何としようか」と。朝任は承諾した。〉。大后《おおきさき》〈彰子〉が同輿《どうよ》した〈永祚《えいそ》元年の例。〉。左将軍〈教通〉が、随身を介して伝え送って云ったことには、「大刀《だいと》および契《けい》を持つ将監《しょうげん》が、未だ参っていません。右近将監二人が供奉すべきでしょうか」と。私が答えて云ったことには、「右近将監一人は副えなければならない。もう一人は、陣に伺候しなければならない。左は将曹《しょうそう》を伺候させるのが宜しいであろう。その間に、将監は参入するのではないか」と。そこで左近将曹《さこんのしょうそう》〈秦《はたの》〉為国《ためくに》に大刀を舁かせた〈「その後、将監が参入した」と云うことだ。〉。輿に乗り、建礼門《けんれい》〈□□は行なわれなかった。また、御綱について命じられなかった。神事による。〉

および朱雀《すざく》門の東腋《ひがしわき》門から御出した〈天皇の乗輿《じょうよ》は、朱雀門から御出しようとした。そこで腋門から御出しなければならないということを左中将朝任に指示した。ところが、「関白の意向が有るので、正門を用いなければなりません」ということだ。延喜《えんぎ》(醍醐《だいご》天皇)の御代、腋門を用いるよう決定した。このことを関白に申させた〔御馬で御後ろに供奉していた。〕」。「腋門を用いるよう仰せが有りました」ということだ。そこで東腋門から御出した。〉。御出した。朱雀《すざく》大路から南行した。入道相国《にゅうどうしょうこく》(道長)は、朱雀院《すざくいん》の東に於いて見物した。同じ院の東門に於いて、僧俗がこれを見た〈屏幔《びょうまん》を門に曳いたことは、桟敷《さじき》のようであった。〉。「大納言頼宗も、同じ門でこれを見た」と云うことだ。途中、小雨であった。左中将朝任は、笠宣旨《かさせんじ》を伝え仰せ、馬を下りようとした。私は、そうではないということを伝えた。幾《いく》ばくもなく、雨は止んだ。また、時々、降った。供奉の上下の者は、笠を差した。雨はすぐに止んだ。桂《かつら》河の浮橋《うきはし》は、恒例のとおりであった。淀《よど》河の編船《あみぶね》は、歩板《あゆみいた》を敷いた。馬および下人が渡った。また、編船に屋を造り、御簾《みす》を懸け、御輿を舁き据えた。関白が伺候した。私に伝えて云ったことには、「大納言以上は、御舟に伺候するように」ということだ。内大臣、大納言斉信・行成、近衛亜将《このえのあしょう》四人〈両頭中将(朝任・公成)と少将二人。〉が伺候した。母后《ははきさき》(彰子)が同輿していたので、関白と内府の他は、簾外に伺候した。中納言兼隆・実成、参議経通が、御船に乗ろうとした。関白は、「召しの無い人々は、乗ってはならない」と云った。罵辱《ばじょく》の詞が有った。三人は退帰し、他の船に乗った。陪従《べいじゅう》の船が、歌笛《かてき》の声を発した。歌は催馬楽《さいばら》□□。あれこれが云ったことには、「御笠《みかさ》山を遊ばれよ」ということだ。更に御笠山を唱した。遊女《ゆうじょ》数船が□。

見物の為か。渡御《とぎょ》した頃、巳四剋を打った。午一剋、頓宮《とんぐう》に着かれた〈□□□咫尺《しせき》であった。一町に及ばなかった。〉。左中将朝任は、西方を南と申した。そこで御輿は、その方角に向けて舁き据えた。伺い見ると、比叡《ひえい》山はやはり北東の方に当たる。そこでそのことを伝えた。あれこれが響応《きょうおう》した。□□確かに見えることは、疑いが無かった。そこで内大臣は、更に御輿をその方角に改めて向け、舁き据えた。すぐに□下りられた。渡御の前に、内大臣及び諸卿は、序列どおりに上達部の幄《あく》に退き着した。内大臣は、召しによって、御所に参った。その後、諸卿は食事に就いた。この頃、天皇の御膳を供したのか。未剋に及んで、御輿を寄せた。行幸の道は多く深泥《しんでい》であった。□□卿が燎《ひ》を執った。奈良坂《ならさか》に到った頃、雨が降った。亥剋、□□□に着された〈着到殿《ちゃくとうでん》を御在所《ございしょ》とした。〉。行事の大納言が云ったことには、「春日社司《かすがしゃし》を賞されるべきです。その叙位については、上臈《じょうろう》が承って行なわれるべきです」ということだ。私が答えて云ったことには、「行事所《ぎょうじしょ》は、あらかじめ奏し定めて、位記を作成して準備している。また、白丁《はくちょう》は位袍《いほう》を調備している。御願《ごがん》を果たされた次いでに、御社に於いて、位記および位袍を下給する。行事の上卿の役目である」と。大納言は承諾した。ただ、宣命は当日の上卿が下給すべきであろうか。大納言が云ったことには、「清書を奏上しなければなりません。その後、御《ご》禊《けい》が終わって、宣命を下給することにします」ということだ。諸卿は或いは退出していた。私は上達部の座に伺候した〈仮屋《かりや》。五間。国司《こくし》（源政職《まさもと》）が伺候する所。〉。章信朝臣が来て、私を召した。すぐに御所に進んで、宣命を下給した。内記を召して下給し、座に復した。大内記忠貞が、宣命を□。御禊が終わって、行事の上卿が来た〈藤花《とうか》を冠に挿し、宰相資平・□□□□公信・道方が、挿頭花《かざしのはな》を執った。〉。私は宣命を下給した〈笏のまま、これを下給した。宣命の文は、明神《みょうじん》の坐《まします》添上《そえかみ》郡を寄進《きしん》し奉られた。太后《おおきさき》(彰子)が共に参られた文が無かった。石清水宮《いわしみずぐう》に□が有った。〉。斉信卿が笏を執り、内記を召して、下給した。宝《ほう》前《ぜん》に参った〈神宝《じんぽう》・走馬《はしりうま》・東遊《あずまあそび》・神楽《かぐら》および大唐《だいとう》・高麗《こま》の音楽□□。〉。「御願を果たした」と云うことだ。私は車に乗り〈宰相は車後に乗った。〉、宿所に向かった〈威儀師《いぎし》慶範《けいはん》法師。倫□□子を改めた。(平)倫範《とものり》の家《け》人《にん》である。宿所については、扶公《ふこう》僧都《そうず》が点定《てんじょう》したものである。僧都の弟子である。〉。時に子剋の頃であった。奈良坂の中間から御在所に至るまで、柱松明《はしらたいまつ》を立てていた。大和《やまと》国の堺から立てたものか。「東大寺の二大門で乱声《らんじょう》があった。一大門は高麗楽を奏した。また、興福寺の大門では音楽を奏した。また、□を立てた。その前に打一が有った」ということだ。

昨日、(惟宗)貴重《たかしげ》朝臣と(石作《いしづくりの》)忠時《ただとき》を宿所に遣わした。

維摩会読師の布施は、今日、送り遣わした。絹十疋・綿二連〈二十屯。〉・信濃布十二端。□□文は、明日は宜しくない日である。十六日に寺家《じけ》に託すということを伝えておいた。

十五日、丁巳。　諸僧、飲食料を進上／勧賞／還幸

去る夕方、薬師寺《やくしじ》別当《べっとう》輔静《ほじょう》が、膳物の机五十前《ぜん》・屯食《とんじき》二具《よろい》・酒二樽《たる》・秣《まぐさ》三十束を送った。使の法師に禄〈白い掛一重《かさね》。〉を下給した。□□膳物の饗は、三十前・屯食二具・酒二樽・秣三十束。扶公は、膳物の机五十前・屯食三具・酒二樽・秣五十束・蒭《からくさ》六十囲《い》。両人の使の僧に物を被《かず》けた〈禄は輔静の使と同じであった。〉。大威儀師《だいいぎし》安奝《あんちょう》は、菓子三十合〈折櫃《おりびつ》。彩色《さいしき》の牙象《げしょう》。使の禄は疋絹《ひつけん》。〉。昨日と今日、所々に食物を進上することを命じたが、多数が進上された。宿所の主僧《しゅそう》である威儀師慶範が、食物を準備した。上下の分も、同じく設備したのである。温かい飯物《いいもの》であった。馬一疋を下給した。前に呼んで、物〈綾の衣。〉を被けた。国司が膳物の解文《げぶみ》を進上した。解文に載せた物は、多くは進上しなかった。辰剋の頃、車に乗って、御所に参った。宰相は車後に乗った。左兵衛佐資房〈舞人。〉は、騎馬で従った。先ず上達部の座の屋に到った。権大納言《ごんだいなごん》（行成）と左衛門督《さえもんのかみ》（兼隆）が来た。□□申して云ったことには、「諸卿は関白の休舎《きゅうしゃ》に会しています」ということだ。一緒に寺家に参り向かった。黒□で□造してあった。また、饗饌《きょうせん》を準備した。内府以下が、皆、会した。関白が云ったことには、「大僧都《だいそうず》林懐《りんかい》と少《しょう》僧都《そうず》扶公の賞進《しょうしん》について、未だ決定していない。僧正《そうじょう》は欠が無く、任じるわけにはいかない。林懐は、権律師《ごんのりつし》永昭《えいしょう》を少僧都に任じられることを申請している。両事については、如何であろう。また、少僧都扶公を大僧都に任じるのは、如何であろう」と。私が答えて云ったことには、「林懐を僧正に任じられる事は、その欠が無いのですから、任じ難いでしょう。黙って賞しないのは、林懐及び寺家の法師たちに、愁嘆《しゅうたん》が有るでしょう。行□□□本意《ほい》ではないのではないでしょうか。そもそも律師《りっし》永昭の才智は、同輩に勝るものです。林懐の申請に任せて賞進が有っても、誰がこれを謗《そし》るでしょう。扶公を賞される事は、疑慮《ぎりょ》は無いでしょう。すでに少僧都なのですから、大僧都に任じられるのを、誰が謗毀《ぼうき》するでしょうか」と。内大臣及び上臈の僉議《せんぎ》も違わなかった。関白が云ったことには、

「このことを奏上すべきであろうか」と。私が云ったことには、「何事が有るでしょう」と。すぐに右頭中将公成を介して、奏聞された。関白は饗の座〈母屋《もや》。〉に着した。催促されたので、下官以下が着した。関白・私・内大臣の座は茵《しとね》。次席の者は円座〈この座については、前日、林懐僧都が談ったところである。茵と円座は入道に申して用いた。〉。関白の御書状によって、寺家司大僧都林懐と少僧都扶公が来て、廂《ひさし》の座に着した。この間、音楽があった。また、餺飥《はくたく》を打った〈女二十人。□□□□□□□。〉。また、□曲〈賀王恩《かおうおん》と太平楽《たいへいらく》。初度は賀王恩と胡蝶楽《こちょうらく》。〉。盃酒《はいしゅ》が一、二度あった。餺飥女および楽人《がくにん》に禄を下給した。公成が還って来て、関白に耳語《じご》した。私は進み寄って、意向を取った。関白が云ったことには、「定め奏したとおりにせよ」ということだ。私が云ったことには、「永昭を召して着させては如何でしょう」と。関白は林懐に伝えて、永昭を召し遣わせた。すぐに参入し、座に着した。音楽が終わった。関白は公成に目くばせした。公成は私の辺りに就いて、勅語《ちょくご》を伝えて云ったことには、「林懐の申請によって、権律師永昭を少僧都に任じることとする。少僧都扶公を大僧都に任じることとする」ということだ。伝え仰せた趣旨は、明らかではなかった。ただ、様子でその意味を得た。あらかじめ私が思っていたものである。私は林懐に目くばせした。林懐は座を起って、進んで来た。伝えて云ったことには、「申請によって、特に権律師永昭を権少僧都《ごんのしょうそうず》に上げられる」と。称唯し、敬屈《きょうくつ》した。すぐに座に復した。次いで扶公に目くばせした。また進んで来た。伝えて云ったことには、「権大僧都に上げられる」と。仰せを奉って、感気《かんき》が極まり無く、涕泣《ていきゅう》した。□□次いで永昭に目くばせした。

永昭が進んで来た。権少僧都に上げられるということを伝えた。□□□様子は比べるものが無かった。すぐに林懐以下に禄を下給した。次いで寺家の所司《しょし》たちに、同じく禄を下給した〈別所に於いて下給したのである。「所司および諸僧たちは皆、別所に伺候していた」と云うことだ。〉。私は左大弁〈朝経。〉に目くばせした。左大弁は座を起ち、進んで私の後ろに坐った。二人の僧綱《そうごう》の官符《かんぷ》について命じた〈□□に命じて云ったことには、「権少僧都扶公を権大僧都に任じる。権律師永昭を権少僧都に任じる。官符を作成するように」と。先年の行幸では、右大臣〈藤原〉為光《ためみつ》は、官符について命じなかった。私が思慮して、伝えたものである。大納言斉信と行成は、頗るその意味を得ていた。〉。関白は諸卿を率いて、御在所に参った。上達部の座を御前に敷いた。次いで舞人たちの座を敷いた。あれこれが云ったことには、「日はすでに午剋に及び、また雨気が有る。舞人の座を給わなくても、何事が有るであろう」ということだ。関白は撤去させた。関白以下は、御前の庭中《ていちゅう》の座に着した。御前に於いて、求子《もとめご》を舞った。左衛門督兼隆・右衛門督《えもんのかみ》実成・左兵衛督《さひょうえのかみ》公信・右兵衛督経通、もう六人の舞人〈四位二人・五位四人。〉、中納言道方・参議左大弁朝経・資平が、陪従に立ち加わった。関白の仰せによる。舞い終わって、舞人と陪従に禄を下給した。餺飩女を召し、御前に当たって、屋を構えた。屋の後ろに於いて、音楽を発し、餺飩を打った。終わって、太后が禄を下給した。殿上人《てんじょうびと》がこれを執った。次いで行事所が禄を下給した。左右近衛府《このえふ》の官人がこれを執った。関白の仰せによる。私は座を起ち、見参簿《げんざんぼ》を奏上させた〈外記師任が見参簿を進上した。蔵人右中弁《うちゅうべん》章信に奏上させた。〉。返給□終わって、座に復した。次いで行事所が、禄を公卿に下給した〈大掛《おおうちき》。大臣に一重、□□。〉。雨脚が漸く降ってきたので、当国の献物《けんもつ》を止められた。御輿を寄せようとした。雨脚が密であった。そこで先ず、雨□を供した間、時剋はいよいよ巡った。その後、御輿を寄せた〈未の初剋に及んだ。〉。供奉の人は、皆、笠を差した。私は不退寺《ふたいじ》の辺りに於いて、車に乗った。「関白は、大后寺《たいこうじ》の辺りに於いて、車に乗った」と云うことだ。降雨は間隙が無かった。鶏鳴《けいめい》の頃、家に帰った。心神《しんしん》は極めて苦しく、扈従《こしょう》することができなかった。資房は車後に乗った。悩苦の様子が有って、時々、吐いた。

行幸に供奉した卿相は、左大臣〈関白。〉、内大臣、大納言斉信〈行事。〉・行成、中納言兼隆・実成・道方、参議公信・経通・朝経・○(資平)。留守は参議通任。

供奉しなかった人々。

大納言(藤原)公任《きんとう》〈辞表《じひょう》を上呈した。〉・頼宗・能信〈軽服。〉。

参議広業〈重服《じゅうぶく》。〉・(藤原)定頼《さだより》〈病悩。〉。

十六日、戊午。　右大臣上表・返却

今日と明日は、堅固の物忌である。ところが、春日社《かすが》から鶏鳴の頃、拙宅に帰った。そこで忌み慎しむことができない。また、上表《じょうひょう》することになっている日である。門を閉じることができない。諷誦を六角堂《ろっかくどう》に修した。兼ねてから、中務省《なかつかさしょう》の官を申請させていた。その事を、あの省の録《さかん》(中原)義光《よしみつ》に伝えた。また、別に先ず、中務少輔(藤原)親国《ちかくに》朝臣に伝えておいた。晩方、親国朝臣が参って来た。すぐに事情を伝えた。また、子細の趣旨を義光に伝えた。黄昏、辞表を中務省に出した〈この辞表は、外記祐頼を召して、清書させた。□□紙、包紙《つつみがみ》一枚・礼紙《らいし》二枚、その□□一枚、朴木《ほおのき》の函に納めた。青染《あおぞめ》の綾の縫《ぬい》立《たて》と花足《けそく》が有った。同じ綾を敷き、机に据えた。檜木《ひのき》□□□色を遣わした。同じ敷物が有った。また、白い絹の覆いが有った［生絹《すずし》。省の下部《しもべ》であったので、義光に伝え申したのである。］。〉。朝大夫《ちょうたいふ》を副えて送った〈(源)永輔《ながすけ》・(藤原)師通《もろみち》・(川瀬《かわせの》)師光《もろみつ》・(橘)孝親《たかちか》。〉。故殿の最初の御上表は、御記《ぎょき》に云ったことには、「別当大蔵丞《おおくらのじょう》(平)祐之《すけゆき》に、中務省に出させた」ということだ。また、家司一人を付けられたようである。或る記に云ったことには、「四人の朝大夫に命じて省庭《しょうてい》に舁き立てた」ということだ。また、省の下司《しもづかさ》が申したところも、同じであった。四人の大夫を副えた。永輔たちが帰って来て云ったことには、「四大夫が机を舁き立てました」ということだ。今朝、宰相が来た。辞表の清書の間、見させた。また、宰相を介して、四位侍従経任を呼び遣わした。上表の勅使《ちょくし》に逢わせる為である〈今日、近衛次将《このえのじしょう》は参り難いのではないか。そこで先ず、少将(源)隆国《たかくに》［蔵人。］に伝えておいた。〉。寝殿《しんでん》の格子《こうし》四間を上げ、長筵《ながむしろ》を敷き、東隔《へだて》に五尺屏風《びょうぶ》を立てた。階の間に当たって、倚子《いし》を立てた〈新たに作らせた倚子である。〉。倚子の下に土敷《つちしき》二枚を敷き、燈台一本を立てた。夜に入って、また宰相が来た。経任は束帯《そくたい》を着して来た。戌の初剋、勅使右少将《うしょうしょう》隆国朝臣が来た。先ず中門に於いて、経任朝臣に逢わせた。来て云ったことには、「参入したことを申します」ということだ〈一説が有る。人に託して辞表を給い、先ず事情を申させる。これを善しとする。〉。私は西対《にしのたい》の南東の方に下り立った。経任を介して、事情を伝えさせた。隆国は辞表を執った〈元の函に納めた。包みや花足は無かった。檀紙《だんし》二枚に包んだ。〉。中門から入った〈四人の大夫が、燎を執って使に前行した。中務省の大夫を遣わしたので、燎を執らせただけである。〉。私は相対した。笏を挿み、辞表を取って退き入った。辞表を開き見た。終わって、この辞表を経任に給わった。更に出て逢って、座に着すよう伝えた。隆国は南階から昇り、倚子に着した。私は庭中に進み出て、拝舞《はいぶ》を行なった。舞が終わった頃、隆国は退下し、南階の西の開柱《ひらきばしら》の下に坐った。私は退帰した。隆国は帰り出た。私は事情を伝えた。私は帰り昇った。倚子と土敷を撤去させた。南階の西の間に土敷一枚を施し、その上に円座を敷き、その西の間に高麗畳一枚を敷いた。□経任を□□、隆国を呼ばせた。隆国は渡殿《わたどの》の階から昇って、座に着した。□経任は禄〈白い大掛一重。〉を取って来た。笏を挿し、伝え取って、隆国に被けた。私は恐縮し申しているということを奏上させた。隆国は退下した。庭中に進んで再び拝礼《はいらい》し、退出した。

十七日、己未。　横川領北限文／維摩会読師の布施

権左中弁《ごんのさちゅうべん》(源)経頼《つねより》が、史《し》(宇治《うじの》)忠信《ただのぶ》の注進《ちゅうしん》した横川《よかわ》の北限の文書を持って来た。禅門の定によるよう伝えた。

案主《あんじゅ》(水取《もひとりの》)季武《すえたけ》が、維摩会読師の布施の寺家(興福寺)の請文《うけぶみ》を進上した。申して云ったことには、「昨日、別当僧都林懐の房に持ち到りました。云ったことには、『寺の政所《まんどころ》に託すように』ということでした。政所に託しました。所司が云ったことには、『堀河左府《ほりかわさふ》(顕光)は、三箇年、出されなかった。

また、韓櫃《からびつ》の覆いは黄染《きそめ》の絹を覆いとした。はなはだ疎薄《そはく》である。通例のように両面錦《りょうめんにしき》を覆いとするのが、はなはだ善い』ということでした」と。

十八日、庚申。横川領北限を定む／扶公、慶賀の為に入京／実資に車・牛を借る

権弁《ごんのべん》朝臣(経頼)が、禅門の仰せを伝えて云ったことには、「賀茂□□□楞厳院《りょうごんいん》の北僧房《きたそうぼう》を北限とするように」ということだ。関白に申して宣下するよう命じた。但し、僧房から北岸に至る丈尺《じょうしゃく》は、注申していない。重ねて史忠信を遣わし、注申させるよう、命じておいた。この事は、怖畏《ふい》が多い。そこで丈尺を知る為に、重ねて命じたものである。左衛門尉《さえもんのじょう》(藤原)顕輔《あきすけ》が云ったことには、「扶公僧都が、去る夕方、入京しました。明日、慶賀《けいが》を申すことにしています。もしそうであるならば、車および牛を借りるのではないでしょうか。前々に借りた物が吉かったということについて、伝えてきたところです。そこで驚き伝えるものです。また、近代、大臣の車を用い申すのが、□通例となっています」ということだ。貸すということを報じておいた。

十九日、辛酉。永昭、慶賀／頼通、実資の官奏奉仕を督促／扶公、慶賀

新少僧都永昭が来た。遇って□□□□僉議の際、用意が有るということについて、深く欣悦《きんえつ》した。禄を施した。□□□左頭中将朝臣が来た。関白の御書状を伝えて云ったことには、「早く官奏を奉仕するように」ということだ。報じて云ったことには、「昇進の後、早く上表しなければなりません。ところが近代は、初参の後に上表します。日次《ひなみ》が宜しくなく、初参を延引《えんいん》し、その後、上表しようと思っていましたら、除目が有りました。それを過ごした頃、日次が宜しくないうえに、皇太弟傅《こうたいていふ》に任じられました。吉日《きちにち》を択んでいるうちに、いよいよ延廻《えんかい》しました。また、行幸に及びました。このような事を過ごして、すでに数月に及びました。今月十六日、初めて上表しました。二十二日に、また第二度の辞表を上呈することにしています。二十六日に、第三度の辞表を上呈することにしています。その後、今月□□□□は無いのです。官奏を奉仕するというのでしたら、そもそもまた、仰せに随うことにします」と。頭が云ったことには、「禅門□□□□官奏を奉仕しました。その後、上表しても、何事が有るでしょうか」ということだ。中間に□□□を奉仕し、上表は吉日を択んだならば、官奏を奉仕することは、いよいよ延引するであろう。今月の内に、三箇度の辞表を上呈し、その後、官奏を奉仕すれば、事の目安は成るであろうか。頭中将は帰去した。黄昏に臨んで、来て云ったことには、「関白の御書状に云ったことには、『来月九日に官奏を奉仕されるのが、宜しいであろう事である』ということでした」と。

早朝、宰相が来た。すぐに退去した。黄昏に臨んで、また来て云ったことには、「宮（藤原妍子《きよこ》）がおっしゃって云ったことには、『春日祭使《かすがさいし》の摺袴《すりばかま》を調備し奉るのならば、綾を用いるように』ということでした。『近代の例である』と云うことです」と。

新大僧都扶公が来た。禄〈大褂。〉を施した。また、馬一疋を志した。□□□大僧都の書状で、車および牛を貸した。車副《くるまぞい》二□□を副え、□□。

二十日、壬戌。　官奏の日時／五墓日

左頭中将が、関白の仰せを受け、来て云ったことには、『来月九日は五墓日《ごむにち》で、官奏に便宜《びんぎ》が無い。明後日は御物忌に当たるとはいっても、便宜に随って官奏を行なっても、何事が有るであろう』ということでした」と。報答して云ったことには、「来月九日は五墓日ではない。今月二十六日戊辰が五墓日である。明後日、御物忌を破って官奏を行なっては如何であろう」と。中将が云ったことには、「先日、五墓日であることを承ったところです。そこで事情を申しました。随ってまた、仰せが有るでしょう」と。私が云ったことには、「今月二十六日戊辰の事である。来月九日庚辰の事ではないのである」と。中将が云ったことには、「来月九日が五墓日ではないのは、はなはだ佳い事です」ということだ。重ねて〈安倍〉吉平《よしひら》朝臣に問うた。□申したことには、「□□来月九日は五墓日ではありません。戊辰・壬辰、これが五墓日□□」と。このことを頭中将に□□。報じて云ったことには、「各々、伝え申します。来月九日に決定することでしょう」と。

二十二日、甲子。　第二度上表／内侍除目／上表文

早朝、文章博士《もんじようはかせ》〈慶滋《よししげの》〉為政《ためまさ》が、辞表を持って来た。外記祐頼に清書させた。宰相が来た。すぐに内裏に参った。侍従経任を介して、辞表を上呈した〈函に納め、函の上を紙で包んだ。花足は無かった。〉。晩に向かい、帰って来て云ったことには、「御物忌でありましたので、蔵人に託しました。蔵人はすぐに関白の御許に持って参りました」と。夜に入って、宰相が来て云ったことには、「先ず関白の御許に参りました。ところが、今になっても勅使が来ません」と。随身を遣わして、事情を取らせた。還って来て云ったことには、「関白の御許から、蔵人が未だ帰り参りません」ということだ。また、関白の許に見遣わした。帰って来て云ったことには、「関白は内裏に参られました」と。深夜の亥剋に及んだ。宰相□蔵人(平)行親《ゆきちか》の許に遣わした。しばらくして、勅使が来た〈左少将(藤原)経輔《つねすけ》。〉。先ず□□□逢わせた。作法は先夜と同じであった。被物《かずけもの》も初度と同じであった。私が禄を伝え執った。また、恐縮し申しているということを奏上させた。深夜に及んで、事が終わった。勅使に問うたところ、答えて云ったことには、「夜に入って、関白が参られました。その後、しばらくして差し遣わされました」と。また、云ったことには、「内侍除目《ないしじもく》が行なわれました。中納言道方が上卿を勤め、左大弁朝経が執筆《しゅひつ》しました」ということだ。

臣某(実資)が言上《ごんじょう》する。去る十六日、伏して誠懇《せいこん》を陳べ、仰いで宸厳《しんげん》を汚した。即日、勅使右近衛《うこのえの》権少将《ごんのしょうしょう》正五位下兼備前介《びぜんのすけ》源朝臣隆国が、□□を奉って□□□□□□□□□□放□□□□の道□□□□□凶暴な乳虎《にゅうこ》に一林の中で遇った。臣某は、誠競誠惕《せいきょうせいてき》、頓首《とんしゅ》頓首、死罪《しざい》死罪。□□を択んで官を授けるに、哲后《てつこう》(彰子)が人を知り□□□□器量《きりょう》を仰いで□□□□□□□以て寧《やす》い。故に渓雲《けいうん》が夢を写し、巌陰《がんいん》を求めて□煙浪《えんろう》、跡を尋ね□□□そして師とする。臣のごときは、政理《せいり》は庸浅《ようせん》であって、智略《ちりゃく》は虚無《きょむ》である。ひとえに累祖《るいそ》の将相《しょうしょう》の後胤《こういん》であるので、久しく七代の聖《せい》明《めい》の朝廷に仕えている。星律《せいりつ》が移るとはいっても、曾て名声の高い業績に聞くべきものは無く、爵《しゃく》位《い》と扶持《ふち》がしばしば加えられるのは、更に禄ぬすびとの畏れがあるに違いない。ましてや象岳《ぞうがく》は、林に□、山を負う迷いは、朝に夕にある。竜鼎《りょうてい》は任に背いている。餗《こなかき》を覆う悔いは、どうして□□□。恩沢《おんたく》が身涯《しんがい》を越えているのは、水ではなく、溺れ易い。栄華《えいが》の余りは、意□□□□□。止足《しそく》の誡めを忘れ、どうして虎の尾を踏む危うさを免れるであろうか。伏して願うことには、陛下《へいか》（後一条天皇）は曲□□□□許に苦しみ祈る。天子の補佐の栄えを停めて、讒言《ざんげん》に身を削る誹《そし》りを逃れたい。慚愧《ざんき》に堪えず、□□。重ねて拝表《はいひょう》して述べ乞い、申し上げる。臣某、誠競誠惕、頓首頓首、死罪死罪、謹言。

治安《じあん》元年十月二十二日

二十四日、丙寅。　藤原資平室、実資邸内において死去／御馬乗を補す／斉信、女を藤原長家に婚さんとす

宰相が云ったことには、「去る夕方、東宅〈ただ東宅と号している。これは一処のようなものである。中垣《なかがき》は無い。〉に死穢《しえ》が有りました。これは故（藤原）知章《ともあきら》朝臣の六女に、お産の際、非常が有ったのです。すでに穢《え》に触れてしまいました」と。

御馬乗《うまのり》三人〈近衛府の下毛野公忠・下毛野公武《きんたけ》・葛井秋堪《ふじいのあきとう》。〉を、右近将曹《うこんのしょうそう》（紀）正方《まさかた》に伝えた。但し、明後日に書き下すよう命じた。

宰相が云ったことには、「来月九日、中宮大夫《ちゅうぐうだいぶ》斉信の女《むすめ》が着裳《ちゃくも》の儀を行ないます。□□□右近中将《うこんのちゅうじょう》

（藤原）長家《ながいえ》と婚礼を行ないます」と云うことだ。「ところが、あの中将は、一切□□□。去る四月に、妻（藤原行成女）が死にました。一周忌《いっしゅうき》の間、他の志はあってはならないでしょう。ところが、その指す意味を知らず、ひとえに準備しているものです」と云うことだ。「入道禅室《にゅうどうぜんしつ》（道長）は、中将を呼んで、事情を述べました。中将は涕泣して、言葉はありませんでした。そこで禅室が云ったことには、『今となっては、あれこれ申してはならない。あの心に任すように』ということです。これは、権大納言行成が、一昨日、密談《みつだん》したところです〈古い姻戚《いんせき》である。すぐに勅使（経輔）に問うたところ、答えて云ったことには、『周忌の間は、他心《あだしごころ》が有ってはならないものです』ということだ。〉」と。もしも相違が有れば、長秋《ちょうしゅう》（斉信）の大恥となるばかりであろう。「長秋は、中宮□企てていた」と云うことだ。「その準備の過差《かさ》は、もっとも甚しい」と云うことだ。世は許さない□□

二十五日、丁卯。　第三度上表に備え、諸卿・諸司の参入を求む

明日、上表を行なうことになっている。勅答《ちょくとう》が有るはずの回である。大内記忠貞に、伺候するよう、右兵衛督を介して伝え仰させた。もし彼に故障が有れば、左少弁《さしょうべん》（藤原）義忠《よしただ》朝臣が陣頭に伺候するよう、按察大納言《あぜちだいなごん》（公任）を介して戒め仰させた。もし召しが有れば、参入されるよう、貴重朝臣を介して権大納言に申し達した。必ず参るという報が有った。また、貴重朝臣を介して、事情を左頭中将朝任に示し遣わした〈明日、公卿を召すべき事、相使《あいし》を近衛府に戒める事である。〉。中宮大夫と権大納言を召すことにしたということを報じた。「ところが近来は、公卿は参入しません。今、この趣旨が有りました。甚だ佳い事です。近衛府については、相使を戒めさせることにします」ということだ。上表を行なう人は、必ずしも関知すべきではない。ところが、近代の事は、驚かし伝えることが無い時は、甚だ叶い難い。そこで密々に指示しただけである。

滅門日《めつもんにち》。

二十六日、戊辰。　第三度上表／勅答

早朝、文章博士為政が、辞表〈第三度。〉を持って来た。大掛一重を与えた。(藤原)資高《すけたか》朝臣が執って被けた。これを受けて再拝《さいはい》した。故殿が初めて右大臣に任じられた三箇度の上表では、(大江)朝綱《あさつな》が作成した。第三度では大掛一重を下給した。考えるにその例である。新案ではないばかりである。祐頼に清書させた。白い掛一重を下給した。権大納言が、宰相の書状を送って云ったことには、「風脚《ふうきやく》病《びょう》が発《おこ》りました。我慢して、宜しければ、参入することにします。平復《へいふく》しなければ、参入することができません」と。また、云ったことには、「貴重朝臣が来ることになっています」ということだ。そこで貴重朝臣を遣わした。

辞表は経任朝臣を介して、上献《じょうけん》した〈午剋の頃、経任が内裏から伝え送って云ったことには、「内裏に参りました。長い時間の後、頭中将が参入しました。そこで御辞表以下を託しました。関白は、只今、参られました。その後、奏聞することにします」ということだ。〉。貴重が帰って来て云ったことには、「権大納言が云ったことには、『病悩を我慢して、必ず参入することにします』ということでした。内々に云ったこと

には、『前駆《ぜんく》が無いということを称していました』と」と。晩方、書状で事情を取った。その報に云ったことには、「病悩を我慢して参入するということを内豎《ないじゅ》に伝え申させました。師光朝臣が来るのを待って、託すことにします」ということだ。師光朝臣は、燭を秉る為、参って来た。上表を行なう為、厩《うまや》の馬に乗らせて、送り遣わした。亥剋の頃、師光朝臣が来て云ったことには、「只今、権大納言が退出して云ったことには、『勅答使《ちょくとうし》は参入したのか。早く参るように』ということでした」と。しばらくして、右少将〈藤原〉実康《さねやす》朝臣が来た。先ず状況を言わせた。出て逢って、勅答〈元の函に納めてあった。〉を受け取った。都合のよい所に於いて、□□□事情を伝え、倚子に着させた。朝大夫たちが燎を執って前行した。庭中は湿っていた。そこで南廊《なんろう》に於いて拝舞を行なった。故殿の天慶《てんぎょう》七年六月二十五日の御記に云ったことには、「勅使左近少将《さこんのしょうしょう》〈藤原〉季方《すえかた》朝臣が来た。上表を返給した。小雨が降っていたので、拝舞は行なわなかった。ただ平敷《ひらしき》の座に着した。被物は恒例のとおりであった。また、拝礼は行なわなかった」と。本来ならば、この儀によらなければならない。ところが、第三度の上表は勅答が有るので、拝舞を行なわないのは、はなはだ恐懼《きょうく》するところが有る。「また、雨の時は、或いは都合のよい所に於いて拝舞を行なう」と云うことだ。そこで拝舞を用いただけである。私が一拝している間、実康は退下し、南階の西辺りに控えた。舞踏《ぶとう》が終わって、実康朝臣は退出した。私は恐縮しているということを奏上するよう伝えた。私が還り昇り、倚子を撤去して平座を施したことは、初日と同じであった。実康朝臣を招いて着した。私は禄〈白い大褂一重。〉を伝え取って、実康朝臣に与えた。私が笏を挿んで云ったことには、「恐縮し申し上げています」と。実康朝臣は退下した。拝礼を行なわず、直ちに出た。違失と称すべきである。故殿の第三度の御上表の日は、戊辰であった。今日も戊辰である。すでに事は相通じている。心中に感が有った。天慶七年から今年まで、七十八年である。希有の事である。私は先年、初めて内弁《ないべん》を奉仕した。これは十六日の節会《せちえ》である。故殿もまた、初めて十六日の節会を行なわれた。皆、午の日である。感の有る事である。あの日の暦を、いささか記し付けるか。

臣某が言上する。去る二十二日、勅使左《さ》近衛少将《このえのしょうしょう》正五位下兼行《ぎょう》備後介《びんごのすけ》藤原朝臣経輔が、大空の雲路《うんろ》から降り、重ねて再び上呈した辞表を返した。汗を雪《そそ》いでも沸くがごとく、空しく炎暑《えんしょ》を玄冬《げんとう》に迎えた。魂を凍らしても驚き易く、いよいよ厳寒を赤心《せきしん》に増した。竦《すく》み驚き、震《ふる》え越えることは、述べるところを知らない。臣某は、誠惶誠恐、頓首頓首、死罪死罪。臣が伏して思うに、三大臣の任は、百僚《ひゃくりょう》が重んじるところである。才徳《さいとく》が盛んならばその人を当て、景範《けいはん》を富貴《ふうき》に強いる。名望《めいぼう》が高ければその選に入り、諷諌《ふうかん》を廟堂《びょうどう》に扇《あお》ぐ。力牧《りきぼく》は軒皇《けんこう》を輔《たす》け、未だ善を尽くすを行なっていない。皐陶《こうよう》は大禹《たいう》を佐《たす》け、やはり徳を□□なければならない。まして駘足《たいそく》を鞭打って、浮雲の蹄《ひづめ》を追うのは、必ずや途に躓《つまず》くことになる。□融を掻き繕《つくろ》って転風《てんぷ》の翅《はね》を望むのは、どうして地に控えないであろうか。凡庸《ぼんよう》の才で賢跡《けんせき》を踏み、□□量るに忝《かたじけな》く□□□的を□□。臣については、考えるにこれは、このようなものか。現在、優れた人の集は、既に多いのである。わずかな距離の外に芳香《ほうこう》を発している。□□の材は、乏しいわけではないのである。一園の中に繁茂している。優に鄭《てい》弘《こう》は、仕えて若耶渓《じゃくやけい》に帰らなかった。□□□□□□□□□□□陽山《ようざん》に遁れた。□□□□或いは勲、或いは□、□□□繁思□思うに、今□□□□老人を手厚くもてなし、槐路《かいろ》を通り、賢を得る。伏して□□□□□特に□察を垂れ、臣の苦請《くじょう》を許し、世の諠噪《けんそう》や譏讒《きざん》を鎮めることを。□□□不徳の任を退き、□□□□□□□分の栄光は、宰相に愧□、□□堪えない。□□□□□□重ねて□□□□を謝し、申し上げる。臣某、誠惶誠恐、頓首頓首、死罪死罪。謹言。

治安元年十月二十六日

勅す。重ねての辞表を省み、中襟《ちゅうきん》に揃えた。政を扶《たす》け、化を導くは、これは卿の家の前蹤《ぜんしょう》である。□□□誠にまた、何人の遺業であろう。ましてや公(実資)は、大納言の任が多年であって、太政官《だいじょうかん》の□に努め励んできた。警巡《けいじゅん》の勤めは、何日にもわたり、近衛府の風に明け暮れた。登用は人に当たる。誰が能も無く高い地位にいると言うであろう。ところが今、謙譲《けんじょう》を好んで遜章《そんしょう》を招き、揖提《きょくてい》を思って子細を述べている。公の苦請《くじょう》は、朕(後一条天皇)は未だ甘□していない。早く往誥《おうこく》に随って、貴を辞すことをしないように。

治安元年十月二十六日

勅答は黄紙《おうし》を用いた。

二十七日、己巳。　行成に謝す

早朝、貴重朝臣を介して、権大納言の御許に遣わし奉った。これは昨日、奉行した上表の勅答についてである。その次いでに、□□を問い送ることが有った。いささか記した。また、貴重を介して、遣わし奉ったのである。

二十八日、庚午。　長家、斉信女に書状を遣わす

右兵衛督が来て、語った。また、宰相が来た。穢であったので、座に着さなかった。両宰相が云ったことには、「一昨日、中将長家が、書状を帯刀長《たちはきのおさ》(藤原)範基《のりもと》を介して、中宮大夫斉信の女の許に遣わしました。座席を設け、女たちが透垣《すいがい》に出て、簾《すだれ》から酒を勧めました。あたかも勅使のようでした。奇怪な事です」と。

二十九日、辛未。　右近衛府番長・府掌を補す／春日社奉幣

右近府掌《うこんのふしよう》播磨貞安《はりまのさだやす》を右近番長《うこんのばんちよう》に補した。近衛身人部保武《むひとべのやすたけ》を右近府掌に補した。右近将監扶宣を介して、右中将《うちゆうじよう》公成朝臣に仰せ遣わした。貞安は関白の随身である。行幸以前に府掌に補された後、未だ幾くも経ずに、特に補したものである。保武は院(小一条院《こいちじよういん》)の仰せによって、補したものである〈去る春ごろ、仰せが有った。〉。

春日社に奉幣《ほうべい》を行なった。(藤原)永信《ながのぶ》朝臣を使とした。永信は勅使の中将(長家)の供であった。そこでとりあえず託したものである。大臣は十列《とおつら》を奉献しなければならない。これは古跡《こせき》である。ところが近代は、その事は行なわれない。初めてこれを奉る大臣は中絶し、馬および乗人を奉献しない。使もまた、途中の大和などの国は極めて困難であることによるものか。近代の作法は、氏長者以外は、為す術は無い。そこで明神の御為に、仏事《ぶつじ》を修する。但し来春から、決定しなければならない事である。今回の祭幣《さいへい》については、ただ通例を欠かない為に、奉献するものである。そのことを、心中に祈り申したところである。神鑑《しんかん》が有るであろうか。

祭使《さいし》右近衛権中将《うこのえのごんのちゅうじょう》長家は、高陽院から出立《しゅったつ》した。関白が住む所である。摺袴を送った。袴《はかま》の腰は繍《しゅう》であった。重袴《かさねのはかま》は三重《みえ》であった。

○十一月

二日、癸酉。　石塔造立供養／皇太后宮使、足を折る

石塔《せきとう》は、昨日は春日祭《かすがのまつり》であったので、今日、造立し奉った。

（石作《いしづくりの》）忠時《ただとき》が云ったことには、「皇太后宮使《こうたいごうぐうし》の皇太后宮大進《こうたいごうぐうだいじん》（藤原）佐光《すけみつ》は、春日《かすが》社から帰洛《きらく》した際、宇治《うじ》に於いて、足を折って不覚となりました。私（忠時）はその佐光の供をしておりました」と。夜に入り、帰って来て、申したものである。


三日、甲戌。　官奏の日の勘申方式／去年の不堪佃田定

左大史《さだいし》（但波《たんばの》）公親朝臣《きんちかあそん》を召して、九日の官奏《かんそう》について命じた。先ず内々に戒めるものである。仰せ事により、決定することとする。公親が云ったことには、「昨日、関白《かんぱく》（藤原頼通《よりみち》）が官奏の日についておっしゃられました。上卿《しょうけい》が仰せを奉って、勘申《かんじん》させるのでしょうか。それとも蔵人所《くろうどどころ》の方から勘申させて、奏者に命じられるのでしょうか。如何でしょう」ということだ。確かな事情を知らない。但し、上卿が勘申されるということは、承ったことのないものである。一条院《いちじょういん》の御代、一条左相府《いちじょうさしょうふ》（源雅信《まさのぶ》）は、初めて官奏の上卿を勤められた。御所からその日を命じられたということを承った。その間の事は、（源）扶義《すけよし》宰相が大弁であった時、承ったところである。そこで尋ねるようにということを、権左《ごんのさ》中弁《ちゅうべん》朝臣〈（源）経頼《つねより》。〉に伝えた。未だあれこれを承っていない。私が命じて云ったことには、「内覧《ないらん》については、二説が有る。命じて詳細を調べ、これを知らせるように」と。今朝、民部卿《みんぶきょう》（源俊賢《としかた》）が伝え送って云ったことには、「内覧について、昨日、関白に申したところ、おっしゃって云ったことには、『最初の際は、文書《もんじょ》が少ないのではないか。前跡《ぜんせき》のとおりに送らなければならないのである。また、その日は、内裏に伺候するように。後々、文書が多い時は、議が有るべきである』ということであった」と〈「議が有るべきである」というのは、史《し》が先ず内覧を経る事である。〉。去年の不《ふ》堪佃田奏《かんでんでんそう》は、関白が最初の際に見て下した。諸卿の議定《ぎじょう》が行なわれなければならなかった。ところが未だ定めていない間に、左大臣（藤原顕光《あきみつ》）が薨去《こうきょ》した。その不堪佃田定《ふかんでんでんさだめ》の際の文書を、新たに御前の奏に請うわけにはいかない。先ず当年の不堪佃田奏を奏上し、議定の時に至って、先に去年の不堪佃田を定める。その後、順序どおりに奏上すべきであろうか。大略を公親に伝えた。九日、奏の後に、意向を伝えさせなければならない。

四日、乙亥。　春日行幸行事賞／公任の辞表、返却／行成、書状で示教を請う

昨日、行幸《ぎょうこう》の行事《ぎょうじ》の賞を行なわれた。従二位を藤原公信《きんのぶ》〈行事の上卿であった（藤原）斉信《ただのぶ》卿が譲った。〉、従三位を藤原資平《すけひら》、従四位上を安倍吉平《よしひら》〈行事ではなかった。吉平が云ったことには、「行幸所《ぎょうこうしょ》に寄せられました」ということだ。〉、正五位下を藤原義忠《よしただ》、従五位上を藤原宗相《むねすけ》〈検非違使《けびいし》。〉、外従五位下を津守致任《つもりのむねとう》。この他、行事の右中弁《うちゅうべん》（藤原）章信《あきのぶ》・外記《げき》（小野）文義《ふみよし》・史公親・右衛門尉《えもんのじょう》（紀）宣明《のぶあき》〈検非違使。〉、この四人は、賞が無かった。章信と公親を四位に叙すと、本官《ほんかん》に留め難くなるからであろうか。宣明もまた、検非違使に留まることができないからであろうか。按察《あぜち》（藤原公任《きんとう》）の書状に云ったことには、「昨日、辞状を返された。来たる九日、状況に随って、内裏に参ることにします。二、三箇月の間、時々、政務に従事し、明年以後、夏の頃に罷り籠ることにします」ということだ。慶賀《けいが》の人々が来た。宰相（資平）は、昨日と今日、物忌《ものいみ》である。□穢《え》によって、蟄居《ちっきょ》していた。そこで慶賀を申さなかった。秉《へい》燭《しょく》の後、左兵衛督《さひょうえのかみ》（公信）が参って来た。束帯《そくたい》を着し、立ったまま逢った〈昨夜、犬の産穢《さんえ》が有った。〉。拝《はい》礼《らい》を行なった。私は答拝《とうはい》した。しばらく清談《せいだん》した。「□□夜、召しによって、内裏に参りました。左《さ》頭中将《とうのちゅうじょう》（源）朝任《あさとう》を従二位に叙すことについて、勅を伝えることが有りました。これより先、中宮《ちゅうぐう》大夫《だいぶ》〈斉信。〉が、召しによって参入しました。仰せを奉って、位記《いき》を作成させました。内記が伺候していませんでした。この事は、頭朝臣《とうあそん》（朝任）を介して、中宮大夫に伝え仰されました。『上階の人事を、陣座《じんのざ》に伺候している公卿に伝えられるのは、前例が無い。そこで伝え仰されたものである』と云

うことでした」ということだ。

権大納言《ごんだいなごん》〈(藤原)行成《ゆきなり》。〉が、書状を送って云ったことには、

「詳細を承らなければならない事。

去月二十八日、権弁《ごんのべん》朝臣(経頼)が来ました。斎院《さいいん》(選子《のぶこ》内親王)の行事を奉仕するよう命じられました。この院については、禊祭《けいさい》の他に、また何の事があるのでしょう。事情を請う為に、何日か、大夫を召させましたが、現れて来ません。今、鬱憤《うつぷん》に耐えず、処分を請います。あの院に関する雑事の一々について、恩示《おんじ》を賜わったならば、幸いです。

官奏は、初めて御前の儀が行なわれます。その吉日《きちにち》は、御所から伝えられるのでしょうか。それとも、択ばせたところを奏上して、伺候するのでしょうか。事情を承りたいのです。

また、『天慶《てんぎょう》四年十一月二十六日壬午、朱雀《すざく》天皇が初めて官奏を見た』と云うことです〈九条殿《くじょうどの》(藤原師輔《もろすけ》)の御記《ぎょき》です。〉。貞信公《ていしんこう》(藤原忠平《ただひら》)の二十五日の御記に云ったことには、『左中弁《さちゅうべん》(源相職《すけもと》)に官奏を見させた』と。この二十五、六日は、書写《しょしゃ》の誤りでしょうか。官奏と内覧は、日を滞ってはならないからです。同じく事情を承りたいのです」と。

報じて云ったことには、「斎院別当《さいいんべっとう》は、ただ禊祭について行なわれる。他の事は無い。祭月に入って、先ず出車《いだしぐるま》および出馬《しゅつば》について定める。但し、大納言《だいなごん》を、初めて行事に定められるのか。前例は如何であろう」と。官奏の日については、故殿《ことの》(藤原実頼《さねより》)の御記を記し出して、これを送った。この事は分《ぶん》

明《めい》ではない。もしかしたら、御所から伝えられるのであろうか。但し、このことを伝えなかった。今、考えたのである。

天慶四年十一月二十五、六日の事は、二十五日に吉書《きっしょ》を定められ、貞信公に奉られた。また、その御決定によって、決定した。二十六日に官奏を奉仕された。いささか□□公の御記を送っておいた。

五日、丙子。

夜に入って、民部卿〈俊賢。〉が、来て談った。漸く子剋に及んだ。

六日、丁丑。　**道長と官奏について相談**

左大史公親朝臣が来た。そこで九日の申文《もうしぶみ》の儀について命じた。また、その日、官奏が必ず行なわれることになっている。未の終剋の頃、雨を冒して、無量寿院《むりょうじゅいん》（藤原道長《みちなが》）に参った。右兵衛督《うひょうえのかみ》〈（藤原）経《つね》通《みち》。〉は、車後《くるまじり》に乗った。武衛《ぶえい》（経通）は、通って内裏に参ると申した。そこで禅閤《ぜんこう》（道長）と謁談《えつだん》した。官奏の儀を相談した。また、他の雑事も語った。黄昏に臨んで、拙宅に帰った。

七日、戊寅。　**頼通に官奏日時勘申の先例を報ず／官奏の無事を祈願**

左頭中将朝任が来た。関白の仰せを伝えて云ったことには、「九日に官奏が行なわれることになっている。但し、主上《しゅじょう》（後一条天皇《ごいちじょう》）が初めて覧ることになるのである。もしかしたら上卿が仰せを奉って、勘申させるのか。それとも御所からその日を伝えられるのか。きっと前例を調べているであろう、如何か」と。報せ伝えて云ったことには、「天慶四年の例は、貞信公の邸第《ていだい》に於いて、陰陽寮《おんみょうりょう》に命じて日時を勘申させ、奏者に伝えられたのでしょう。分明ではないとはいっても、いささか見えるところが有ります。あの時の大臣〈藤原〉仲平《なかひら》は、また官奏に伺候していませんでした。そこで大納言〈故殿。〉が伺候されました。大略、見えるところです。今、あの例によって、御所から伝えられるべきでしょう。日時については、関白の邸第、もしくは蔵人所に於いて、陰陽師《おんみょうじ》を召して勘申させるべきでしょう。前日、日を申させたところは、内々に勘申させたものです」と。但し、吉平が申して云ったことには、「九日の他に、急に吉日はありません」ということだ。頭中将《とうのちゅうじょう》が云ったことには、「大略、九日に行なわれるでしょう。先日、伝えられたところです。もしかしたらまた、勘申させたとしたら、伝えられるべきでしょうか、どうでしょうか」と。答えて云ったことには、「又々の仰せに従って、奉仕すべきである」と。深夜、頭中将が来て、おっしゃって云ったことには、「九日に官奏を奉仕するように」ということだ。事情を問うたところ、云ったことには、「吉平朝臣を蔵人所に召して、日時を勘申させました〈九日、申剋。〉」と。永昭僧都《えいしょうそうず》が来た。今日から始めて、明後日に至るまで、官奏について失錯《しっさく》が無いよう、祈り申さなければならない。春日御社と山階寺《やましなでら》〈興福寺《こうふくじ》〉について、伝えたのである。今朝、祈願を行なう事を思い得た。ところが、然るべき人がいなかった。今、期せずして僧都が来た。氏神《うじがみ》と三宝《さんぽう》が相扶《たす》けて、祈願を行なわせようとして、差し遣わされたものであろうか。情感は極まり無かった。

八日、己卯。　小一条院、紀伊守を陵轢

「院（小一条院《こいちじょういん》）は、宇治から馬に騎って還御《かんぎょ》された。東寺《とうじ》の南に於いて、紀《き》伊守《いのかみ》（高階《たかしなの》）成章《なりあきら》を打擲《ちょうちゃく》させた。髪を執って、打ち臥した。数多の下人が蹴り踏み、衣裳はすべて破れた」と云うことだ。「これは御宿意《しゅくい》である」と云うことだ。「そのことを知りながら、勘当《かんどう》を蒙《こうむ》るのは、かえって愚の至りである」と云うことだ。「御荘園《しょうえん》を衰亡《すいぼう》させたので、この事を行なった」と云うことだ。

九日、庚辰。　文殊菩薩像を造顕／陣申文／御前の官奏／諸卿、これを伺い見る

早朝、諷誦《ふじゅ》を清水寺《きよみずでら》に修した。今日、等身《とうしん》の文殊《もんじゅ》像を造顕《ぞうけん》し奉った。心願《しんがん》が有るからである。今日の巳剋、中文の儀を行なわせる。中剋、官奏を奉仕しなければならない。史公親朝臣が云ったことには、「関白の御書状に云ったことには、『大粮文《たいろうぶん》を申上させるように』ということでした」と。右兵衛督を呼んで、官奏に関わる事を禅室《ぜんしつ》（道長）に申させた。報答が有った。辰剋の頃、内裏に参った。左《さ》大弁《だいべん》（藤原）朝経《あさつね》と陽明《ようめい》門で参会した。一緒に陣座に参入した。時剋を問うたところ、「辰四剋」ということだ。巳剋、文書を申させるよう、大弁に伝えた。しばらくして、史（宇治《うじの》）忠信《ただのぶ》が、書杖《ふづえ》を執って、北に渡った。私は座を起って、南座《なんざ》に着した。大弁は座の端座《たんざ》に着した。敬屈《きょうくつ》して云ったことには、「文書を申す」と。私は小揖《しょうゆう》した。大弁は面を顧みた。史は中文の杖を執り、小庭《こにわ》に控えた。私は目くばせした。称唯《いしょう》して膝突《ひざつき》に進み、文書を申し奉った。その儀は、恒例のとおりであった〈鈎匙文《かぎのふみ》二枚と韓櫃文《からびつのふみ》一枚。〉。私は奥座《おくざ》に復した。大納言公任・行成、中納言《ちゅうなごん》（藤原）実成《さねなり》・（源）道方《みちかた》、参議《さんぎ》経通・朝経・（藤原）定頼《さだより》が参入した。時剋を問うよう、左大弁に伝えた。史に命じて、陰陽寮に問い遣わせた。すぐに申して云ったことには、「申一剋」ということだ。これより先に、両大弁〈朝経・定頼〉が、陣の床子《しょうじ》に向かった。奏書を見定めた。この頃、関白が内裏に参った。右大史《うだいし》〈坂合部《さかいべの》〉貞致《さだむね》が、奏を書杖に挿して、北に渡った。私は座を起って、南座に移り着した。左大弁が座に着した。笏《しゃく》を挿み、敬屈して云ったことには、「奏す」ということだ。私は揖礼《ゆうれい》した。称唯して、史の方を見遣わした。貞致は奏の杖を捧げて、小庭に進んで控えた。私は目くばせした。称唯して膝突に進み、これを奉った。私は取った。貞致は敬屈した。坐り定まった後、私は結緒《ゆいお》を解き、文書の右に置いた。文書を開き、右方に混ぜて遣わした。一々、見て、左方に置いた〈大和《やまと》・美濃《みの》・阿波《あわ》の鉤匙文。〉。元のように巻き結んで〈一結《ゆい》。〉、返給した〈板敷《いたじき》の端に置いた。〉。貞致は結緒を解き、一枚を開いて、申して云ったことには、「揃えなければならない文書は三枚」ということだ。巻き結び、杖を加えて退出した。弁を召した。権左中弁経頼が、膝突に参って着した。私が云ったことには、「奏を関白に内覧するように」と。称唯して、退帰した。しばらくして、来て云ったことには、「早く奏上するように」と。そこで奏が揃ったということを伝えた〈□揃った。〉。幾《いく》ばくもなく、来て云ったことには、「召す」と。私は座を起った。軒廊《こんろう》の東第二間の辺りを経て、射場《いば》に到り、軒廊の西第二間に立った〈南面した。〉。貞致が来て、□杖を□取り〈西。元。〉、これを奉った。笏を挿し、これを執った。右青瑣《せいさ》門から入って、年《ねん》中行事御《じゅうぎょうじのみ》障子《しょうじ》の南および柱の東を経て、同じ御障子の平頭《へいとう》に跪《ひざまず》いた。主上は目くばせされた。称唯して、孫廂《まごびさし》から進み〈頗る東に寄った。禅門《ぜんもん》〈道長〉の説である。〉、御座の間に到った。敬屈して、膝を長押《なげし》に懸けた〈本来ならば長押の下から膝行《しっこう》しなければならない。ところが進退《しんたい》は、心に合わなかった。また、前跡も有った。そこで膝を長押に懸ける儀を用いた。〉。膝行して、これを奉った。主上は取られた。終わって杖を持ち、逡巡《しゅんじゅん》して左廻りに御前の廂《ひさし》の円座《わろうだ》に着した。杖を持って伺候した。主上は、一々、御覧になった。終わって、奏文の中を結び〈一結。〉、置かれた〈推し出させられるべきであろうか。〉。私は杖を座の右に置いて、少しばかり退いた。座を起って、座の南から進んだ。敬屈し、膝を長押に懸け、膝行して、奏文を取った。逡巡して、左廻りに円座に復した。結緒を解いて、文書を開いた〈結緒は表《うわ》巻紙《まきがみ》の下にあった。禅門の説である。〉。一々、束ね申した。仰せに随って、称唯した〈初め文書を開き、先ず右方に混ぜて遣わした。束ね申す毎に、左方に置いた。〉。巻き結んで、左手に持った。また、右手に杖を執った。杖を文書の上に置いた。座を起って、退下した。年中行事御障子の西から退下した〈履《くつ》を取り直して置いた。この事は、云々、縦横している。或いは取り直さず、元のまま置く。或いは□取り直して置く。鼻を西とする。そこで今朝、右兵衛督経通を介して、禅門に漏らし伝えた。報じられて云ったことには、「人が見る所ではない。或る時は取り直さない。そこで足で蹴って、直して着す。或いは杖で掻き直す。やはり直すのが、最も善い。着し易いからである」と。〉。初めの所に立った。貞致が参って来た。杖および文書を給わった。ところが、ただ杖を取って退いてしまった。事情を伝えた。驚いて進み、これを給わった。失礼の甚しいことは、敢えて云うことができない。私は陣座に復した。次いで大弁が、座に着した。貞致は膝突に進んで、奏を奉った。私は結緒を解いて、先ず表紙《おもてがみ》を給わった。次いで、一々、文書を給わった。枚を開く毎に、眼を合わせた。私が命じて云ったことには、「申したままに」と。貞致は称唯した。最後に一枚を開いて云ったことには、「成文《なりぶみ》は一枚」と。元のように巻いて、杖を加え、退き起った。私は咳ばらいした。大納言たちが指し示した。やっと覚悟して、更に坐った。失誤によ る。しばらくして、結緒を給わった〈今日は手に取って給わった。或る説では、「扇で混ぜて遣わす。或いは笏で混ぜて遣わす」と云うことだ。故殿は手に取って給わった。そこでこの儀を用いた。〉。満座が云ったことには、「大きな失礼である」ということだ。射場に於いて、文□を取らなかったということを、あれこれに語った。答えて云ったことには、「それはまた、これに勝る。はなはだ言うに足りない」ということだ。大弁は座を起った。次いで私が座を起った。壁の後ろに於いて、按察納言《あぜちなごん》(公任)を招き、今日の失誤の有無を問うた。答えて云ったことには、「すでに過失は無い。権大納言及び諸卿が、仁寿殿《じじゅうでん》の辺りに進んで、伺い見ていた」ということだ。紫宸殿《ししんでん》や仁寿殿に、人々が奔走《ほんそう》する音が高かった。後に聞いたことには、「卿相《けいしょう》や殿上《てんじょう》の侍臣《じしん》が、これを見た。外記や史は、明義《めいぎ》・仙花《せんか》門に入って、これを見た。侍臣が交わっていた。また、太政官《だいじょうかん》・外記の史生《ししょう》以下が、露台《ろだい》の下に入り、壁を穿《うが》って、これを見た」と云うことだ。御前の官奏の儀は、久しく絶えていた。今、新たに旧儀《きゅうぎ》が有った。そこで上下の者が、競って見たのか。愚老《ぐろう》(実資)については、為すところを知らない。たまたま過失が無かったのは、慮外の事であろうか。按察が云ったことには、「敷政《ふせい》門から退出すべきであろうか」と。私が答えて云ったことには、「格別な事が無ければ、和徳《かとく》門から退出するのに、何事が有ると謂うのか」と。和徳門から退出した。今朝、参入した時は、通例によって、敷政門から参入した。故三条《さんじょう》殿《どの》(藤原頼忠《よりただ》)が語った次いでに云ったことには、「必ずしも敷政門から参入しない」ということだ。近代の丞相《じょうしょう》は、敷政門から参入する。

大外記《だいげき》文義朝臣が、封した省符《しょうふ》を進上した。「先日、請印《しょういん》を行ないました。日次《ひなみ》が宜しくなく、遅れて進上します」ということだ。

官奏。

十日、辛巳。　奏報

早朝、坂合部貞致が、昨日の奏報《そうほう》を進上した。(川瀬《かわせの》)師光《もろみつ》朝臣が、これを伝えて奉った〈師光は束帯を着して、これを進上した。これは前例である。〉。

按察大納言《あぜちだいなごん》(公任)が伝え送って云ったことには、「昨日の官奏は、失儀《しつぎ》が無かった。悦びとする」ということだ。一家の事を思うので、伝えられたのか。

十二日、癸未。　不堪佃田定文

史(小槻《おつきの》)貞行宿禰《さだゆきすくね》が、不堪佃田の定文《さだめぶみ》、および揃えた文書を持って来た。前日、命じたところである。いささか見合わせなければならない事があったことによる。

左大史公親朝臣が来た。十四日と十六日に、不堪佃田の申文、および大粮文を申上させなければならない。この文書の前後は、如何であろうか。公親朝臣に問うたところ、申して云ったことには、「十四日に大粮文を申上させ、十六日に不堪申文を行なうのが、宜しいのではないでしょうか」ということだ。あれこれ文書を揃え、および大弁が参るよう、命じておいた。

十三日、甲申。　亡母忌日法事

今日は先妣《せんぴ》（実資母、藤原尹文女《まさふみのむすめ》）の忌日《きにち》である。諷誦を道澄寺《どうちょうじ》に修した。念賢《ねんけん》師を身代わりとして、斎食《さいじき》させた。また、法華経《ほけきょう》と般若心経《はんにゃしんぎょう》を供養《くよう》し奉った。これは通例の事である。また、袈裟《けさ》を施した。僧の食膳の精料《せいりょう》を、僧たちに頒給《はんきゅう》した。

十四日、乙酉。　大粮申文／御馬御覧

左大史公親朝臣を召して、雑事を命じた。

未剋の頃、内裏に参った。これより先、左大弁が参入した。大粮文について問うた。大弁が云ったことには、「今日、申上することになっています」ということだ。大弁は座を起って、陣の腋《わき》に向かった。しばらくして、左少史斉通《ただみち》が、書杖を捧げて、北に渡った。私は座を起って、南座に着した。すぐに大弁が座に着し、笏を挿み、敬屈して云ったことには、「申文」と〈或る文に云ったことには、「大弁が申して云ったことには、『粮文［カテフム。］』と」と。〉。僕（実資）は揖礼した。称唯して、面を史の方に顧みた。斉通は大粮文を書杖に挿し、走り出て、小庭に控えた。私は見遣わした。斉通は称唯して膝突に進み、これを奉った。私がこれを取った。斉通は屈して揖礼した。終わって、僕は文書を置き、表紙を開いた。笏を表紙の左端に置いた。風の恐れがあったからである。文書を右方に混ぜ遣わした

〈二通は主税寮《しゆぜいりよう》の勘文《かんもん》、一通は官充《かんあて》の大粮文。〉。開き見て、左方に置いた。終わって、元のように巻き、給わった〈板敷の端に置いた。〉。斉通は束ね申した。私は目くばせして許した。称唯して、文書を杖に取り副えて、退出した。次いで弁が座を起った。私は退出した。「御馬御覧《おうまごらん》が行なわれた」と云うことだ。随身《ずいじん》二人を留めた。御馬乗《うまのり》であったからである。

十六日、丁亥。　当年不堪佃田申文／道長、教通が官奏を覧ざるを憤る

六角堂《ろつかくどう》で誦経《ずきよう》を行なった。史公親朝臣が来た。前に召して、雑事を命じた。今日、不堪佃田の申文の儀を行なうことになっている。大弁が参っているかどうかを問うた。「只今、参るということを伝え送ってきました」ということだ。未の終剋、内裏に参った。皇太后宮大夫《こうたいごうぐうだいぶ》〈道方。〉と左大弁〈朝経。〉が、陣座にいた。私が不堪佃田の申文について大弁に問うたところ、云ったことには、「準備して揃えてあります」ということだ。大弁はすぐに座を起った。しばらくして、史忠信が不堪佃田の申文を書杖に挿み、北に渡った。私は座を起って、北面の座に着した〈これより先に、□□膝突を敷かせた。〉。次いで大弁が座に着した。笏を挿み、揖礼して云ったことには、「申文」と。私は揖礼し、称唯して、史の方を見た。忠信は、書杖を捧げ、小庭に跪いて伺候した。私は目くばせした。称唯して、膝突に進み、これを奉った。私は笏を置き〈左方。〉、これを取った〈目録は横挿《よこざし》にした。故殿の前例である。〉。表紙を開いた。国々〈三十五箇国。〉の解文《げぶみ》を結んだ結緒を解いた。一々、開き見た。終わって、元のように巻き結び、板敷の端に置いた。忠信が、これを給わった。表巻紙を開き展げ、目録を開き、束ね申した。私が大弁に問うたことには、「上総介《かずさのすけ》(藤原時重《ときしげ》)・常陸介《ひたちのすけ》(藤原惟通《これみち》)・越中守《えっちゅうのかみ》(平中方《なかかた》)は、卒去した。新司《しんじ》は未だ着任していない。前例では、或いは上奏し、或いは受領《ずりょう》の官の署を加えさせるということを伝えて、返給するのではないか。また、越後《えちご》は、すでに前司《ぜんじ》(源行任《ゆきとう》)がいるのに、加署《かしょ》していない。その間、在京していたのか。得替《とくたい》の解任《げにん》の官である。ところが、新司の参上を待たず、署していない。前跡は如何か。また、国々の言□□文は、或る国は、不堪佃田の郡々を記している。或る国は、ただ不堪佃田の数を記し、郡を挙げていない。如何か」と。大弁が云ったことには、「長年、前司が在京している間は、署しません。事の道理が無いとはいっても、既に恒例となっています。また、署さない国は、或いは奏に入れ、或いは返されます。また、国々の解文の書式は、同じではありません。国例《こくれい》によります」ということだ。私が答えて云ったことには、「天慶七年以後、康保《こうほう》以前は、受領の官の署が無い解文は、上卿が署を加えるよう命じて返給している。そこで四箇国の解文は、『きっと加署させるよう命じた後、申上されよ』と命じよ」と。忠信は称唯し、解文を書杖に取り加えて、退出した。次いで大弁が座を起った。次いで私が座を起った。しばらく壁の後ろを徘徊《はいかい》した。道方卿が云ったことには、「先日、官奏が終わって、御堂《みどう》(道長)に参り、奉謁《ほうえつ》しました。官奏について問われました。誤失《ごしつ》が無かったということを申しました。また、おっしゃって云ったことには、『内大臣(藤原教通《のりみち》)は参入したのか』と。そうではなかったということを申しました。また、云ったことには、『我が子孫は、上臈《じょうろう》の作法を見ることを善しとする。何の障りが有って参らなかったのか』と」と。

文書を非難した事は、定め仰せ終わって、「申し給え」と命じる事は、詳しく故殿の御記に見える。これは大弁と定めたものである。

十七日、戊子。　大原野祭に奉幣を止む／源済政、陳弁のため、訪問

今日、大原野祭《おおはらののまつり》が行なわれた。転展《てんてん》の穢の疑いが有ったので、奉幣《ほうべい》について占わせた。吉平が勘申して云ったことには、「不快です」ということだ。そこで沐浴《もくよく》した。河頭《かわのほとり》に於いて、解除《げじょ》を行なった。

修理大夫《しゅりだいぶ》(源)済政《なりまさ》が来て云ったことには、「入道殿《にゅうどうどの》(道長)がおっしゃって云ったことには、『修理職《しゅりしき》の事が□□であるので、宜しくない事を述べたとのことについて、大将(実資)が伝え聞いたところが有る』と云うことでした。早く謝すよう、今朝、命が有りました。そこで来たところです」ということだ。子細は記さない。先日、□□□。ところが、済政が言うところは、皆、これは事実ではない。関白は詳しく□□□□ところである。済政は、時に筆を執る人である。

十八日、己丑。　藤原定頼に五節童女の装束を送る

右大弁《うだいべん》定頼の五節《ごせち》の童女《どうにょ》二人の装束《しょうぞく》を調備して送った。按察大納言の御許から出立《しゅったつ》した。つまりこれは、四条宮《しじょうのみや》(藤原遵子《のぶこ》)の御在所《ございしょ》である。暮方、大納言が、これを催促して送った。未だ深夜に及ばない頃、使を遣わして、これを送った〈蒲萄染《えびぞめ》の汗衫《かざみ》・薄色《うすいろ》の三重《みえ》綾《あや》の袙《あこめ》・赤練《あかねり》の擣《うち》の袙・一重《かさね》の表袴《うえのはかま》・三重《みえ》袴《ばかま》〉。宰相が来て云ったことには、「親□の間とはいっても、使の出納《すいとう》の男に小禄を贈るべきでしょうか」と。

十九日、庚寅。　五尺絵屏風を作成

五尺屏風《びょうぶ》に絵付《えつけ》し終わった。画師《えし》に禄を下給した。淡絹《あわぎぬ》三疋と綿一屯。絵付者には、二疋と一屯。但し、日が少ない者は、綿を下給した〈見参《げんざん》した絵付者は三人。もう二人は、いずれ下給することとする。〉。

二十日、辛卯。　新嘗祭／道長、教通に豊明節会の内弁を勤めさせる意向

今夜、天皇は中和院《ちゅうかいん》に御出《ぎょしゅつ》した。病悩していて、大忌《おおいみ》を奉仕することができないということを、左頭中将朝任の許に伝え送った。右兵衛督が、晩方、来て云ったことには、「御堂に参り、禅閤《ぜんこう》〈道長〉に奉謁しました。『先日の官奏は、失誤が無かったということを、伝え聞いたところである』ということでした。明日の節会《せちえ》の参入は、定まらないということを、次いでが有って漏らし伝えました。やはり我慢して参るようにとの意向が有りました」ということだ。また、云ったことには、「『内大臣は、未だ内弁《ないべん》を奉仕していないのか』ということでした。明日は吉日です。必ず参入し、内弁を奉仕することになるということを伝えました」と。あらかじめ故障を称すだけである。

二十一日、壬辰〈節会部にある。〉。　豊明節会／内弁を勤む

諷誦を清水寺に修した。金鼓《こんぐ》を打たせた。史□□□□、来た。すぐに前に召し、雑事を命じた。公親が云ったことには、「今日、天皇の御物忌によって、重ねて紫宸殿に出御《しゅつぎょ》することはありません」と。私が伝えて云ったことには、「内弁を、もしかしたら奉仕するのであろうか」と。宜陽殿《ぎようでん》の兀子《ごつし》が、前々は揺れ動き、危険であった。動くことが無い兀子を立てるよう命じた。午後、内裏に参った〈申剋。〉。右兵衛督経通が来た。車後に乗らせた。卿相は未だ参っていなかった。しばらくして、内府及び諸卿が参入した。考えると、関白は内弁を奉仕されないのであろうか。格別な仰せも無いのに、事に就くわけにはいかない。そこで左頭中将朝臣を介して、事情を取った。その後、関白は直盧《じきろ》から参上して、陣座の後ろを徘徊した。□□下、座を起って、進んだ。独り留まっているわけにはいかない。そこで座を起って、陣座の後ろに向かった。□□「今日と明日は、天皇の御物忌です。先日、賢所《かしこどころ》が鳴る怪異《かいい》がありました。また、先日、犬の糞が□座に遺っていました。御物忌と合っています。そこで今日は、出御しないのです」ということだ。内弁について伝えた。報じて云ったことには、「早く行なうように」ということだ。関白が紫宸殿に参上した〈簾中《れんちゅう》に伺候した。五節の舞姫《まいひめ》が退下した後、御所に参った。〉。私は陣の南座に着した。頭中将が仰せを伝えて云ったことには、「雑事を催し仰すように」ということだ。小忌《おみ》の宰相定頼と少納言《しょうなごん》(藤原)基房《もとふさ》が参入した。中納言(藤原)兼隆《かねたか》は、未だ参入していなかった。督促させるよう、外記(中原)師任《もろとう》に命じた。大外記文義朝臣を召し、外任《げにん》の奏について問うた。揃っているということを申した。すぐに師任が小庭に進み、跪いて申して云ったことには、「外任の奏が揃いました」と。奉るよう命じた。称唯して、走り退き、すぐに進上した。頭中将を介して奏上させた。返給した。命じて列に並ばせた。外記を召して、返給した。命じたことには、「列に伺候させよ」と。この頃、御□燭を□。中宮大夫斉信卿が参っているかどうかを問うた。申して云ったことには、「障りを申されました」ということだ。あの卿は、大歌別当《おおうたのべっとう》である。代官《だいかん》を奏請《そうせい》しなければならない。ところが秉燭に及んでいるのに、納言が参っていなかった。小忌の中納言が参入した。そもそも、大納言を代官とする例は、覚えていないものである。参議を代官とする例は、ほのかに覚えているところである。□□たしかにまた、近代ではない。但し、小忌が雑役に従事する際、□□□が有る。それとも事情を奏上させて、勅定《ちょくじょう》に随うべきであろうか。命じて云ったことには、「大納言や参議を□代官とした例を調べるように。但し、小忌を代官としたのは、例が有るのではないか」と。奏上させて云ったことには、「小忌の参議は、御酒勅使《みきのちょくし》を勤め、また見参簿《げんざんぼ》を給わるのは、確かな□です。それに准じて、小忌の中納言を代官としても、何事が有るでしょうか」と。命じて云ったことには、「それならば、小忌の中納言を代官とするように」ということだ。すぐに兼隆に伝えておいた。この頃、燎《ひ》を執った。内大臣以下は、敷政門から出た。□□に着した。□大納言公任卿は、陣座に留まった。参議定頼が、小忌□□際、便宜《びんぎ》が無いであろうから、留まったものである。いささか病悩が有った。伺候することができないということを、□奏聞《そうもん》させた。「腋から参上するよう、仰せが有った」ということだ。私が陣座を出た後、靴を着そうとしていた際、左大弁が云ったことには、「大蔵省が、今日の諸卿以下の禄の絹の請奏《しょうそう》を進上しました」ということだ。私が云ったことには、「陣座に於いて見ることとする」と。靴を着さず、座に復した。公任卿がいた。左大弁が座に着し、請奏を進上した〈絹若干、綿ーー。〉。私が云ったことには、「古昔《こせき》の例では、率分《りつぶん》の絹を請い申し、奏□□。この奏は、未だその意味がわからない」と。大弁が云ったことには、「事情を知りません」と。

□□□公任卿が云ったことには、「古《いにしえ》は、率分の絹の奏が有った。大宰府《だざいふ》の絹や綿については、知らないものである」と。ただ近例によって、頭中将に託して、奏聞を経た。すぐに□□を下された。私が束ね申し、大弁に給わった。大弁が束ね申した。大弁は座を起った。公親朝臣に問うたところ、申して云ったことには、「近代は、率分の絹を請う奏はありません」ということだ。奇怪な事である。公任卿が考えて云ったことには、「この大宰府の絹や綿は、大臣については、奏上せず□□□か」と。私が答えて云ったことには、「大宰府の物は、一上《いちのかみ》が奏上するものである。また自由である。□□奏請は、便宜が無いのではないか」と。私は壁の後ろに出て、靴を着した。笏の文を押した。宜陽殿の兀子に着した。内侍《ないし》が檻《かん》に臨んだ。称唯して北行し、軒廊の東第二間から出た。左仗《さじょう》の南頭《みなみのほとり》に到って、謝座《しゃざ》を行なった。左廻りに参上し、座に着した。次いで門を開いた。闈司《いし》は分かれて坐った。終わって、私が大舎人《おおとねり》を召したことは二声。長い時間が経って、称唯した。小忌の少納言基房が参入し、版位《へんい》に就いた。宣したことには、「刀禰《とね》を召せ」と。称唯して、走り帰った。次いで群臣が参入した。小忌を先とした。各々、標《しめ》に就いた。座に坐ることを命じた〈「しきいん」と。〉。謝座と謝酒《しゃしゅ》を行なった〈内府が云ったことには、「兼隆卿は、謝座が終わっても、なお立たず、空盞《くうさん》を待っていた。はなはだ失儀である」と云うことだ。〉。諸卿が参上した。内府と左大弁は、座に留まった。その他は皆、五節所《ごせちどころ》に向かった。時剋が推移した。そこで粉熟《ふずく》を据えさせ、箸を下した。終わって、粉熟を撤去した。□□汁の頃、諸卿が五節所から来て、座に復した。中納言実成が参入した〈もしかしたら事情を奏上して、参上したのか。〉。私は殿を下り、東階《ひがしのきざはし》の下に於いて、頭中将を介して、右衛門督《えもんのかみ》（実成）が参入したので、大歌別当の代官とするということを奏上させた。「申請によれ」ということだ〈□がいない時は小忌を□である。そこで奏請したものである。〉。私は座に復した。箸を下した。造酒司《ぞうしゅし》が、白酒《しろき》を勧めた。拍手《はくしゅ》して飲んだ。次いで黒酒《くろき》。次いで一献《こん》があった。左大弁を遣わして、国栖《くず》を催促させた。座に復して云ったことには、「国栖が伺候していません」と。□□三献は、間隙が無かった。三献が終わって、大歌《おおうたの》別当代《べっとうだい》右衛門督が退下した。次いで左兵衛督公信を召した〈「左の兵舎人《つわものとねり》の司《つかさ》の藤原朝臣」と。〉。称唯した。命じて云ったことには、「大夫《まちきみ》たちに御酒《みき》を給え」と。称唯して退下した。還り昇って、簀子敷《すのこじき》に進み、座に復した。しばらくして、大歌が一節を奏した。大蔵卿《おおくらきよう》（藤原）通任《みちとう》を召した〈「大蔵の官《つかさ》の藤原朝臣」と。〉。命じて右衛門督藤原朝臣を召した〈「右の靫負司《ゆげいのつかさ》の藤原朝臣」と。〉。称唯して、すぐにこれを召した。右衛門督が参上した。次いで大歌の座を舞台の北に移させた。内豎《ないじゅ》を召して、大歌を召させた。大歌が床子の座に着した。歌笛《かてき》の声を発した。舞姫が進み出た。これより先、主殿司《とのものつかさ》の女官《にょうかん》が、脂燭《しそく》を執り、柱に副って立った。舞が終わって、大歌は退いた。次いで座を撤去した。諸卿は退下し、左仗の頭《ほとり》に列した。□□□拝舞《はいぶ》した〈小忌は列しなかった。皆、五節所にいたのか。〉。終わって、座に復した。私は参上しなかった。仗座《じょうのざ》に着し、外記を召した。見参簿を進上するよう命じた。師任がこれを奏った。参らなかった中納言道方を、見参簿に入れていた。その理由を問うたところ、申すところは無かった。除くよう命じ、返給した。また、調べ問うて申すよう命じた。その後、師任が申して云ったことには、「外弁《げべん》の史生が、誤って見参簿に入っています」ということだ。内弁の外記は、避け難いのか。ところが、あれこれを命じなかった。宣命《せんみよう》を召した。大内記《だいないき》（菅原）忠貞《たださだ》が、これを奉った。見終わって、返給した。私は階下《かいか》を経て、射場に進んだ〈階下にいた太政官の上官《じようかん》たちは、座を起って、走り隠れた。〉。右頭中将《うとうのちゅうじょう》（藤原）公成《きんなり》を介して、奏上させた。返給し、□□東階の下□。師任が、宣命・見参簿・目録を奉った。笏に取り副えて、座に着した。右兵衛督経通を召し〈「右の兵舎人司《つわものとねりのつかさ》藤原朝臣」と。〉、宣命を給わった。次いで左大弁朝経〈「左の大い大鞆《おおとも》ひ藤原朝臣」と。〉が、見参簿を給わって、退下した。次いで諸卿が退下し、左仗の頭辺りに列した。宣命使《せんみようし》が版位に就いた〈宣命の版位が無かった。夜に乗じて、紛失したものか。〉。宣制《せんせい》したことは二段。諸卿は再拝《さいはい》し、次いで拝舞した。幄《あく》の下に、諸大夫《しよたいふ》はいなかった。宣命使は座に復した。諸卿が参上した。次いで禄所《ろくしよ》に就いて、禄〈手禄、絹一疋。〉を下給した。日華門《につか》から退出した。□剋、儀が終わった。

今日、参入した卿相は、左大臣〈関白。〉、下官・内大臣、大納言行成・（藤原）頼宗《よりむね》・（藤原）能信《よしのぶ》、中納言兼隆〈小忌。〉・実成、参議公信・経通・朝経・定頼〈小忌。〉。故殿は、天慶七年、右大臣に任じられ、同年十一月二十三日〈壬辰。〉、豊明節会《とよのあかりのせちえ》で、初めて内弁を勤めた。私は右大臣に任じられ、今日、豊明であった。同じく壬辰である。初めて内弁を勤めた。節会も同じで、干支《かんし》もまた、同じである。希有の事である。そこでこれを記す。

二十二日、癸巳。

右大弁が来た。もしかしたらこれは、五節の童女の装束の事によるものか。あれこれを述べなかった。但し、先日、貸した□□装束を持って来た。

二十三日、甲午。　不堪佃田荒奏／上卿を勤む／僧綱召／道長、密々に官奏を覧る／源倫子の西北院供養の僧前を求められる／藤原斉信、婚儀の際の触穢を秘す

諷誦を六角堂に修した。公親朝臣を召して、官奏について催し仰せた。「昨日、事情を関白に申しました」ということだ。宰相が、三品《さんぼん》に叙された慶賀を言った。「関白が表衣《うえのきぬ》を下給しました」ということだ。今日、触穢《しょくえ》が終わった。そこで□□申したのである。内裏及び所々に参った。心神《しんしん》は宜しくなかった。我慢して、日暮、内裏に参った。宰相が陽明門で来会して云ったことには、「禅門に参りました。ところが、□□□られ、太后宮に□□」ということだ。私は和徳門から参入した。左大弁が、□□□。「内府は殿上間《てんじょうのま》に伺候しています」と云うことだ。宰相は宣仁《せんにん》門から入った。□□□射場に参り、慶賀を奏上させた。すぐに退帰した。宮中□□を啓上《けいじょう》させた。左大弁が云ったことには、「不堪佃田の黄《き》勘文《かんもん》が、只今、出て来ました。□行なうのでしたら、文書を見ます」ということだ。奏事を行なうので、参入したものである。□行なうということを伝えておいた。すぐに座を起って、陣の腋に向かった。この間、内府は□□□官奏の作法を見たのか。史忠信が文書を執って、□□□□奏上し申した。すぐに帰って書杖に挿し、北に渡った。私は座を起って、□□□着した。次いで大弁が座に着した。敬揖《けいゆう》して云ったことには、「奏す」と。私は小揖した。大弁は称唯して、史の方を見た。

左少史《さしょうし》忠信が、奏の杖を捧げて、小庭に伺候した。私は目くばせした。称唯して、膝突に着し、これを奉った。これを取った。忠信は□揖礼した。坐り定まった後、結緒を解いて、文書の右に置いた。これを開き、□□□を、結び合わせた。但し、目録と黄勘文は、巻き加えて、□□結緒の他にあった。先ず目録を見た。次いで黄勘文を見た〈三十五□□□□中□□受領の官の署が無い四箇国は、「言上《ごんじょう》しない」と記した。〉。次いで結緒を解き、不堪佃田の解文および坪付《つぼつけ》をほぼ見た。中文の儀の時、詳しく見たものである。そこでほぼ見た。見終わって、□巻き結び、推し廻らせた〈文の本は、史の方に置かせた。〉。板敷の端に推し出した。忠信がこれを給わった。ちょっと結緒を解いて、目録を開いた。揃えなければならない文書、若干枚を申上した。□□□元のとおりに巻き結び、退出した。次いで権左中弁経頼を介して、内覧するよう申した〈関白は直廬に控えていた。〉。しばらくして、帰って来て云ったことには、「奏上するように」ということだ。□□奏が揃ったということを伝えた〈奏上し申したのである。その詞に云ったことには、「奏さぶらふ」と。〉。称唯して、退出した。時剋が推移した。この頃、主殿寮《とのもりょう》が燎を執った。経頼が来て、召した。私は座を起ち、射場□に進んだ〈軒廊の東第二間と階下を経て、射場の廊の西第二間に到り、南面して立った。〉。忠信が走って来た。跪いて、杖〈書杖。〉を奉った。私は笏を挿して、これを取った。青瑣門に参上した。年中行事御障子の南と柱の東を経て、御障子の北端に跪いた〈平頭した。〉。□□□□一本〈奏者の円座の北辺り。〉。跪いて伺候する処が黒暗であって、□□□難しいであろう。直ちに称唯し、参上した。進んで伺候し、長押に跪いた。膝行して、これを奉った。

逡巡し、左廻りに円座に着した。杖を持って、跪いて伺候した。文書を開き、御覧になった。目録と黄勘文を、不堪佃田の解文と坪付の解文に加えさせ、結ばせられた。元のように巻き結ばせて、推し出させられた。私は書杖を座の右に置き、頗る退いた。座を起って、座の南から御前に進んだ。膝を長押に懸けて、敬屈した。膝行して、奏文を給わり、退帰した。奏を奉った時のように、□□□□書、結緒を解いた。目録を開き見た。黄文《きぶみ》が交じっていた。解文□□□更に結緒を解いて、取り出した。目録を開き、束ね申して云ったことには、「某国々が申請した、当年の不堪佃田の言上と申す事」と。勅裁《ちょくさい》に随って、称唯した。「諸卿に定め申させよ」と。但し、勅裁は確かに聞かなかった。推し量って、称唯したのである。元のように巻き結んだ。目録と黄文は、解文を結ぶ緒の他は、表巻紙の内にあるのである。初め□□□□□手、杖を持った。杖を文書の上に加えた。座を起って、退下した〈御□□□□□□から、西、退下した。□□□□□〉。忠信が進んで来て、跪いて控えた。文書および杖を給わった。終わって、陣座に復し、□□座に□□。次いで忠信が文書を奉った。先ず緒を解いて、表巻紙を下給した。次いで解文および目録を副えて、推し出したことは、初めのとおりであった。忠信がこれを給わった。目録を開いて、□見た。私が命じて云ったことには、「諸卿に定め申させよ」と。称唯し、更にまた、□□を開いて云ったことには、「定め申さなければならない文書は、三十枚と一枚」と。次いで結緒を給い、元のように□□杖に加え、退出した。大弁は座を起った。「内大臣は、座□□□□にいて、仁寿殿に於いて伺い見た」ということだ。

頭中将朝任が勅を伝えて云ったことには、「権律師明尊《ごんのりっしみょうそん》を権少僧都《ごんのしょうそうず》に任じ、内供尋空《ないぐじんくう》を権律師に任じる。官符《かんぷ》を作成し、□□」と。権左中弁経頼を召して、これを伝えた〈経頼に伝えた事は、朝任が勅を伝えたものと同じである。〉。次いで私は座を起って、壁の後ろを徘徊した。朝任が来て云ったことには、「大宰府が例進する紙〈粉□薄□□等□□□。〉は、久しく進上してこないということについて、外記が奏上させたところです。早く官符を給わって、□□□□進上させなければなりません」ということだ。すぐに左大弁に命じた。内府が、□□□□□に於いて伝えて云ったことには、「関白の御書状に云ったことには、『来月二日、老堂《ろうどう》（源倫子《ともこ》）の堂供養《どうくよう》が□□。座主《ざす》の食膳について、皆で用意することになった。本来ならば自ら直接、伝えなければならない。ところが、来□□無く、自ら伝えることができない』ということでした」と。謹んで承ったということを答えておいた。退出した。宰相が云ったことには、「入道禅閤は、官奏の儀を、密々に二間《ふたま》に於いて見られました」ということだ。内府が請うたものであろうか。

前帥《さきのそち》（藤原隆家《たかいえ》）が伝え送って云ったことには、「中宮大夫の家で、聟取《むことり》の際、□□女が□□、秘蔵していました。その穢は遍満《へんまん》しました。事情を知らず、左少将《さしょうしょう》（藤原）経輔《つねすけ》が、□□□、寝殿《しんでん》に昇りました。あの宅は穢であるということを申そうと思います。はなはだ便宜が無いことです。そこで□□犬の死穢《しえ》であるということでしょうか」と。民部卿の許に示し遣わした。報じて云ったことには、「このことを奏上し、臨時祭《りんじさい》は停止《ちょうじ》とするのか。ただ犬が死んだということを申すべきである」ということだ。神事の際、□穢《え》黷《とく》を秘蔵した。新嘗祭《にいなめさい》や臨時祭は、大いに不吉《ふきつ》の事である。必ず□□□有るであろう。そこでまず、大事が有るであろうか。「聟公《むこきみ》(藤原長家《ながいえ》)は、会合しようとした□に及んで、□□□頬《ほお》を磨《す》った」と云うことだ。前後、宜しくないということを、人々が言ったところである。

二十四日、乙未。　賀茂臨時祭試楽、延引

早朝、史忠信が、奏報を進上した。

伝え聞いたことには、「今日、雨によって、試楽が延引《えんいん》となった」と云うことだ。

二十五日、丙申。　賀茂臨時祭試楽／斉信家、死穢

「今日、臨時《りんじ》祭試《さいし》楽《がく》が行なわれる」と云うことだ。

近ごろ、中宮大夫斉信卿の家に、頓死《とんし》した者がいた。ところが秘蔵して、婚礼を行なった。聟中将《むこちゅうじょう》(長家)は、臨時《りんじ》祭使《さいし》である。ところが、あの宅の火□によって、使を勤めない。人々が云ったことには、「穢を隠忍《いんにん》して、発覚しなければ□□□」と。今夜、座に着した人々は、他の穢を称して、舞□□を勤めなかった。□左少将経輔である。

二十六日、丁酉。　賀茂臨時祭／資平・千古と共に見物

宰相が来て云ったことには、「内豎が来て、参入するよう命じられました。□思い悩《や》むことが有るうえに、明日、初めて宜陽殿と陣座に着すことになっています。それ以前に、また参入することはできないのではないでしょうか。但し、参入するということを申させました」ということだ。□□臨時祭は、病悩を称して、参入しないであろうか。少女（藤原千古《ちふる》）が密々の□□を催促し、□剋の頃、渡った。宰相も同じく見物した。

二十七日、戊戌。　**封五百戸を辞さんとす／資平、着陣・着座／教通、はじめて官奏の上卿を勤め、失儀あり**

宰相が云ったことには、「巳・午剋の頃、宜陽殿に着してください」ということだ。すぐに内裏に参った。史公親朝臣が申させて云ったことには、「明日の官奏の状況を承りたいと思います」ということだ。行なわれるということを伝えさせておいた。

封五百戸〈相模《さがみ》二十五戸・武蔵《むさし》百五十戸・上総《かずさ》百五十戸・常陸《ひたち》百五十戸・能登《のと》二十五戸。〉を、収めるわけにはいかないということを、民部録《みんぶのさかん》（伴《ともの》）佐親《すけちか》を召し、まずは事情を伝えた。国□を記し出して、給わった。省符については、追って給うこととする。

宰相が云ったことには、「巳剋、宜陽殿と陣座に着しました。関白が、明日の官奏の有無を問われました」と。

宰相と（菅野）敦頼《あつより》朝臣が、一緒に大饗《だいきょう》の雑事を定めた。未だその日を定めなかった。

今日、内府が初めて官奏を奉仕した〈後に聞いたことには、「先ず奏文に含めるべき文書を申す。ところが□□文書を給わった後、結緒を給わったのは、大きな失儀《しつぎ》であった。また、□に参り□時、奏を執って、廊中に立つものである。ところが、廊の柱の南に立った。また、失儀である。大納言公任と行成が、陣座にいた」と云うことだ。「公任卿は、歎く様子が有った」と云うことだ。〉。

新律師尋空が来た。逢った。白い大掛《おおうちき》一領《りよう》を施した。次いで新僧都明尊が来た。同じく白い大掛一領を施した。

滅門日《めつもんにち》。

二十八日、己亥。　官奏の上卿を勤む／減省解文／季御読経日時勘申

今日、官奏の上卿を勤めるという事を、直接、公親朝臣に伝えた。

雨脚が降っていた。未剋の頃、内裏に参った〈宰相が車後に乗った。〉。中納言道方と左大弁朝経が、陣座にいた。今日の官奏について問うたところ、云ったことには、「文書は揃っています」ということだ。減省《げんせい》を申請した国々を問うたところ、云ったことには、「某国々」と。私が答えて云ったことには、「伊勢《いせ》・上総・因幡《いなば》は、皆、前司がいる。如何か」と。云ったことには、「これらの国々は、越勘《おつかん》□□□を申し下しています。因幡国については、その解文に越勘であることを記しています。そこで□□□を継がせました。もう二箇国は、そのことを記していません」ということだ。越勘の宣旨《せんじ》を申し下し、□減省を申請した例を、能く調べて奏に入れなければならない。また、近江《おうみ》の例は、減省の解文一枚と民部省《みんぶしょう》米五百石の解文一枚を、奏□に入れなければならない。国司《こくし》〈権左中弁経頼。〉が、切々と申させた。身は弁官として、□難いことを申したものである。但し、二枚を奏に入れた例、および越勘の国司が減省を申請した例は、前例を□□、入れるよう、大弁に命じた。大弁は座を起ち、

陣の腋に向かった。□□座に復して云ったことには、「公親朝臣が、奏報を文殿《ふどの》に取り遣わしました」と。□□、公親に問うたところ、申して云ったことには、「前司を差し措いて、越勘の宣旨が有ったので、減省を申請した国は、近きはつまり遠江《とおとうみ》の（源）忠重《ただしげ》〈前司は（藤原）慶家《よしいえ》。〉、遠きはまた、周《す》防《おう》の□親〈前司は（海《あまの》）近澄《ちかずみ》。〉でした。また、許されなかった時も有りました。一国に減省の解文が二通あった例では、通例の減省と重ねての減省の解文を、並んで入れていません。通例の減省に民部省の白米の減省を加えて奏に入れたことは、先例が有ります」ということだ。私が答えて云ったことには、「一国に解文二枚を奏に入れるのは、穏かな事ではないのではないか。そうとはいっても、先例が有るについては、入れさせても何事が有るであろうか。また、伊勢などの三箇国は、同じく奏報を見て、申請させたものである」ということだ。日は漸く夜に臨んだ。雨脚は、いよいよ密であった。再三、奏事を督促した。続文《つぎぶみ》が未だ揃っていなかったので、しばらく遅引《ちいん》した。左頭中将朝任朝臣が、季御《きのみ》読経《どきょう》を定めるよう、伝え仰せた。日時を勘申させるべき事、文書を揃えて控えるべき事を、右中弁章信朝臣に命じた。酉剋、左少史斉通が、奏文を挿して、北に渡った。次いで私が南座に着した。左大弁朝経が座に着した。□□、例はある。斉通は奏文を挿し、宜陽殿の壇上に伺候した〈雨儀《うぎ》。〉。私は□。称唯して、奏を奉ったことは、通常のとおりであった。開き見た頃は、深夜であった。主殿寮を召したが、未だ参って来なかった。そこで随身が続松《つぎまつ》を執った。その後、主殿寮が燎を執った。文書を見終わった〈伊勢の通例の減省、三河《みかわ》の通例の減省、上総の減省、近江の通例の減省、同国の民部省の米の減省、因幡国の通例の減省、西寺《さいじ》が申請した労《ろう》分の読師《どくし》、延暦寺《えんりゃくじ》が申請した講師《こうじ》、積善寺《しゃくぜんじ》が申請した講師。〉。元のように結んで〈片結び。〉、斉通に下給した。斉通が申したことには、「揃えるべき文書は九枚」と。次いで権左□□□□を介して関白に内覧させた〈膝突に召して、内覧するよう命じた。〉。その次いでに、□国の減省の例、および文書を遅れて揃えたので、夜に入ったということを申させた。しばらくして帰って来て、関白の仰せを伝えて云ったことには〈関白は直廬にいた。〉、「減省を申請した国々は、先例が有るのであるから、何事が有るであろう。また、夜に入っている事情は、これを承った」と。すぐに伺候しているということを奏上させた。この頃、風雨が交っていた。炬火《きょか》は静かではなかった。時剋が推移した。経頼が召した。すぐに紫宸殿の北廂《きたびさし》を経て、射場の廊に参った〈南面して立った。〉。斉通は紫宸殿の下から来て、□□の前に跪いた。書杖を取り直して、これを奉った。笏を挿んで、書杖を執り、参上した。奏を奉り、および束ね申す儀は、両度の作法と同じであった。退下したことも、また恒例のとおりであった。射場の廊に到り、文書および杖を返給したことも、通例のとおりであった。始めの道を経て、陣座に復した。次いで大弁が座に着した。次いで斉信が膝突に進んで、奏文を奉った。これを取った。これを開いて、先ず表紙を給わった。次いで一々、文書を給わった〈納言の申文と同じであった。〉。斉通は、一枚毎にこれを開いて、見せた。命じて云ったことには、「申したままに」と。これは皆、許された文書である。毎度、称唯した。成文を申さなかった。これを巻いて、文書を杖に加え、起とうとした。大弁及び中納言道方卿が、咳で示した。ところが一切、覚悟しなかった。そこで無理に結緒を給わった。この際、あれこれはこれを伝えた。そこで更に文書を開き、成文を申上した。終わって、退出した。過失はもっとも甚しかった。御《み》読経《どきょう》の日時について、章信朝臣に問うたところ、申して云ったことには、「陰陽寮は、来月二十六日を勘申しました」と。私が云ったことには、「日は甚だ遼遠《りょうえん》である。勘文を奏上するわけにはいかない。十八日は、八専《はっせん》の間日《まび》である。どうして勘申しなかったのか」と。事情を陰陽寮に問わせようとした。退出した。本来ならば僧名《そうみょう》を定め申さなければならない。ところがその日は、はなはだ遠い。仰せに随って定め申すということを、章信を介して申させた。おっしゃって云ったことには、「後日、定め申すように。十八日は、御仏名《ぶつみょう》会《え》の間である。二十六日から御読経を行なっても、何事が有るであろう」ということだ。仰せを奉った後、退出した。亥の終刻であった。

二十九日、庚子。　奏報の誤脱／斉通を勘事に処す／諸卿、西北院に参会

左少史斉通が、奏報を進上した。出雲《いずも》の読師の前任の名を書き落としていた。そこで返給して、その名を記させた。退去した。しばらくして、新たに書いて、進上した。昨日は礼を失し、今日は書き誤った。事は既に重畳《ちょうじょう》である。恐懼《きょうく》に処させるよう、左大弁の許に示し遣わした。仰せ下すという報が有った。

宰相が来た。すぐに禅室に参った。夜に入って、重ねて来て云ったことには、「関白・内府、及び卿相が、多く新造の堂に会しました」と。

備中守《びっちゅうのかみ》(藤原)済家《なりいえ》が、禅室の北方《きたのかた》(倫子)の使として云ったことには、「明後日□、参り訪ねるように」ということだ。謹んで承ったということを報じておいた。公親朝臣を召し遣わし、雑事を命じた。また、斉通が礼を失した事を伝えた。

○十二月

一日、辛丑。　石塔造立供養

石塔供養《せきとうくよう》は、恒例のとおりであった。伯州《はくしゅう》(藤原資頼《すけより》)の解文《げぶみ》を(源)懐信朝臣《かねのぶあそん》に託して、禅室《ぜんしつ》(藤原道長《みちなが》)に奉った。但し、下官(実資)が奉ったということを申させなかった。ところが、御返事が有った。忙しい間に、もっとも悦びとするということであった。関白《かんぱく》(藤原頼通《よりみち》)に奉る解文を、(藤原)俊家《としいえ》に託した。宰相(藤原資平《すけひら》)が、夜に入って、来て云ったことには、「御堂《みどう》(道長)に参りました。今日、習礼《しゅうらい》のようなことが行なわれました。台□、幄《あく》と幔《まん》を立てました。卿相《けいしょう》が参会しました」ということだ。

二日、壬寅。　源倫子、西北院供養

今日は禅室の北方《きたのかた》(源倫子《ともこ》)の堂供養《どうくよう》の日である。先日の御書状によって、参入しようと思った。雨脚が止まなかった。そこで定基僧都《じょうきそうず》の許に問い遣わした。その報に云ったことには、「今日の法会《ほうえ》は、申剋に至るまで待つことにします。晴気《せいき》が有れば、ただ啓白《けいびゃく》と行道《ぎょうどう》だけを遂げ、他の事は、明日、行なうことになるでしょう。もしも終日、晴気が無ければ、今日は思い懸けることはできません。この事情を伝えて啓上《けいじょう》させなければなりません」ということだ。猶予していた間、重ねて示し送って云ったことには、「今日は停止《ちょうじ》することにしました。明日、早く始めることにします」ということだ。そこで参り向かわなかった。両宰相〈資平・藤原経通《つねみち》〉が来た。停止するということを聞いたとはいっても、参入するのである。夜に入って、宰相が来て云ったことには、「御堂の供養については、今日、ただ大僧都《だいそうず》慶命《きょうみょう》を招請して、開眼《かいげん》されました。願主《がんしゅ》〈倫子〉の誦経《ずきょう》が行なわれました。明日、音楽などが行なわれることになりました」ということだ。今日の僧の食膳を調備した。高坏《たかつき》十二本を送り、打敷《うちしき》・机二十前《ぜん》・手作布《たづくりのぬの》五十端《たん》を加えた。使が帰って来て云ったことには、「法性寺座主《ほっしょうじざす》僧都慶命に送りました」と。

三日、癸卯。　斉通を宥免／西北院供養第二日道長の興言／不断念仏を始む／天智天皇国忌

左《さ》少史斉通《しょうしただみち》は職務に従うようにとのことを、左《さ》大弁《だいべん》〈藤原朝経《あさつね》〉の許に示し遣わした。今日、昨日、供養した堂〈金色の阿弥陀仏《あみだぶつ》五体を安置した。〉に於いて、仏事《ぶつじ》を修した。「音楽を挙げた」と云うことだ。そこで未剋の頃、参り向かった。両宰相が従った。上達部《かんだちめ》は、堂の前後に着した。参り到り、すぐに堂前《どうぜん》の座に加わり着した。禅閤《ぜんこう》〈道長〉も、同じく堂前に着した〈仏前《ぶつぜん》の北。卿相は南。この堂は、東面している。〉。大僧正済信《だいそうじょうさいしん》と僧正院源《そうじょういんげん》は、仏面《ぶつめん》の左右にいた〈大僧正が北。〉。堂内の荘厳《そうごん》は、優であった、美であった。堂前の左右に高座《こうざ》を立て、階に当たって、礼盤《らいばん》を立てた。また、庭の左右に百口《く》の僧の座の幄を立てた〈その座は三重。〉。また、庭中《ていちゅう》に舞台を構築した。舞台の上の左右に、机二脚を立てた〈火《か》舎《しゃ》を置いた。〉。庭前の左右に机二脚を立てた〈花筥《はなばこ》を置いた。〉。講師《こうじ》大僧都慶命と読師《どくし》大僧都扶公《ふこう》は、輿《こし》に乗って、講師と読師の前にいた。「獅子《しし》・菩薩《ぼさつ》・鳥童《とりわらわ》の前で、音楽があった」と云うことだ。講師と読師は、先ず礼盤に着して、礼仏《らいぶつ》を行なった。次いで高座に着し、伝供《でんく》した。諸僧が座に着した。堂童子《どうどうじ》が花筥を頒《わか》った。「大行道《だいぎょうどう》の式次第は、詳しく記さない」と云うことだ。左頭中将《さとうのちゅうじょう》（源）朝任《あさとう》が講師の高座の辺りに就いて、度者《どしゃ》を給うということを伝えた〈事は遅々とされていた。時剋は多く移った。思い出して、追って□□。〉。讃衆《さんしゅ》・梵音衆《ぼんおんしゅ》・錫杖衆《しゃくじょうしゅ》が、舞台に進み立った。供養は通例のとおりであった。また、朝廷および宮々・家の子の諷誦《ふじゅ》が有った。先ず本家の諷誦を修した。次いで朝廷。順番は、云々。「朝廷および宮々の使に物を被《かず》けた」と云うことだ。「法華経《ほけきょう》百部と阿弥陀経《あみだきょう》を供養した」と云うことだ。講師と読師が、夜に臨んで、退下した。禄が有った。これより先に、諸僧に禄が有った。僧綱《そうごう》に物を被けた。凡僧《ぼんそう》は桑糸〈紙に包んだ。〉。講師と読師は、輿に乗って帰るべきであろうか。夜に入っているので、乗らなかったのか、如何か。証誠《しょうじょう》の禄は、大納言《だいなごん》（藤原）頼宗《よりむね》と中納言《ちゅうなごん》（源）道方《みちかた》が、これを執った。秉燭《へいしょく》の後、舞童《まいのわらわ》が舞台に進んだ。確かに見えなかったので、庭前に於いて舞わせた。高座と礼盤を舁き退かせた。また、舞台と庭中の机を撤去させた。六曲を舞った〈大唐楽《だいとうがく》が三、高麗楽《こまがく》が三。皆、これは童舞《わらわまい》である。陵王《りょうおう》と納蘇利《なそり》が、この中にあった。〉。舞毎に、五品《ごほん》の者が禄を執って、これを被けた。また、禅室及び両僧正・入道親王《にゅうどうしんのう》（性信《しょうしん》）〈三条《さんじょう》院の四親王。大僧正の弟子。晩に臨んで、仏前に出居《でい》を行なった。〉、及び関白・私・内府（藤原教通《のりみち》）が、衣を脱いで、舞童に下給した。舞毎に、卿相や殿上人《てんじょうびと》が、序列どおりに衣を脱いで、下給した。晩に臨んで、輿に乗ったことは、重畳《ちょうじょう》であられた。禅室は、度々、衣を脱いだ。その興言《きょうげん》によって、関白以下が、また脱いだ。私も同じく脱いだ。その興言に云ったことには、「右大臣（実資）は、必ず納蘇利に脱がれるか。内大臣（教通）は、先ず陵王に被けるように」ということだ。その事は、関白が左大臣であるからである。そこで陵王に被け、私は納蘇利に下給した。左右の次将が、相分かれて衣を脱いだことは、算が無いようなものである。「大僧正は、初め横被《おうび》を下給された。次いで袈裟《けさ》を被けられた」ということだ。「後日、返献《へんけん》することになっている。その次いでに、物を与えることとする」と云うことだ。阿弥陀堂《あみだどう》の供養の時、この儀が行なわれる。堂前に於いて、湯漬《ゆづけ》を準備することが有った。儀が終わって、禅閤が来て進み、参り訪ねた事を謝された。亥の初剋の頃、各々、分散した。参会した卿相は、左大臣〈関白。〉、私・内大臣、大納言（藤原）斉信《ただのぶ》・（藤原）公任《きんとう》・（藤原）行成《ゆきなり》・頼宗・（藤原）能信《よしのぶ》〈妻の病によって遅参《ちさん》した。すぐに退出した。〉、中納言道方、参議《さんぎ》（藤原）公信《きんのぶ》・経通・（藤原）通任《みちとう》・○（資平）、右三位中将《うさんみちゅうじょう》（藤原）兼経《かねつね》、参議（藤原）定頼《さだより》。

不断念仏《ふだんねんぶつ》を明朝から始める〈禅閤およびあれこれが議して云ったことには、「三箇日。六日の夜に終わることとする」と云うことだ。〉。

今日は宜しくない日である。昨日、誠に仏事を始めたとはいっても、また更に不吉《ふきつ》の日である。「不断念仏を行なうには不快である」と云うことだ。諸人の意向も、このようであった。

昨日、大行道を行なわれるべきであったか。また、今日は国忌《こき》の日である。楽を挙げられたのは、如何なものか。先例は無いのではないか。もっとも怪しむべき事である。

四日、甲辰。　不断念仏の装束、美麗

宰相が来て云ったことには、「三箇日の間、上達部と殿上人は、優美な宿直装束《とのいしようぞく》を着して参入することになりました」と云うことだ。「東塔《とうとう》・西塔《さいとう》・横川《よかわ》・三井寺《みいでら》の念仏僧《ねんぶつそう》の装束《しようぞく》は、善を尽くし、美を尽くしました」と云うことだ。「四番を結び、不断に念仏を行ないました」と云うことだ。

五日、乙巳。　近江守、失符を申す

宰相が云ったことには、「昨日、関白以下は御堂に参会しました。念仏僧の装束は、綾羅《りようら》や錦繡《きんしゆう》を衣裳としていました。上達部の直衣《のうし》も、はなはだ鮮明でした。未だこのようなことは有りません」ということだ。

左少史斉通が、今日、また奏報《そうほう》を進上した。「前日、進上した奏報は、奏を記し付けなかった」ということだ。そこで勘事《かんじ》に処した後、改めて書き、進上したものである。奏報を進上したことは、すでに三箇度に及ぶ。もっとも奇怪とするに足る。左大史《さだいし》(但波《たんばの》)公親朝臣《きんちか》を召し遣わした。晩に臨んで、参って来た。前に召して、雑事を命じた次いでに、官奏《かんそう》を行なう日を仰せ定めた。大略、九日である。先ず官奏を奉仕し、後に去年の不堪佃田《ふかんでんでん》を定めることとする。その日、状況に随って、先ず文書《もんじよ》を申させなければならない。近江国司《おうみこくし》(源経頼《つねより》)が、失符《しつぷ》を申したのである。失符は一上《いちのかみ》に申す。ところが、関白左大臣の御譲りによって、申上させなければならないのである。先日、法会所《ほうえしょ》に於いて、伝えられたところである。先日、また権左中弁《ごんのさちゅうべん》経頼を介して、伝えられたところである。そこで経頼が失符について申したのである。

六日、丙午。　不断念仏結願童舞を御覧

両宰相が来た。すぐに禅室に参った。念仏は今夜、結願《けちがん》する。また、「童舞を叡覧《えいらん》に備えるということが有った」と云うことだ。歳暮《せいぼ》に事が多い。

七日、丁未。　不断念仏結願／不堪佃田定の為、諸卿を催す

宰相が云ったことには、「昨日、亥剋の頃、御堂の念仏が結願しました。関白以下が、皆、参りました。管絃《かんげん》が有りました。本家および宮々・関白は、請僧《しょうそう》の布施《ふせ》を行なわれました。饗饌《きょうせん》が有りました。この頃、雨脚が頻りに降りました。念仏・管絃の際、膳を供する際、禄を下給する際、喧嘩《けんか》はもっとも甚しいものでした」と云うことだ。

晩方、内供《ないぐ》(良円《りょうえん》)が来て云ったことには、「君達法師《きんだちほうし》は、他の僧と別に坐します。前僧都《さきのそうず》永円《えいえん》は、僧綱の座に交わらず、ただ君達法師の座の上首《じょうしゅ》に坐りました。尋円《じんえん》僧都と尋光《じんこう》僧都は、交わり着しました」と云うことだ。

明後日、議定《ぎじょう》が行なわれることになっている。諸卿を催促するよう、外記《げき》(安倍)祐頼《すけより》に命じた。但し、権大納言《ごんだいなごん》行成と皇太后宮大夫《こうたいごうぐうだいぶ》道方は、必ず参るよう、加えて伝えることとした。不堪佃田について定めることになっているからである。大弁を経た人は、この議定に預からなければならないのである。

九日、己酉。　陣申文／伊勢減省の失誤／官奏／不堪佃田定／朝拝を行なうため、八省院の堂・廊を修造

諷誦を清水寺《きよみずでら》に修した。早朝、外記祐頼は、今日の上達部が参っているかどうかについて申した。左大史公親朝臣が参って来た。今日の官奏について命じた。大外記《だいげき》（小野）文義《ふみよし》朝臣を前に召し、雑事を命じた。未剋の頃、内裏に参った〈宰相は車後《くるまじり》に乗った。〉。皇太后宮大夫〈道方。〉と左大弁朝経が、陣座《じんのざ》に伺候していた。申文《もうしぶみ》の儀を行なった〈右大史《うだいし》（坂合部《さかいべの》）貞致《さだむね》。〉。伊勢の白米の減省《げんせい》は、前司《ぜんじ》（藤原）孝忠《たかただ》の任例《にんれい》を継がず、（藤原）為度《ためのり》と（藤原）時貞《ときさだ》の任例を継いでいた。これは、孝忠・（藤原）通雅《みちまさ》・（中原）致時《むねとき》の前司である。そこで左大弁に伝えた頃、貞致が称唯《いしょう》した。不覚のようなものである。座にいた卿相は、頤《あご》が外れるほど笑った。（藤原）兼資《かねすけ》は久しい家人《けにん》である。ところが、続文《つぎぶみ》を誤ったのは、何としよう。謗難《ぼうなん》が有るであろうからである。

蔵人《くろうど》（藤原）章信《あきのぶ》が、関白の書状を伝えて云ったことには、「定め申させなければならない事が有る。只今、中宮大夫《ちゅうぐうだいぶ》〈斉信。〉・按察大納言《あぜちだいなごん》〈公任。〉・権大納言〈行成。〉を召し遣わした」ということだ。すぐに外記祐頼に命じておいた。権大納言は、今日、参入するということを申した。ところが、今になっても参らない。そこで重ねて、早く参るよう、伝えさせた。官奏が行なわれた。左右大弁〈道方・定頼〉が奏を見た頃、日はすでに暮れようとしていた。内覧《ないらん》が終わって、奏上し申させた〈権左中弁経頼。〉。

深夜、召しが有った。参上した頃、燭《しょく》を秉《と》った。左少史（宇治《うじの》）忠信《ただのぶ》が、奏に伺候した。御前の儀は、通常のとおりであった。陣座に復した。忠信が奏を奉った。先ず表紙《おもてがみ》を給い、一々、文書を給わった。因幡《いなば》国の後の不堪佃田文《ふかんでんでんぶん》二枚。命じて云ったことには、「前年の例によって、使を遣わすことを停め、三分の二を免じる。他の文書は、申したままに」と。成文《なりぶみ》を申上し終わって、結緒《ゆいお》を給わった。内大臣、大納言頼宗・能信、中納言（藤原）実成《さねなり》・道方、参議経通・通任・朝経・○（資平）・（藤原）広業《ひろなり》・定頼が、陣座にいた。後に聞いたことには、「内府と能信卿は、仁寿殿《じじゅうでん》の辺りに進んで、官奏の儀を見た」と。去年の不堪佃田を定めた。史が去年の解文および目録の筥《はこ》を進上した。硯を宰相の座に置いた。私は先ず目録を見た。次いで大略、解文と坪付《つぼつけ》を見た。筥のまま、順番に見下した。更にまた、逆に上げた。私が云ったことには、「皇太后宮大夫の前に留めるように〈大弁を経た人が開いて見る。弁と読み合わせる。〉」と。そこで更に下した。左大弁が執筆《しゅひつ》を勤め、これを書いた。終わって筥に納め、逆に上げた。私が見た。終わって、納めたまま〈解文・坪付・目録・定文《さだめぶみ》を合わせて納めた。〉、史に下給した。また、筥を撤去した。中宮大夫・按察《あぜち》（公任）・権大納言は、障りを申して参らなかった。章信朝臣を介して、関白に申させた。報じて云ったことには、「御元服《げんぷく》の後、年紀《ねんき》が多く改まったが、未だ朝拝《ちょうはい》を行なわれていない。明年、行なわれるべきであろうか。八省院《はっしょういん》は、延禄堂《えんろくどう》を未だ葺《ふ》いていない。東廊《ひがしろう》二十余間は顚倒している。これについては、如何であろうか」と。僉議《せんぎ》して云ったことには、「御元服の後、早く行なわれなければならない事である。但し、延禄堂は破壊し、東廊は顚倒している。初めて朝堂院《ちょうどういん》に臨幸《りんこう》し、大儀《たいぎ》を行なわれるのは、如何なものか。格別な時期が有るのならば、何事が有るであろう。八省院の堂や廊を修造し終わった後に行なわれるのが宜しいのではないか」と。章信を介して申させた。すぐに御書状に云ったことには、「聞いた。定め申したところは、そうあるべきである」ということだ。深夜、退出した。後日、伝え聞いたことには、「左頭中将朝任が禅室に参って、この議定について申した。おっしゃって云ったことには、『東廊が顚倒している。この廊を奏賀《そうが》の宿所《しゅくしょ》とする。その以北の廊は、次席の人々の宿所である。朝拝を行なわれないのが、宜しい事である』ということであった」と。

十日、庚戌。　随身に衣服を下給／奏報の誤字を訂正

随身《ずいじん》の衣服を下給した〈府生《ふしょう》は緑衫《ろうそう》の絹四疋と綿一屯、番長《ばんちょう》は絹三疋と綿一屯、近衛《このえ》は二疋と一屯。〉。早朝、史忠信が奏報を進上した。長和《ちょうわ》の「和」の字を落としていた。そこで返給し、書き入れさせた。

十一日、辛亥。　道長、申文・官奏を評価／倫子、西北院供養参会を謝す

李部宰相《りほうさいしょう》（広業）が来て、談って云ったことには、「一昨日の官奏について、今日、禅室に申しました。伊勢国の減省の謗難は、もっとも道理に当たります」ということだ。禅室の北方が、修理《しゅり》大夫《だいぶ》（源）済政《なりまさ》を介して、先日の堂供養に来訪したことの悦びを伝えられた。夜に入って、宰相が来て云ったことには、「禅室に参りました。おっしゃって云ったことには、『先日の伊勢国の減省の謗難について、これは能く難じたものである』ということでした。『官奏が夜に臨んだことは、はなはだ便宜《びんぎ》がないものである』ということでした」と。皆、これは大弁の懈怠《けたい》である。

十二日、壬子。　伊勢守の申文議定を命じられる

左頭中将朝任が、伊勢国司《こくし》〈兼資。〉の申文を下給した。おっしゃって云ったことには、「定め申すように」ということだ。これは先日、難じた文書の事である。内々に関白が云ったことには、「前司孝忠に問うて定め申すようにとのことである。考えるに、諸卿が申したものか」ということだ。孝忠は鎮《ちん》西《ぜい》にいる。私が思ったところは、代々の不与状《ふよじょう》を対検《たいけん》して定め申すべきであろう。また、おっしゃって云ったことには、「明日、参入して、定め申すべきであろうか」と。またおっしゃって云ったことには、「明日、参入して、御読経《みどきょう》について定め申すように」ということだ。関白が云ったことには、「(安倍)吉平《よしひら》朝臣が云ったことには、『十八日の他には、また吉日《きちにち》はありません』ということだ」と。先日、二十六日を勘申《かんじん》したということを、章信朝臣が申したところである。今、この趣旨が有った。驚き怪しんだことは少なくなかった。明日、参るよう、左右大弁の許に云い遣わした。「左大弁は病悩が有ります。右大弁《うだいべん》(定頼)は参入します」ということだ。去る春や夏の頃、南北の僧は多く死去した。外任《げにん》や死去は、綱所《こうしょ》に伝えて勘申させるよう、先日、左大弁に命じた。すぐにそのことを問い遣わしたところ、云ったことには、「公頼朝臣に伝えておきました。明日、陰陽寮《おんみょうりょう》を召して伺候させておかなければならない文書については、右中弁《うちゅうべん》章信朝臣に仰せ遣わしました」と。深夜、来て云ったことには、「明朝、参入して、詳細を伝えることにします」と。先

日の日時《にちじ》勘文《かんもん》について問うたところ、云ったことには、「吉平朝臣が勘申したものです。勘文はすでに揃っています。ところが、知らないということを申すのは、極めて奇怪な事です。事情を関白に申さなければなりません」ということだ。後日、章信朝臣が云ったことには、「（惟宗《これむねの》）文高宿禰《ふみたかすくね》が勘申しました。ところが思失《ししつ》していたということを申したものです」ということだ。

十三日、癸丑。　擬侍従・荷前定／季御読経定／定文の誤記を訂正／駒牽の上卿を辞す

大外記文義朝臣が云ったことには、「関白の御書状に云ったことには、『今日、元日の擬《ぎ》侍従《じじゅう》と荷前《のさきの》使《つかい》について定めるように』ということでした」と。午剋の頃、内裏に参った〈宰相は車後に乗った。〉。未剋、政務が終わった。中納言道方と右大弁定頼が、内裏に入った。はなはだ懈怠である。大納言能信と参議広業が参入した。外記順孝《のぶたか》を召して、荷前《のさき》の日時勘文を問うた。申して云ったことには、「中務省《なかつかさしょう》が未だ進上しません」ということだ。催促して遣わすよう命じた。この文書は、結政《かたなし》を申している。太政官《だいじょうかん》から外記に渡すものである。遅々としているので、先ず季御読経《きのみどきょう》について定めることとする。文書を進上するということを右大弁に命じた。この頃、外記（中原）師任《もろとう》が、御馬の解文が揃っているということを申した。しばらく控えているよう命じた。史が御読経の文書を進上した。綱所が、外任と死去の勘文を進上した。硯を宰相の座に据えた。右大弁がこれを書いた。参議資平が、納言の座に加わって着した〈定頼は四品《しほん》である。御読経の僧名《そうみょう》を書くので、上座に加わったことによるのである。〉。未だ書き終わらない頃、燭を秉った。書き終わって、私の許に進み、これを奉った。神護寺《じんごじ》の

「神」の字を誤っていた。僧名も、また誤っていた。そこで返給して、直させた。陰陽寮が勘申した日時の文〈今月十八日。時刻は巳・午剋。〉を、左少弁《さしょうべん》(藤原)義忠《よしただ》が進上した。定文と日時勘文を筥に納め、義忠を介して関白の許に奉った〈「里第《りてい》にいらっしゃった」と云うことだ。〉。この頃、元日の擬侍従および荷前使の例文を進上させ、中務省の解を加えて進上した〈荷前の日時の文。二十五日。〉。先ず擬侍従の定文を書かせた。次いで荷前使。一つの筥に加えて納め、右中弁章信朝臣を介して関白の御許に奉った。義忠が帰って来て云ったことには、「奏上するように」ということだ。そこで御読経の文を左頭中将朝任に託し、これを奏上した〈御物忌《ものいみ》であったので、章信朝臣を介して奏上させなかった。〉。すぐに返し賜わった。義忠を召して、日時勘文と僧名を下給した。先ず僧名、次いで日時の文を束ね申した。御読経の料物《りょうもつ》について命じた。先日、仁王会《にんのうえ》の分に貸し渡したということを申した。返し渡させるよう、命じておいた〈「つまりこれは、義忠朝臣が、あの時、仁王会の行事《ぎょうじ》であった」ということだ。〉。章信朝臣が帰って来た。奏上せよとの報が有った。左頭中将を介して、奏上させた。すぐに下給した。これより先に、御読経の例文を撤去させた〈元のように筥に納めた。〉。次いで擬侍従や荷前の定文、日時の文および例文を一つの筥に加えて納めた。外記を召して、下給した。大外記文義朝臣を召し、駒牽《こまひき》の解文は、他の上卿《しょうけい》に申すよう命じた。心神《しんしん》がはなはだ悩《や》んでいたからである。

御読経の定文は、権少僧都《ごんのしょうそうず》実誓《じつせい》の下に前少僧都《さきのしょうそうず》心誉《しんよ》を書いていた。あれこれが云ったことには、「心誉は、宣旨《せんじ》によって、本座に着した」と。その宣旨によって、前後を下して、書いたものか。ところが、座に着す序列は、年﨟《ねんろう》によらなければならない。「但し僧綱は、補任《ぶにん》の順序によって書き、着す座は、﨟次《ろうじ》によって着す」ということだ。そこで旧い定文に任せて、これを書いた。その後、少僧都《しょうそうず》に任じられた者は、懐寿《かいじゅ》・定基・永昭《えいしょう》・明尊《みょうそん》を心誉の下に書いた。このことを、義忠を介して定文を奉る次いでに、関白に伝えさせた。そうであるとの報が有った。事情を知らない人が、違濫《いらん》したところであろうか。十六日、伊勢国司が申請した事を定めることとなった。諸卿を参らせるよう、大外記文義朝臣に命じた。また、為度以後のあの国の不与状と実録帳《じつろくちょう》を、勘解由使《かげゆし》に進上するよう伝えることを、右中弁章信朝臣に命じた。十六日の議定に備える為である。

御馬の解文を、中納言道方が奏上した。私が退出した後に奏上すべきであったか。参議広業が留まって伺候した。御馬を分け取ったのか。深夜、出納《すいとう》が来た。申させて云ったことには、「左頭中将が仰せを伝えて云ったことには、『明日、天皇は音楽を聞かれることとなった。参入するように』ということでした」と。出納が来て、伝えるのは、未だ聞いたことのない事である。

十四日、甲寅。　後一条天皇、西北院供養の童舞を御覧／舞人の賞の可否

今日は天皇が清涼殿《せいりょうでん》に於いて音楽を聞かれる日である。そこで急いで参入した〈宰相は車後に乗った。〉。これより先に、大納言能信が参入していた。ところが陣座に伺候していなかった。随身に時剋を見させた。申して云ったことには、「巳四剋」と。東宮（敦良親王《あつなが》）が参上されることになっている。そこで宮（敦良親王）に参った。未だ御装束を着されていなかった。能信卿が参入した。侍所《さむらいどころ》に於いて談話した。しばらくして、関白が参られた。卿相たちが参入した。午の終剋の頃、天皇が参上された。弘徽《こき》殿《でん》の細殿《ほそどの》を経て、しばらく母后《ははきさき》（藤原彰子《あきこ》）の上御直廬《うえのおんじきろ》にいらっしゃった。関白、大納言頼宗・能信が、御供に供奉《ぐぶ》した。私及び大納言公任卿以下は、地上から伺候した。私は承香《じょうきょう》・仁寿・紫宸殿《ししんでん》を経て、殿上間《てんじょうのま》に参上した。諸卿が従った。関白は御前から出て、殿上間に伺候した。御前の儀は、母屋《もや》の御簾《みす》を垂れた。昼御座《ひのおまし》は通例のとおりであった〈御釼《みはかし》と御硯筥《すずりばこ》は、恒例のとおりであった。〉。東宮の御座は、御座の北の間にあった〈北隔《きたへだて》の御障子の下。但し御障子を放って、御簾を懸けた。〉。上達部の座は、叙《じょ》位《い》や除目《じもく》の時のようであった。滝口《たきぐち》の前に大鼓《おおつづみ》を立て、大鼓の後に鉾《ほこ》を立てた。楽人《がくにん》と舞人《まいびと》たち〈男は襲装束《かさねしょうぞく》を着した。童《わらわ》も同じ装束。〉の座は、承香殿の西壇および鼓の後ろにあった。また、特に絃管《げんかん》の召人《めしびと》の座が有った〈大鼓の西、遣水《やりみず》の西頭《にしのほとり》。〉。侍臣《じしん》の座は、南廊《なんろう》にあった。今日の儀は、往年の例によって行なわれたものか。母后は二間《ふたま》にいらっしゃったのか〈二間というのは、夜御殿《よるのおとど》の東廂《ひがしびさし》であるだけである。〉。関白が云ったことには、「東宮が参上した後に、諸卿を召すべきであろうか」と。関白が御前の座に着した。すぐに左頭中将朝任を介して、上達部を召した。私は先ず御前の座に着した。序列どおりにこれに着した。座席ははなはだ狭かった。そこで納言の他、宰相一人が座に伺候した。他は侍所に伺候した。主上《しゅじょう》（後一条《ごいちじょう》天皇）は朝任を介して、楽人を召した。徒跣《かちはだし》で御前を渡り、これを召したことは、臨時《りんじ》祭《さい》と同じであった。次いで乱声《らんじょう》を行なった。童一人が、鉾を執って進み出た。振り終わって、還り入った。また、二人が並んで出た。振り終わって、帰り入った。次いで参入音声《まいりおんじょう》を奏した。次いで童舞八曲〈大唐楽四曲、高麗楽四曲。〉があった。終わって、燭を秉った。更に男舞四曲が有った〈大唐楽二曲、高麗楽二曲。〉。この頃、公卿の衝重《ついがさね》を下給した。その後、しばらくして、御厨子所《みずしどころ》の御菓子を供した〈御台二本。大納言能信が陪膳《ばいぜん》を勧めた。〉。次いで皇太弟《こうたいてい》(敦良親王)の御膳の物は、高坏四本〈右頭中将《うとうのちゅうじょう》(藤原)公成《きんなり》が陪膳を勧めた。つまりこれは、春宮亮《とうぐうのすけ》で東宮の殿上人を兼ねる者が、益供《やくぐ》を勧めた。〉。舞が終わって、楽人を河竹《かわたけ》の北辺りに召した〈あらかじめ座を給わった。〉。侍臣は年中行事御障子《ねんじゅうぎょうじのみしょうじ》の所に伺候した〈御障子は、壁の下に立てた。〉。管絃の具を給わった。殿上間の階の下に於いて、上下の者が声を合わせた。皇太弟が退下した。私は参ろうとした。関白が云ったことには、「しばらく母后の上御直盧にいらっしゃるのではないか。参ってはならない」ということだ。そこで参入しなかった。御遊《ぎょゆう》は漸く闌《たけなわ》となった。公卿以下の禄を下給した〈上達部に御衣《おんぞ》、大臣に御下襲《したがさね》・半臂《はんぴ》・表御袴《うえのおんはかま》。他は云々。殿上人に疋絹《ひっけん》。召人は他所に於いて下給したのか。楽人と舞人は、楽が終わって、滝口の辺りに於いて下給したのか。〉。賜禄《しろく》の儀が終わって、主上は入御《にゅうぎょ》した。次いで諸卿が退下した。私は東宮に参った。諸卿が参入した。ところが、早く退下された。そこで退出した。今日、関白が云ったことには、「臨時の音楽の時の前例では、その道に長じた者を賞される。右近将曹多政方《うこんのしょうそうおおのまさかた》が、衛門尉《えもんのじょう》を申請している。ところが前例が無いのは、如何であろうか」と。私が答えて云ったことには、「前例では、兵衛尉《ひょうえのじょう》から衛門尉に任じます」と。また、云ったことには、「左兵衛府生《さひょうえのふしょう》大友成道《なりみち》を賞進《しょうしん》しなければならない。ところが、舞道の第一人者は政方である。その申請するところは、前例が無い。一緒に賞進させず、成道を抽賞《ちゅうしょう》するのは、如何なものか」と。私が答えて云ったことには、「次者を賞されるのは、便宜が無いのではないでしょうか。特に、『成道は、政方を殺害しようとしたということは、つまり政方が申したところである』と云うことです。政方及び子は、疵《きず》を蒙《こうむ》りました。未だ真偽を決せられていない間に、御前に於いて抽賞を行なうのは、天下が申すところが有るでしょう」と。関白は承諾した。そこで賞進することは無いであろうか。下官は、ただ世のために申したものである。今日、参入したのは、左大臣〈関白。〉、大納言斉信・公任・行成・頼宗・能信、中納言〈藤原〉兼隆《かねたか》・実成・道方、参議公信・経通・通任・資平、右三位中将兼経、参議定頼である。

十五日、乙卯。　信濃国の造殿富門覆勘文

明日の官奏について公親朝臣に命じた。度々の官奏は、夜に臨んだ。極めて便宜のない事である。そうであってはならないということを命じておいた。権左中弁経頼が云ったことには、「明日の不堪佃《ふかんでん》田《でん》は、大節《たいせつ》です〈近江。〉」と。伺候するよう答えておいた。左中弁《さちゅうべん》〈藤原〉重尹《しげただ》が、信濃《しなの》国司《こくし》〈藤原惟任《これとう》〉が申請した造殿富門《ぞういんぶもん》の覆勘文《ふっかんもん》を持って来た。私が答えて云ったことには、「納言であった時、造門・大垣《おおがき》について承って行なった。昇進した後は、格別な宣旨は無い。そこで奏を執らない」と。ところが、詞を加えて奏上するよう、伝えておいた。黙して返却するのは、奏達《そうたつ》し難いのではないか。

十六日、丙辰。　法性寺僧の慶賀、延引／官奏／不堪佃田和奏／荷前使改替／季御読経定／諸国申請雑事／藤原公季、太政大臣第二度上表

早朝、宰相が来て云ったことには、「法性寺座主の書状に云ったことには、『今日、僧たちが参入することにします。但し、先ず関白殿に参ってから、参ることにします』と」と。しばらくして、重ねて伝え送って云ったことには、「今日、関白は御物忌です。そこで参ることができません。二十五日に参入することにします」ということだ。「昇進の後、頻りに事の障りが有ります。慶賀《けいが》に来ることがありません」と云うことだ。

今日の官奏について、左大史公親朝臣に命じた。大外記文義朝臣が云ったことには、「荷前使は、左《さ》衛門督《えもんのかみ》（兼隆）が、去年、奉仕しました。右衛《え》門督《もんのかみ》（実成）が、今回は勤めることになりました」ということだ。先日の定は、思失した。そこで蔵人弁《くろうどのべん》章信朝臣を介して、関白に申させた。私は内裏に参った。宰相は車後に乗った。右大弁定頼が、陣の腋《わき》にいた。「奏書を見ました」と云うことだ。私は陣座に着した。その後、右大弁が陣座に着した。奏について問うたところ、「見終わりました」ということだ。早く行なうよう伝えた。すぐに座を起って、陣の腋に向かった。長い時間が経って、史貞致が奏文を挿して北に渡った。私は座を起ち、南座《なんざ》に着した。次いで右大弁が座に着して云ったことには、「奏す」と。私は揖礼《ゆうれい》を行なった。次いで史貞致が奏書を捧げて、小庭《こにわ》に控えた。私は目くばせした。称唯して膝突《ひざつき》に進み、文書を奉った〈去年の不堪佃田文。他の三枚を加えた。歳暮であるので、加えて奏上したのである。今朝、公親が五枚を加えるということを申した。もう二枚を止めるよう命じた。〉。見終わって、巻き結び、返給した。申して云ったことには、「揃えるべき文書は、若干」と。次いで権左中弁経頼を介して、内覧させた。帰って来て、云ったことには、「御物忌でしたので、見られませんでした。早く奏上してください」ということだ。すぐに奏し申させた。時剋が推移し、来て召した〈未剋。私が参入した時は、巳四剋であった。度々の奏は、夜に入った。早く参って督促させたのである。〉。参上した。その儀は、恒例のとおりであった。但し、束ね申した詞は、「去年の不堪佃田を、こう定め申した」と云うことだ。退下して、陣座に復した。大弁が座に着した。次いで史が文書を奉った。私は先ず表紙を給わった。次いで不堪佃田文〈中を結んだ。〉や目録を給わった〈一度に給わった。〉。貞致は、目録を開いて、見せなければならない。ところが徒《いたず》らに坐っていた。大弁及びあれこれ〈大納言公任・行成、中納言道方、参議広業が、陣座にいた。〉が、咳で示した。覚悟せず、長い時間、行なうことはなかった。わずかに思い出し、目録を開いて見せた。私が云ったことには、「諸卿が定め申したことによって行なえ」と。次いで一々、文書を給わった。給わるに随って、開いて見させた。伝えて云ったことには、「申したままに」と。文を巻き終わり、私は結緒を給わった。章信朝臣が関白の報を伝えて云ったことには、「左衛門督を止めて、右衛門督に改めるとの事は、承った。早く改めるように」ということだ。文義朝臣を召して、これを伝えた。申して云ったことには、「定文に改めて付すべきでしょうか」ということだ。私が云ったことには、「改め直すべきである」と。御読経の行事左少弁義忠朝臣を召して、辞書《じしょ》について問うた。申して云ったことには、「十六枚、有ります」ということだ。辞書を奉るよう命じた。史が進上した〈筥に納めた。内供・阿闍梨《あじゃり》・寺々の供僧《ぐそう》の文書を加えた。〉。また、硯を据えた。右大弁が座に着した。三位宰相《さんみさいしょう》が座を起って、納言の座に加わった。その後、右大弁が座に着した。欠請《けつしょう》を補した。私は辞書を読み上げた〈欠請に補することになった僧たちを、弁に命じて記し出し、硯筥に納めさせた。〉。書き終わって、進上し奉った。義忠を召して、これを下給した。束ね申した。筥と硯を撤去させた。内大臣が参入した。義忠が、御読経所が申請した雑物の奏を進上した。経頼朝臣を介して奏上させた。しばらくして、下給して云ったことには、「年料《ねんりょう》と率分《りつぶん》を、分けて給うように」と。すぐに義忠に下した。私は座を起ち、北座に着した。摂津国司《せっつこくし》〈橘〉儀懐《よしかね》と伊勢国司〈兼資。〉が申請した事を定め申した〈伊勢の白米の減省の事、時貞以後の状帳《じょうちょう》と実録帳を、勘解由使を召して、定め申した。通雅の時、この条を書き漏らした。また、主税寮《しゅぜいりょう》の勘文は、すでに正税《しょうぜい》の遺りは無い。当任の司は、塡進《てんしん》することができないのである。詳しく定文にある。摂津国司が申請した五箇条は、皆、前例がある。裁許《さいきょ》するよう、定め申した。〉。右大弁が執筆を勤めた。清書《せいしょ》することはできなかった。深夜に臨むことになるからである。今日、太相府《だいしょうふ》〈藤原公季《きんすえ》〉の上表《じょうひょう》〈第二度。〉は、大納言公任か行成が、勅答《ちょくとう》について行なうよう、定められた。ところが、左頭中将が壁の後ろに於いて、公任卿に伝えた。□□行成卿に伝えるよう承ったが、これを承らなかった。「行成が確執《かくしつ》したところである」と云うことだ。奇怪な事である。今日、参入した卿相は、内大臣、大納言公任・行成・能信、中納言道方、参議公信・経通・資平・広業・定頼。陣座にいた際、章信朝臣が宣旨一枚〈前日の覆奏《ふくそう》の文。〉を下した。すぐに同じ弁に下給した。すぐに右大弁定頼に下した。定め申した。また、長門国司《ながとこくし》〈藤原文隆《ふみたか》〉が申請した交替使《こうたいし》の文書を下給した。すぐに右大弁定頼に下した。定め申すよう、伝えておいた。

十七日、丁巳。

左少弁義忠朝臣が申させて云ったことには、「辞書は多く進上しました」ということだ。すぐに逢って、伝えて云ったことには、「昇進の後、家に於いて未だこのような事を行なっていない。今日は坎《かん》日《にち》である。初めて欠請を補すのは、便宜が無いであろう。先ずはとりあえず、僧たちに告げるように。明日、補すこととするのである」と。

十八日、戊午。　**秋季御読経始／東宮読経／彰子釈経／妍子仏名会／藤原斉信邸焼亡**

一昨日の定文を、右大弁は未だ持って来ていない。兼資朝臣が急いで申してきた。そこでその朝臣に命じ、書状を加えて、大弁の許に遣わした。すぐに摂津国と伊勢の定文を託して送ってきた。左頭中将の許に遣わした。左少弁義忠が、辞書を持って来た。前に於いて、欠請を補した。今日は秋季御読《しゅうきみど》経始《きょうはじめ》が行なわれる。そこで参入し、御前僧《ごぜんそう》を定めた。右大弁定頼に伝えて、文書を進上させた。史忠信が進上した。また、左少史斉通が硯を宰相の座に置いた。右大弁は私が伝えたところに随って、御前僧を書いた〈権大僧都扶公、権少僧都明尊・定基、権律師尋清《ごんのりつしじんせい》、凡僧十六口。〉。書き終わって、進上し奉った。私は見終わって、蔵人右中弁章信を介して奏上させた。すぐに下給した。行事の弁義忠を召して、下給した。束ね申した。僧の見参《げんざん》を問うたところ、二十余人が参入したということを申した。陰陽寮が初め勘申した発願《ほつがん》の時刻は、巳・午剋であった。また申して云ったことには、「未・申剋も吉い」ということだ。鐘を打たせるよう、義忠に命じた〈未一剋。〉。紫宸殿の堂童子を外記師任に問うたところ、申して云ったことには、「四人を戒めました」と。ところが、(源)恒規《つねのり》朝臣は、初めは参入するということを申していたが、重ねて催し遣わしたところ、「格別な故障が無いとはいっても、ただ参ることができないということを申しました」ということだ。申したところは奇怪である。確かに召し遣わすよう命じた。しばらくして、鐘を打った。前例では承明門《しょうめいもん》に懸ける。ところが、未だ懸けていなかった。事情を義忠に問うたところ、申して云ったことには、「御経の式次第が脱漏《だつろう》しています。図書寮《ずしょりょう》の下部《しもべ》が撰び整えた際、鐘を懸ける事を懈怠したのです」ということだ。私は始めから南座に着し、雑事を行なっていた。諸卿は陣座にいた。私は座を起って、参上した。諸卿も同じく参上した。下﨟《げろう》の中納言道方と右大弁定頼は、陣座に留まった。故三条殿《さんじょうどの》(藤原頼忠《よりただ》)が云ったことには、「紫宸殿に伺候しなければならない人を伝えない。大臣は直ちに参上し、ただ下﨟の納言と下﨟の宰相が留まる。但し上﨟《じょうろう》とはいっても、大弁は留まる」ということだ。今日、あれこれを伝えなかった。ただこのことを披露《ひろう》した。上達部の数は多かった。そこで御前の行香《ぎょうこう》の他の人は、皆、紫宸殿に伺候した。関白は殿上間に伺候した。私は御前僧が参っているかどうかを問わせた。「十人、参入しているとのことです」と云うことだ。出居が座に着した。次いで関白が御前の座に着した。次いで私・内大臣、大納言斉信・行成・頼宗・能信、中納言兼隆が、座に着した。この他、中納言実成・道方、参議公信・経通・通任・〇(資平)・広業・定頼は、紫宸殿に伺候したのか。初め道方は、紫宸殿に伺候した。そもそも上臈の数は多かった。実成は御前に伺候しなかった。後に紫宸殿に伺候したのか。問わなければならない。御前の行香が終わって、東宮の御読経〈秋季。〉に参った。私以下が参入した。秉燭の頃、発願した。帯刀《たちはき》が出居に伺候した。次いで上達部が御前の座に着した。次いで僧侶が参上した。行香が行なわれた。終わって、太后《おおきさき》(彰子)の御在所《ございしょ》に参った。今日、恒例の釈経《しゃくきょう》が行なわれた。少僧都永昭が奉仕した。弁才《べんさい》は微妙《みみょう》で、上下は随喜《ずいき》した。関白は御前の座に伺候された。卿相も同じく伺候した。座が狭かったので、下臈は伺候しなかった。法会が終わって、退出した。「今夜、皇太后宮《ごうぐう》(藤原妍子《きよこ》)の御仏名会《ぶつみょうえ》が行なわれる」と云うことだ。内大臣以下が参入した。二十二日に、当年の不堪佃田について定めるということを、右大弁に伝えた。また、その日、諸卿が参入するよう、大外記文義朝臣に命じた。

子剋の頃、中宮大夫斉信卿の家が、寝殿《しんでん》から火が起こって、焼亡した。高陽院《かやのいん》が近いので、参り向かった。宰相は車後に乗った。関白に対面した。権大納言行成が参会した。退帰した際、内府と遇って、車のまま、清談《せいだん》した。火事の間、雨脚は止まなかった。誠に天災と称すべきである。(川瀬《かわせの》)師光《もろみつ》朝臣を介して、あの大納言を見舞った。「その妻(藤原佐理女《すけまさのむすめ》)および中将(藤原長家《ながいえ》)の室は、車に乗って、(源)頼光《よりみつ》朝臣の宅に向かった」と云うことだ。

去月も、この事が有った。理運《りうん》の災であろうか。四位侍従《しいじじゅう》(藤原)経任《つねとう》が伝え送って云ったことには、「几帳《きちょう》と畳を送ってください」と。すぐに高麗端《こうらいべり》二枚と紫六枚を送った。すぐに返し送ったのである。

十九日、己未。　慈徳寺法華八講始／季御読経御前僧、改替

両宰相が来た。すぐに慈徳寺《じとくじ》に参った。今日、御八講始《みはっこうはじめ》が行なわれた。「関白と内府が参入した」と云うことだ。昨夜、長秋《ちょうしゅう》（斉信）の家が焼亡した。一塵も遺ることが無かったということは、右兵衛《うひょうえの》督《かみ》（経通）が談ったところである。「禅室は、車に乗って向かわれた」と云うことだ。左少弁義忠が来て云ったことには、「御前僧は、已講教円《いこうきょうえん》が辞退しました」ということだ。伺候することのできる僧を問うたところ、一、二人の内、阿闍梨真燈《しんとう》が宜しいであろうということを申した。伺候させるよう伝えておいた。

二十日、庚申。　道長、官奏の実資の作法を賞賛

明後日、不堪佃田定《ふかんでんでんさだめ》を行なうということを、左大史公親朝臣に伝えた。あの日は、天皇の御物忌である。また、御仏名始《ごぶつみょうはじめ》が行なわれる。諸卿は陣座に伺候し、不堪佃田について定めなければならない。丑剋を待って参上しなければならない。厨家《くりや》に湯漬を準備させておくよう、同じく公親朝臣に命じた。

連日、政務に従事し、老身は耐え難く、犬産を称して休んだ。この日からの穢《え》を称したのである。夜に入って、宰相が来て云ったことには、「禅室に参りました。雑事を談られた次いでに云ったことには、『先日、内裏に参った。密々に大将（実資）の官奏の儀を見た。はなはだ好く思量した。久しく一上として奉公すべき人である。横死《おうし》の怖れは有ってはならない。一条左相府《いちじょうさしょうふ》（源雅信《まさのぶ》）のようなものか。先日の伊勢の文書の謗難は、甚だ興が有った。あの日の諸卿の定は、また□□。代々の状帳や実録帳

によって、諸卿が定め申した。公事《くじ》はこのようなものである。甚だ感が有った』ということでした」と。

二十一日、辛酉。　**内裏放火／季御読経結願**

「昨夜、常寧殿《じょうねいでん》と淑景舎《しげいしゃ》との渡殿《わたどの》の上に、火が置かれました。人々が撲滅《ぼくめつ》しました」と云うことだ。奇怪な事である。鬼神《きじん》の□か。「勅計《ちょっけい》が有った」と云うことだ。左兵衛尉《さひょうえのじょう》(宮道《みやじの》)式光《しきみつ》が、同じくこのことを申した。犬の死穢《しえ》が有ったので参入しないということを、式光を介して左頭中将の許に示し遣わした。また今日、内(後一条天皇)と東宮の御読経が結願した。

左頭中将朝任が来た。立ったまま、逢った。摂津国と伊勢国の定文を下給して云ったことには、「諸卿が定め申したことによって、宣旨を下すように」と。子細は定文にある。

二十二日、壬戌。　**当年不堪佃田定／尾張国解の疑義／公卿分配定／御仏名会／内裏近辺、火事／伊勢・摂津の宣旨を下す**

定め申さなければならないことが有った。内裏に参った。内大臣、大納言行成・能信、中納言実成・道方、参議経通・朝経・○(資平)・定頼が参入した。内大臣・大納言能信・参議経通は、御仏名会であったので、天皇の御物忌に籠り候じていた。外記を介して、内府に申し達した。秉燭の後、陣座に着した。そこで南座に着した。事情を左大弁に伝えた。不堪佃田文を進上させた。史忠信がこれを進上した。また、硯を大弁の前に置いた。私はほぼ見た。順番に見て、更に逆に上げた。私が権大納言行成卿に目くばせし、その前に留めた。左大弁が筆を執って書いた。行成卿が云ったことには、「尾《お》張国《わり》の文書は、黄《き》勘文《かんもん》に疑いが有ります。今年の不堪佃田の数は、千町、減っています。ところが開《かい》発田《ほつでん》の数は、二段余りです。千町も減っているのは、随ってまた、開発がいくらか有るのでしょう」ということだ。その非難は、そうであるに違いない。そこで大弁に問うたところ、云ったことには、「太政官は、通例の数を思って、四千町を記しているでしょうか」と。解文は三千町を記している。事の疑いが有ったので、公親朝臣に問うよう命じた。大弁は座を起って、公親に問うた。すぐに座に復して、云ったことには、「解文は三千町を記すとはいっても、長年、四千町が有ります。そこで勘《かん》注《ちゅう》したところです」と。大納言〈行成〉が云ったことには、「太政官は、勘注すべきところは見えたものでしょうか」と。大略、□□文は誤っている。そうとはいっても、疑うところは多《た》端《たん》である。大弁が云ったことには、「この座の定に云ったことには、『去年の官《かん》符《ぷ》が定めた数によって、定め申すようにとのことである』と。通例によって定めたものです。この座は、決定は無かったのでしょう。そこで奏下の後に尋ね問われるべきでしょうか」と。述べたところは、そうあるべきである。そこで定《さだ》書《め》および解文の目録・勘文を加えて、束ね申した〈以上、筥に納めた。〉。その後、厨家が湯漬を供した。大臣の陪膳は、大外記文義朝臣が奉った。少納言《しょうなごん》〈藤原〉基房《もとふさ》が勧盃《けんぱい》を勧めた。本来ならば湯漬以前に勧盃を行なわなければならない。湯漬の後の献盃は、はなはだ懈怠である。右中弁章信朝臣が関白の命を伝えて云ったことには〈関白は御物忌に籠られている。〉、「上達部の分《ぶん》配《ぱい》は、もしかしたら定められるのか」ということだ。承ったということを報じておいた。大外記文義朝臣に命じて、前の分配の文書を進上させた。左大弁がこれを書いた。

鐘を打った。蔵人が事情を告げた。そこで内大臣・大納言能信・参議経通が参上した。候宿《こうしゅく》していたからである。「外宿《がいしゅく》の人は、丑剋を待って参るように」ということだ。この頃、「北東の方と南東の方に火事が有る」と云うことだ。大納言行成、中納言実成・道方は、急いで退出した。両所の火は、云々で、定まらなかった。分配の文書を書き終わった。章信朝臣を介して筥に納め、奏聞《そうもん》させた。すぐに返給した。前の文書を加えて、外記に返し賜わった。また硯を撤去した。時剋を問うたところ、「丑一剋」ということだ。そこで参上しようとした。「御仏名会の僧は退下した」ということだ。そこで退出した。

今日、伊勢国が申請した減省についての文書を右中弁章信朝臣に下給した。おっしゃって云ったことには、「諸卿の議定によれ」ということだ。先日の申文の儀の時、謗難が有って、留めたものである。今、裁許が有った。そこで奏に入れるよう、左大弁に命じた。また、摂津国司が申請した五箇条について、申請によって裁許した。同じく章信朝臣に下給した。

二十三日、癸亥。　焼失箇所

(平)孝義《たかよし》朝臣の宅〈四条《しじょう》。〉が焼亡した。今朝、(惟宗《これむねの》)貴重《たかしげ》朝臣を遣わして、見舞った。また、堀河《ほりかわ》以東・一条《いちじょう》以南・西洞院《にしのとういん》大路の東西の人家、また左近の馬場殿《ばばどの》が焼亡した。昨夜の火事は、これである。

「一条の桟敷屋《さじきや》は、火中にあるとはいっても、焼けなかった。万人は奇怪に思った」と云うことだ。召し仕っている織手《おりて》二人の宅も焼亡した。使者を遣わして、手作布を下給した〈永光《ながみつ》に五端、兼信《かねのぶ》に三端。〉。

二十四日、甲子。　荷前の上卿を辞す／仁和寺僧の慶賀遅引を怒る

明日の荷前については、本来ならば参入して、上卿を勤めなければならない。ところが、病悩が有って参入しないということを、大外記文義朝臣に伝えた。

按察大納言の書状に云ったことには、「明日、辞状を進上することにした。然るべき人がいなければ、蔵人弁章信に託して進上することとする」ということだ。

法性寺座主が、宰相に書状を送って云ったことには、「明日、関白殿に参るようにということについて、先日、命が有りました。今日、重ねて事情を取ったところ、(藤原)定輔《さだすけ》朝臣が報じて云ったことには、『明後日、参入することになりました。また、仁和寺《にんなじ》の僧たちは、同じくその日に参入することになっていますので、明後日、法性寺の僧たちが来ることになります』ということでした」と。去る七月に昇進した。今も慶賀に来ていない。誠に懈怠と称すべきであろう。

二十五日、乙丑。　御仏名出居の座で争論・格闘／荷前使の辞退／藤原公任、上表

右兵衛督が伝え送って云ったことには、「昨夜、出居の座の辺りに於いて、中宮亮《ちゅうぐうのすけ》(藤原)兼房《かねふさ》と少納言(源)経定《つねさだ》が小論し、経定の冠を打ち落としました。経定が兼房の冠を打ち落とした際、組み合って拏攫《だかく》し、放言《ほうごん》を叫びました。経定は陵轢《りょうれき》されました。父中納言道方は、その命を救うよう、再三、大納言能信卿に告げました。そこで御前の座を起って進み寄り、制止しました。更に恐れを憚らず、笏《しゃく》で両人の肩を打ちました。僅かに離れ去りました。各人の髪は乱れました。僧俗が見ました。怪しんだことは極まりありませんでした。兼房の父中納言兼隆と経定の父中納言道方は、涕泣《ていきゅう》しました。御仏名会が未だ終わらないのに、各々、退出しました」と云うことだ。未だこのようなことはなかった。ああ、悲しむべき世である。心有る人は、跡を晦《くらま》さなければならないのか。宰相が来て云ったことには、「連夜、御仏名会に伺候しています。はなはだ堪え難いのです。そこで病悩であることを申させて、荷前使を勤めません」ということだ。外記順孝が申させて云ったことには、「荷前使の権大納言〈行成。〉・左兵衛督《さひょうえのかみ》〈公信。〉・大蔵卿《おおくらきょう》〈通任。〉・皇太后宮権大夫《こうたいごうぐうごんのだいぶ》〈資平。〉が、故障を申しました」ということだ。伝えて云ったことには、「病悩が有り、参って行なうことができないということは、昨日、文義朝臣に伝えた」と。今日、参入している上臈の人が奉って行なうようにということを、同じく先ず命じておいた。左大史公親朝臣を召して、明後日、不堪佃田奏に伺候するよう命じた。京中は、連夜、放火がある。万民《ばんみん》は乱れているのか。法華経の説いたところに合っている。按察納言《あぜちなごん》(公任)が、夜に入って、伝え送って云ったことには、「章信朝臣を介して、辞状を上呈した〈辞状を作成した。〉。ところが、未だ返給しない。もしかしたら通例の作法によって、近衛次将《このえのじしょう》を介して、上表の儀のように返給するのであろうか。それならば、倚子《いし》を用いなければならない。倚子と土《つち》敷《しき》二枚を貸し送られたい」ということだ。李部《りほう》(広業)に託して廻らせた。

二十六日、丙寅。　法性寺僧、任大臣を賀す／公任に代わり平為幹の罪名勘文を奏す／為幹を優免／東宮仏名会

法性寺の僧たちが来て、丞相《じょうしょう》の慶びを賀した。宰相が束帯《そくたい》を着して行事を行なった。私は座主僧都〈慶命。〉に逢った。凡僧十人や三綱《さんごう》〈合わせて十三人。〉には相対しなかった。座を別所に設備した。座主の禄は大掛《おおうちき》一領《りょう》〈四位侍従経任が、これを取った。〉、凡僧の禄は疋絹〈紙に包んだ。朝大夫《ちょうたいふ》がこれを取った。〉。座主が云ったことには、「先ず関白殿に参りました。次いで来たものです。続けて内府に向かうことにします。先ず事情を太相府に取ったところ、御書状に云ったことには、『今日と明日は、固い物忌である』ということでした。そこで参入しません」と云うことだ。蔵人右中弁章信が、関白の御書状を伝えて云ったことには、「(平)為幹《ためもと》朝臣の罪名勘文は、按察大納言〈公任。〉が奏上することになっていた。ところが昨日、上表を行なった。すぐに返給した。申させて云ったことには、『勘文は未だ出て来ていません。明日、奏上することにします。ところが、堅固《けんご》の物忌に当たり、奏上することができません。これを如何しましょう。事情に随って処置することにします』ということだ。明日は立春である。今日の内に決定しなければならない。勘文が出て来れば、汝《なれ》(実資)を介して伝奏《てんそう》させようと思う」ということだ。この事は、意味がわからない。按察納言は、誠に堅固の物忌とはいっても、勘文を奏上させるのは、何の憚りが有るというのか。ところが、格別な御書状が有るのであるから、あ

れこれを申すわけにはいかない。そこでこの勘文を見たところ、拠るところが無いようなものである。軽重が分かれている。一つによるべきであろう。ところが、調度文書《ちょうどもんじょ》によれば、絞罪《こうざい》に処さなければならない。過状《かじょう》によれば、雑犯死罪《ぞうはんしざい》である。雑犯死罪は赦《しゃ》に会えば、今、減贖《げんしょく》しなければならない。「軽重は勅断《ちょくだん》によるように」ということだ。関白の御書状によって、伝奏させた。すぐに来て云ったことには、「関白の御書状に云ったことには、『明法家《みょうぼうか》の勘申した趣旨は、軽いようである。調度文書を下給して、ひとえに文書によって勘申すべきであろうか。ところが更にまた、過状を引いて勘申するのは、これを何としよう。もしかしたら諸卿に定め申させるべきであろうか。それとも位記《いき》を進上させて、位階を追うべきであろうか。この間、思い得ることができない。何としよう』ということでした」と。報じて云ったことには、「この事は、初めから承って行なったわけではないものです。随ってまた、詳細を知りません。今日、急に命によって伝奏したところです。あれこれ、勅定《ちょくじょう》によるべきです。ただ、明日は立春です。それ以後に凶事《きょうじ》を定められるのは、如何なものでしょう。今日、諸卿は参り難いのではないでしょうか。下官もまた、いささか病悩が有って、参ることができません。明法家の勘文に拠るところが無いのならば、そのことを伝えられて、勘文を返給し、文義と(大江)保《やす》資《すけ》を召し問われ、弁解するところが無ければ、過状を進上させ、当たるところの罪に処されるべきでしょう。そうした後、またその罪に従って、もしくは位階を追い、もしくは流罪《るざい》に処しても、何の難が有るでしょうか。勘文を用いられながら、勘文の他に為幹の位階を追われるのは、如何なものでございましょう。今年は革命《かくめい》の年に当たります。京畿内《きょうきない》・七道《しちどう》の疫死《えきし》は、算がありません。また、近来、火災が蜂起《ほうき》しています。もしかしたら明法家の勘状《かんじょう》によって行なわれては如何でしょうか」と。深夜、来て云ったことには、「関白の御書状に云ったことには〈もしくは勅語《ちょくご》か。〉、『申させたところは、もっともそうあるべきである』と。そこでおっしゃられて云ったことには、『法に任せて行なうように。ところが、明年は重く慎しまれなければならない。特に思われるところが有り、優免《ゆうめん》に従うべきである。今日の内に、原免《げんめん》するように』ということでした」と。すぐに章信朝臣に伝えた。つまりこれは、弁官また検非違使《けびいし》が、初めて承って行なったものである。密かに語って云ったことには、「この勘文の草案《そうあん》は、先ず禅門《ぜんもん》(道長)に覧せ、許容によって清書しました。今日の内に過状を返すのならば、『この過状は、公親朝臣の許にある』ということです。『今日、関白は禅室に参られて相談され、仰せ下されたものである』ということです。禅門が云ったことには、『明法家の勘文は、軽重の間が勘顕《かんけん》するのは、そうあるべきである』ということでした」と。この趣旨は、意を得ないものである。章信も同じく、このことを述べた。明法家の追従《ついしょう》のようなものであるばかりである。今日、宮(敦良親王)の御仏名会が行なわれるということを、春宮少進《とうぐうしょうじん》(藤原)資国《すけくに》が来て告げた。病悩が有ることを称した。これはまた、事実である。近日、時々、痢病《りびょう》がある。「資国は、ただ表衣《うえのきぬ》を着し、また笏を把らなかった」と云うことだ。礼節《れいせつ》を知らないのか。このことを春宮大進《とうぐうだいじん》懐信に伝えておいた。

二十七日、丁卯。　当年不堪佃田和奏／道長家読経結願

公親朝臣を召して、今日の官奏について命じた。今日は厄日《やくび》に当たる。ところが、当年の不堪佃田を奏上するので、無理に参入した。参入した頃、中納言道方が左衛門陣《さえもんのじん》に着した。私が参入するのを見て、座を起って砌《みぎり》の内に立ち、互いに揖礼を行なった。私に従って、内裏に入った〈敷政《ふせい》門から入った。雨儀《うぎ》の道を経た。〉。道方卿が云ったことには、「座を起つべきでしょうか。事情を知りません。また、晴に立つのは、同じく知らないものです」と。私が答えて云ったことには、「剋限《こくげん》はすでに過ぎている。内裏に入らなければならない」と。ところが、大臣が参入し、従って内裏に参る儀は、晴に立ってはならないのではないか。これより先に、右大弁定頼が参入していた。結政にいた。しばらくして、参入した。□二剋。はなはだ懈怠である。結政の時剋ではない。官奏について問うたところ、「未だ見ていません」ということだ。早く見るよう命じた。時剋は推移した。奏文を挿し、左少史忠信が北に渡った。そこで南座に移り着した。次いで大弁が座に着して云ったことには、「奏す」と。私は揖礼した。次いで史忠信が小庭に進んだ。私は目くばせした。称唯して、奏を奉った〈当年の不堪佃田文を加えた。〉。見終わって、巻き結び、返給した。申して云ったことには、「揃えるべき文書は、若干」と。退出した。右中弁章信を介して、内覧させた。長い時間が経って、帰って来て云ったことには、「奏上するように」と〈関白は里第にいた。御物忌である。「奏文を取り入れて、見た」と云うことだ。〉。そこで奏し申させた〈その詞に云ったことには、「奏がございます」と。〉。酉剋に臨んで、召しが有った。参上したことは、恒例のとおりであった。云々があった。陣座に復した。大弁が座に着した。史が奏を奉った。私は表巻紙《うわまきがみ》を給わった。次いで不堪佃田の解文および目録を下給した。史が目録を覧た。宣して云ったことには、「諸卿の定め申したことによって行なえ」と。次いで一々、文書を給わった。その度毎に差し寄せて見せ、宣したことには、「申したままに」と。終わって、成文を申上した。終わって、表巻紙を巻いた。終わって、結緒を給わった。史が退出した。次いで大弁が座を起って、壁の後ろに出た。この頃、随身が続松《つぎまつ》を執った。宰相が、禅門の御読経結願所から内裏に参った。私に従って退出し、私の車後に乗った。車中で云ったことには、「道方卿が禅門に申して云ったことには、『大臣が内裏に参った時、左衛門陣に着す人は、如何でしょう』と。権大納言行成も、同じくあの御前にいて云ったことには、『時剋が過ぎていれば、座を起ち、大臣に従って内裏に入るのが宜しいであろう事です』と。禅門も、同じくこのことをおっしゃられました」ということだ。下官の言ったとおりである。

二十九日、己巳。　彰子読経結願・仏名会／東宮に節器を進上

宰相が云ったことには、「今日、太后の御読経結願および御仏名会が行なわれます。そこで参入します」ということだ。東宮の仕所《つかえどころ》に節器《せつき》を進上した。

三十日、庚午。　右近衛府、節器を進上／解除奉幣／追儺

右近衛府《うこのえふ》が節器を進上した。宰相が来て云ったことには、「今夕、分配によって、大祓《おおはらえ》に参ることになりました」と。また、云ったことには、「昨夜、大后《おおきさき》(彰子)の御読経が結願しました。また、御仏名会が行なわれました。また、昨日、内府が官奏を奉仕しました」と云うことだ。夜に入って、解除《げじょ》を行なった。また、諸神に奉幣《ほうべい》した際、宰相が来て云ったことには、「大祓に参着しました。すでに散楽《さんがく》のようなものでした。御魂《みたま》を拝し奉りました」と。

亥の終剋、追儺《ついな》を行なった。

治安二年（一〇二二）

藤原実資六十六歳（正二位、右大臣・右大将） 後一条天皇十五歳 藤原道長五十七歳 藤原頼通三十一歳 藤原彰子三十五歳 藤原威子二十四歳

○正月

一日。（『局中宝』執柄参著仗座給事による） **小朝拝**

関白《かんぱく》左大臣〈宇（藤原頼通《よりみち》）。〉は、敷《ふ》政《せい》門を入って、陣座《じんのざ》に着した。奥・端に着すことは、分明《ぶんめい》ではないのか。

七日。（『蛙鈔』八・一乗車後事／『白馬奏』大内時大臣尚立軒廊例による） **白馬節会**

私は内裏に参った。右兵衛督《うひょうえのかみ》（藤原経通《つねみち》）が車後《くるまじり》に乗った〈頭中将《とうのちゅうじょう》（源朝任《あさとう》）。――――。〉。……

親族拝《しんぞくはい》が終わって、座に復した。次いで内府（藤原教通《のりみち》）〈左将軍。〉と私が退下した。共に軒廊《こんろう》に立った。内府は西に立ち、私は東に立った。本来ならば私が西に立たなければならない。ところが、内府が先ず下りて西に立った。そこで東に立った。また、私が退下した後に、内府が退下しなければならない。白馬奏《あおうまのそう》を持って来た。私が署した。左奏も、同じく署した。但し馬寮《めりょう》の頭《かみ》と助《すけ》は署さなかった。そこで御監《ごげん》が署した後、頭と助は左に署すよう命じた。頭と助が先に署す事は、私が定めたものである。内府は奏を取って参上した。続いて私が、奏を執って参上した。内府は内侍《ないし》に託して、座に復した。

内府が私の前〈私は東廂《ひがしびさし》の参議《さんぎ》の座の北東の方に留まり立っていた。〉を過ぎた際、進んで行って内侍に託し、座に復した。

二十七日。（『魚魯愚別録』八下・執筆予可用意事による）　**除目**

廻籍《かいせき》について外記《げき》に命じ、勘申《かんじん》させなければならない。ところが陣座に於いて大外記《だいげき》(小野)文義朝臣《ふみよしあそん》に命じたところ、申して云ったことには、「何年来、尋ね命じられることはありません。随って、見えるところはありません」ということだ。そこで第一の者が、また計って、これを給わった。

三十日。（『三槐抄』下・裏書・執筆人給酒肴於内記所事による）　**除目入眼**

今日、除目《じもく》の議が終わることになっている。そこで内記《ないき》に酒一樽《たる》および肴物《さかなもの》・土器《かわらけ》・炭を下給させた。「執筆《しゅひつ》の人の通例の事」ということだ。昨日、あの局の下部《しもべ》を召して、事情を問わせ、下給させたものである。また、申して云ったことには、「もし酒肴《しゅこう》を下給しない時は、米三石です」ということだ。「やはり酒肴を下給すべきでしょう」ということだ。

○二月

二日。　**宇佐八幡宮焼亡の事を定む**

未剋の頃、内裏に参った。諸卿が参入した〈内大臣(藤原教通《のりみち》)、大納言《だいなごん》(藤原)斉信《ただのぶ》・(藤原)公任《きんとう》・(藤原)行《ゆき》成《なり》・(藤原)能信《よしのぶ》、中納言《ちゅうなごん》(藤原)兼隆《かねたか》・(藤原)実成《さねなり》・(源)道方《みちかた》、参議(藤原)公信《きんのぶ》・(藤原)経通《つねみち》・(藤原)朝経《あさつね》・(藤

原）定頼《さだより》。〉。宇佐宮《うさぐう》が焼亡した事を定めた〈一昨日、大宰府解《だざいふげ》を給わった。昨年十二月二十四日の解文《げぶみ》に云ったことには、「昨夜の亥剋、火が西中門《にしちゅうもん》の炬火屋《きょかや》から出て、皆、焼亡した。御輿《みこし》を寄せて、御神体《しんたい》を御神殿《しんでん》に移し奉った。色々の神宝《じんぽう》を取り出し奉った」と云うことだ。この御神殿は、また土木の功を行なおうと思う。立柱《りっちゅう》し上棟《じょうとう》する日時を朝廷から勘申《かんじん》して下されるべきであろうか。〉。また、議定《ぎじょう》の際、左頭中将《さとうのちゅうじょう》（源）朝任《あさとう》が、宇佐宮の解文と大宰府解を下給した。おっしゃって云ったことには、「神祇官《じんぎかん》と陰陽寮《おんみょうりょう》に卜占《ぼくせん》させなければならないのである。また、明経《みょうぎょう》・紀伝道《きでんどう》の博士《はかせ》に、陵廟《りょうびょう》に火事が有った時の唐家《とうか》の事を勘申させなければならない。また、文章博士《もんじょうはかせ》の他、上臈《じょうろう》の博士に勘申させなければならない」と。ところが、式部大輔《しきぶのたいふ》（藤原）広業《ひろなり》は、重服《じゅうぶく》である。そこで勘申させることができないのではないか。また、おっしゃって云ったことには、「今日は寅《とら》の日である。神事や軒廊《こんろう》の御卜《みうら》を忌むことが有る」ということだ。私が申して云ったことには、「御卜は、ただ子《ね》の日を忌む。神事でなければ、どうして忌避《きひ》されることが有ろうか」と。諸卿も同じくこのことを述べた。外記《げき》に命じ、神祇官と陰陽寮の官人を召させて、軒廊に座を給わった〈神祇官が西、陰陽寮が東。〉。終わって、神祇官と陰陽寮の人が参着した〈陰《おん》陽頭《みょうのかみ》（惟宗《これむねの》）文高《ふみたか》は参らなかった。そこで主計頭朝臣《かずえのかみあそん》（安倍吉平《よしひら》）を召した。伺候した。これは通例である。〉。私は（大中臣《おおなかとみの》）公枝《きみえだ》朝臣を召した。称唯《いしょう》して、膝突《ひざつき》に着した。大宰府解を下給し、命じて云ったことには、「□□申せ」と。次いで主計頭朝臣を召した。称唯して、膝突に着した。命じて云ったことには、「宇佐宮は、去年十二月二十三日に焼亡した。祟《たた》りの有無を勘申せよ」と。称唯して、座に復した。

この間、諸卿が定め申して云ったことには、「この事は、御卜の趣旨に随って、使者を遣わし奉り、加えてまた、本宮および石清水宮《いわしみずぐう》に於いて、先ず祈願し申す。また、遷宮《せんぐう》の時の例に准じて、まずは仮殿《かりどの》を造営して、御神体を遷御《せんぎょ》し奉る。続いて御神殿を造営し奉る。また大宰府《だざいふ》の申請によって、日時を択び申させ、これを遣わし下さなければならない。また、陵廟に火事が有る時に、行なうことの趣旨は、諸道に勘申させ、その申す様子に随って、行なわれるべきであろうか」と。定文《さだめぶみ》は、頭中将《とうのちゅうじょう》(朝任)を介して奏上させた。公枝が膝突に着して、卜文《うらぶみ》を進上した〈卜文を蓋に納めた。〉。勘申して云ったことには、「兵革《へいかく》と火事が有るであろう」ということだ。次いで吉平が勘文《かんもん》を進上した。勘申して云ったことには、「神事の違例《いれい》および神社の不浄《ふじょう》が祟られた。天下の疫病《えきびょう》を慎しむように」ということだ。諸卿が云ったことには、「神祇官が勘申した兵革について、その方角を指定していない。如何なものか」と〈略した。〉。

三日。(『三槐抄』中による)　**頼通、実資執筆の大間書を見る**

美濃守《みののかみ》(藤原)頼任《よりとう》が、関白《かんぱく》(藤原頼通《よりみち》)の御書状を伝えて云ったことには、「大間《おおま》書《がき》を見ようと思う」ということだ。使に託して、これを奉った。

二十七日。　**宇佐使発遣／廃朝**

内裏に参った。宇佐使《うさし》を出立《しゅったつ》された〈略した。使は勘解由長官《かげゆのかみ》(藤原)資業《すけなり》。〉。宣命《せんみょう》について〈香椎廟《かしいびょう》。御幣《ごへい》が有ったが、宣命は無かった。〉。

また、左頭中将朝任が仰せを伝えて云ったことには、「今日から五箇日、廃朝《はいちょう》を行なうこととする」と。また関白の御書状に云ったことには、「御簾《みす》を下し、警蹕《けいひつ》や音奏《おんそう》を停めるべきか、如何か」と。報じて云ったことには、「貞観《じょうがん》の例では、山陵《さんりょう》の樹木が焼損した時に、正殿を避けて御錫紵《しゃくじょ》を着しました。どうしてましてや、宗廟《そうびょう》が焼失した事は、御戸を垂れ、警蹕や音奏を止めるのは、もっとも宜しいであろう事です」と。外記(中原)師任《もろとう》を召して、宇佐宮の火事によって今日から五箇日、廃朝とする事を伝えた。

○三月

二十日。　無量寿院の落書

「無量寿院《むりょうじゅいん》の落書《らくしょ》について、禅室《ぜんしつ》(藤原道長《みちなが》)は信受《しんじゅ》された」と云うことだ。

二十三日。　教通雑人、能信家人の家を破壊

今朝、内府(藤原教通《のりみち》)の雑人《ぞうにん》が、中宮権大夫《ちゆうぐうごんのだいぶ》(藤原)能信《よしのぶ》卿の家人《けにん》の家を破壊した。「一昨日、権大夫は土地の争論によって、内府の家の厩舎人長《うまやのとねりのおさ》某丸《なにがしまる》を召し籠め、陵轢《りょうれき》した。そこでこの事が有った」と云うことだ。

○四月

三日、壬寅。　擬階奏に加署／内裏西面大垣修築の諸国を定む／直物・叙位

大外記《だいげき》(清原)頼隆真人《よりたかまひと》が参って来て云ったことには、「式□□内記《ないき》を遣わして、参入するということを申しました」ということだ。擬階奏《ぎかいのそう》は、「朝臣《あそん》」を加えて返給した。西面の大垣《おおがき》を築くことになっている国々について、重ねて左中弁《さちゅうべん》(藤原重尹《しげただ》)を介して、詳細を取った。関白《かんぱく》(藤原頼通《よりみち》)が報じて云ったことには、「円教寺《えんきょうじ》の材木の国を除いてはならない」ということだ。内裏に参った。未一剋。直物《なおしもの》について、左頭中将《さとうのちゅうじょう》(源)朝任《あさとう》を介して、事情を取った。関白が報じて云ったことには、「奏上させるように」ということだ。大垣の方忌《かたいみ》について、関白が左中弁重尹を介し、伝えられて云ったことには、「八卦《はっけ》御忌《ぎょき》の方は、もしかしたらその範囲に有るのであろうか。(安倍)吉平《よしひら》朝臣に問うように」と。召し遣わすよう命じた。しばらくして、参入した。申して云ったことには、「八卦御忌は、六町の内は忌避《きひ》されなければなりません。どうしてましてや、御所から西大垣に至るのは、四町余りです」と。すぐにそのことを申させた。報じて云ったことには、「吉平の申したことに随って、御忌方《いみかた》を除き、□□□□させるように」と。これより先、私は南座《なんざ》に着した。直物の勘文《かんもん》を進上するよう、外記《げき》(菅原)惟経《これつね》に命じた。すぐに勘文を進上した〈筥《はこ》に納めた。〉。私が開き見た頃、惟経は退出した。本来ならば膝突《ひざつき》に控えていなければならない。更に惟経を召し、勘文を給わった。筥を持って、小庭《こにわ》に立った。御所に進んだ。左頭中将を介して奏上させた。内覧《ないらん》を行なうので、関白が□□。私は殿《てん》上間《じょうのま》に伺候した。長い時間が経って、返給された。射場《いば》に退下し、これを給わった。外記に賜わって、陣座《じんのざ》に復した。外記が勘文を返し進めた。私は左大弁《さだいべん》〈(藤原)朝経《あさつね》。〉に目くばせした。大弁は座を起ち、進んで来た。筥に納めたまま、勘文を給わった。大弁は笏《しゃく》を差し、筥を取った。座に復し、笏を挿み、意向を伺った。私は目くばせした。笏を置き、すぐに去年と当年の召名《めしな》を召した〈去年の除目《じもく》を載せた。〉。磨《す》り改めた。頭中将《とうのちゅうじょう》□、院宮《いんぐう》・公卿の臨時給《りんじきゅう》・未給《みきゅう》・国替《くにがえ》・名替《ながえ》□□□者を下給した。大弁は外記に下し、勘申《かんじん》させた。下給するに随って、私は大弁に給わった。名替は、あの年の召名を召して、改め直した。京官《きょうかん》の申文《もうしぶみ》と加階《かかい》の申文を、頭中将および蔵人右中弁《くろうどうちゅうべん》(藤原)章信《あきのぶ》に下給した。すぐに大弁に給わった。除目は、右兵衛督《うひょうえのかみ》(藤原)経通《つねみち》が書いた。大弁は、直物が終わった。西大垣を修築する国々〈御忌の四町を除いた。他の六町は、□□□。一町を先ず長門《ながと》国に充てた。和泉《いずみ》・備中《びっちゅう》・安《あ》芸《き》・紀伊《きい》・淡路《あわじ》五箇国を定め置いた。〉を書かせた。定文《さだめぶみ》を筥に納め、行事《ぎょうじ》の左中弁重尹を介して、奏上させた〈先ず内覧した。〉。関白が云ったことには、「紀伊国は、先年、少々、東大垣を修築した。少破の所に改めて充てるように」ということだ。「但し、今日は改めて奏上してはならない。改め定めて、下給するように」ということだ。筥から定文を取り出して、下給した。左中弁が束ね申した。秋節《しゅうせつ》以前に修築し終わらなければならない。年内に終わるよう□、官符《かんぷ》を給うこととした。また、上西《じょうさい》門は、一町が少し破壊している。始めは和泉を充てた。替えるのが宜しいであろう。また、定文に改めて記すよう、弁に伝えておいた。頭中将が仰せを伝えて云ったことには、「蔵人兵部丞《ひょうぶのじょう》(源)資通《すけみち》を従五位下に叙すように〈皇太后《こうたいごう》(藤原妍子《きよこ》)の当年の御給《ごきゅう》。〉。蔵人兵部丞(藤原)教任《のりとう》を式部丞《しきぶのじょう》に任じるように」

と。また、他の官も、仰せを伝えたので、多く任じた。また、おっしゃって云ったことには、「対馬《つしまの》守《かみ》(紀)数遠《かずとお》は赴任していない。他の人を改めて任じるように」と。帥《そち》源朝臣(経房《つねふさ》)が申させて云ったことには、「あの島は、住人の数が少なく、亡弊《ぼうへい》は特に甚しい。敵国(高麗《こうらい》)の危険に、朝夕、怖れている。武芸の者を任じられて、敵国の兵師《へいすい》を防禦させている。あの島の事情を知る者が、大宰府《だざいふ》管内にいる。彼らを任じられるのが、もっとも佳《よ》いであろう」ということだ。「(藤原)蔵規《くらのり》・(藤原)致行《むねゆき》・(平)明範《あきのり》の内から定め申すべきである」ということだ。僉議《せんぎ》して、申させて云ったことには、「三人の内で、蔵規は、初め帯刀《たちはき》となり、左兵衛尉《さひょうえのじょう》に任じられた。官庭《かんてい》に出仕し、すでに年序《ねんじょ》を経ている。蔵規を任じられるのが宜しいのではないか」と。すぐにおっしゃって云ったことには、「上達部《かんだちめ》の定は、もっともその道理に叶っている。蔵規を任じるように」ということだ。また、加階を申請した者の中文〈受領《ずりょう》の吏、官物《かんもつ》および臨時の物を進上した文。〉を下された。女一人の加階の名簿《みょうぶ》〈当子《まさこ》内親王の当年の御給。〉、男女の加階と叙位《じょい》を、別紙に書かせた。皆、尻付《しづけ》が有った。女の加階簿は奏上しなかった。儀が終わって、名簿を給わった。おっしゃって云ったことには、「奏上しないのは、如何か」と。大弁は、直物の勘文・成文《なりぶみ》・年々の召名および叙位・除目を一筥に加えて納めた。座に進んで来て、これを奉った。私は勘文と成文を取り出して、座に置いた。年々の召名・除目・叙位〈男。〉を筥に納めた。外記惟経を召して、これを給わった。持ち出した。卿相《けいしょう》が伝え仰せた。そこで小庭に留まり立った。私は御所に進んだ。惟経が従った。頭中将を介して奏上させた。先ず関白の直廬《じきろ》に持って向かった頃、時剋が推移しそうであったので、殿上間に参上して、伺候した。長い時間の後、返給された。射場に於いて、これを給わった。頭中将が勅語《ちょくご》を伝えて云ったことには、「季定《すえさだ》は、去年の除目で修《しゅ》理亮《りのすけ》に任じた。ところが、兄〈某《なにがし》。〉は、元、修理亮であった。兄弟は、忌みが有る。季定を図書助《ずしょのすけ》に任じ、図書助（橘）則長《のりなが》〈蔵人。〉を修理亮に任じるように。但し、更に奏上することはない。直ちに除目に載せ、下給するように」ということだ。陣座に復した。除目と叙位を取り出して、座に置いた。筥のまま、年々の召名を大弁に給わった。大弁がこれを取った。私の前に於いて、枚々を出した。当年の召名を、旧い召名の上に巻き重ね〈当年の召名は、籤《せん》を出さなかった。〉、筥に入れて、返し進めた。終わって、放ち遺した召名を笏に取り副えて、座に復した。図書助と修理亮を、除目に書き入れさせた〈除目を返給した。大弁が進んで、給わった。書き入れて、返し奉った。〉。二省について、外記惟経に伝えた。三箇度、式部省《しきぶしょう》と兵部省《ひょうぶしょう》が伺候しているということを申した。命じて云ったことには、「召せ」と。式部丞（藤原）俊忠《としただ》が、浅履《あさぐつ》を着して、膝突に進んだ。先ず召名を給わなければならないので、あれこれを命じなかった。私はあれこれに伝えた。退出するよう命じた。俊忠は驚いて退出した。外記と式部省は、共に大きな失儀《しつぎ》である。外記が、すでに二省が伺候しているということを申した。また、折《おり》堺《げい》を進上した。除目が有ることを知った。ところが、浅履を着して参入させたのは、極めて奇怪である。前例を知らないのか。召名を給わった後、直物を給うものである。参議《さんぎ》を介して、事情を仰せ知らせた。そこで式部丞と兵部丞が、靴を着して、小庭に参列した。先ず式部省を召した。称唯《いしょう》して、膝突に進んだ。私は右手で召名を給わった〈笏を置いて、北を向いた。〉。式部丞が列に復した。次いで兵部省を召した。称唯した。召名を給わったのは、式部省と同じであった。二省が立ち定まった後、命じて云ったことには、「任じ給え」と。共に称唯して、退出した。次いで式部丞を召し、直物を給わった。外記を召して、筥文《はこぶみ》を撤去させた〈直物の勘文と成文を取り納め、合わせて給わった。〉。また、史《し》を召して、大垣の例文を納めた筥を撤去させた。叙位簿二枚〈一枚は男、一枚は女。〉を、大内記《だいないき》(菅原)忠貞《たださだ》朝臣に下給した。位記《いき》を作成させるよう命じた。頭中将が、権律師《ごんのりつし》尋空《じんくう》が内供《ないぐ》を辞退する状を下給した。勅を伝えて云ったことには、「明算《みょうさん》法師を内供に補すように」ということだ。すぐに官符を作成させるよう、左大弁に命じた。亥二剋、退出した。今日、参入した卿相は、大納言《だいなごん》(藤原)能信《よしのぶ》、中納言《ちゅうなごん》(源)道方《みちかた》、参議経通・朝経〈左大弁。〉。雅楽助《うたのすけ》源経長《つねなが》が蔵人に補された〈道方の子である。〉。伊予《いよ》国司《こくし》が申請した交替《こうたい》の文書《もんじょ》を左大弁に下した〈これを定め遣わさなければならない。〉。

八日、丁未。　灌仏会／御禊前駆の故障／前駆の灸治を実検

灌仏会《かんぶつえ》は通例のとおりであった。今日、内裏に参らなかった。ただ布施《ふせ》物を内(後一条《ごいちじょう》天皇)および東宮(敦良《あつなが》親王)に奉った〈紙、各々五帖《じょう》。檀紙《だんし》に包んで、その上に「右大臣」と書いた。〉。外記惟経が申して云ったことには、「刑部少輔《ぎょうぶのしょう》(源)相奉《すけとも》が申して云ったことには、『灸治《きゅうじ》したところ、爛壊《らんかい》しました。供《ぐ》奉《ぶ》には堪えられません』と。また、右兵衛佐《うひょうえのすけ》(藤原)保家《やすいえ》が申して云ったことには、『疫病《えきびょう》を煩っています。もし、その時期に臨んで、平損《へいそん》していれば、その勤めを果たすことにします』ということでした」と。大外記頼隆真人を召し遣わして、関白に申させた。命を報じて云ったことには、「相奉の灸治は、確かな使を遣わして、実検《じっけん》させよ。もし爛壊が有るのならば、替わりの人を改め定めるように。保家については、申すところは、疑いが無い。兵庫頭《ひょうごのかみ》（高階《たかしなの》）資平《すけひら》を改めて遣わすように」ということだ。この代官《だいかん》は、兵庫頭資平か監物《けんもつ》斯忠《これただ》を、改めて□に随って遣わすよう、加えて申させたものである。使部《しぶ》二人を遣わして、相奉の灸治を実検させるよう、命じておいた。また、保家の替わりも、同じく命じたのである。頼隆真人は、惟経を召し遣わした。一緒に使部たちを召し仰せた。しばらくして、頼隆真人が申して云ったことには、「使部が帰って来て、申して云ったことには、『相奉朝臣が申して云ったことには、「灸治の所は、見せるわけにはいかない。明日、参入して、大将（実資）の家《け》人《にん》に見せることとする」ということでした』と」と。命じさせて云ったことには、「使部に見せることができないのならば、外記（頼隆）の許に罷り向かって実検させるように。私の宅に参って来たとはいっても、人にこれを見させるわけにはいかない。私もまた、見るわけにはいかない。ただ外記を介して伝え申す日に、あれこれ命じるように」と。頼隆真人は、使部に命じて、仰せ遣わした。明朝、決定を申させるよう、また頼隆に命じ、惟経に伝え仰せた。惟経が御禊《ごけい》について、奉って行なった。

十七日、丙辰。　病悩、ほぼ平癒／御禊前駆、改替／検交替使定、延引／所充申文

早朝、宰相（藤原資平）が来た。小病を見舞うのか。病悩は、紫金膏《しきんこう》の効果を得て、平癒《へいゆ》したようなものである。そこで今日、内裏に参って、所充《ところあて》の文を申上させようと思った。右大弁《うだいべん》（藤原定頼《さだより》）の許に示し遣わしたことには、「文書を揃えて、伺候するように」ということだ。左兵衛佐《さひょうえのすけ》（源親方《ちかかた》）は、昨日、任じられた。御禊の日の前駆《ぜんく》を命じるよう、外記惟経に伝えておいた。今となっては、頼重を督促することはない。但しこの事は、関白に申させなければならないであろうか。状況に随って、内裏に参り、申させることにしたのである。大略は前日、頼隆真人を介して、事情を伝えられた。医博士《いはかせ》（但波《たんばの》）忠明《ただあきら》が、雨を冒して、来て見舞った。熱気は無いということを申した。赤練《あかねり》の大掛《おおうちき》を被《かず》けた。未剋の頃、内裏に参った〈宰相は車後《くるまじり》に乗った。〉。風雨が交じった。途中、随身府生《ずいじんふしょう》（高《こうの》）扶武《すけたけ》の笠が、風の為に吹き折られた。先に左右大弁が参入していた。中少弁が参っているかどうかを問うたところ、云ったことには、「未だ参っていません」ということだ。中少弁が参らない時に、中文の儀を行なうのは、如何なものか。左大弁に問うたところ、云ったことには、「すぐに弁が参らない時は、弁官がいなくても、何年来、中文の儀を行なった例が有ります」ということだ。今日は所充の文を申上すべきであろうか。大弁が云ったことには、「定める中に、もしかしたら他の文書が有るというのは如何でしょう。匙文《さじぶみ》二枚を加えなければなりません」ということだ。また、云ったことには、「国々の交《こう》替使《たいし》を定め申さなければなりません。ところが、御衰日《すいにち》であるのは、便宜《びんぎ》が無いのではないでしょうか」と。私が答えて云ったことには、「前例では、吉日《きちにち》を選んで用いる。二十八日に定めるべきであろう」と。その日、状況に随って、官奏《かんそう》を奉仕しようと思っている。右大弁が座を起った。陣の腋《わき》に向かって、見たのか。その後、左大弁が陣の腋に向かった。私は外記惟経を召して、左兵衛佐親方の前駆について、関白に申させた〈今となっては、代官を止めて、親方に命じるべきであろうとのことである。〉。右大史《うだいし》(宇治《うじの》)忠信《ただのぶ》が申文を挿んで、北に渡った。私は南座に着した。左大弁が座に着して云ったことには、「申文」と。私は揖礼《ゆうれい》した。称唯して、史に目くばせした。史忠信は文杖《ふづえ》を捧げ、宜陽殿《ぎようでん》の壇に跪《ひざまず》いて伺候した〈雨儀《うぎ》。〉。私は目くばせした。称唯して膝突に着し、文書を奉った。私は取って、見終わった〈文書三枚。所充の文。黄の反古《ほご》に書いた。但馬《たじま》・土佐《とさ》の匙文。〉。推し巻いて、板敷《いたじき》の端に置いた。史が給わって、一々、束ね申した。裁許《さいきよ》に随って、称唯した〈所充の文は、ただ目くばせした。匙文は、命じて云ったことには、「申し給え」と。〉。先のように、杖に巻き加え、退出した。次いで大弁が座を起った。次いで私が、座を起って退出した。私の病悩は、未だ平癒していない。勤公《きんこう》の為、病悩を忘れ、雨を冒して参入したのである。家に帰った後、惟経が申して云ったことには、「左兵衛佐について、関白に申しました。御返事に云ったことには、『承った』ということでした」と。

十八日、丁巳。　両医師の見解、相違／京中、洪水

早朝、(和気《わけの》)相法《すけのり》が来て云ったことには、「今となっては、灸治を行なってはなりません。一、二日を経て、沐浴《もくよく》してください」ということだ。その後、忠明が云ったことには、「今日と明日は、やはり灸治を加えなければなりません。冷し過ぎるのを善しとしてはなりません。そこで灸治を用い、飲酒および沐浴を禁じなければなりません。その他の食物は、禁じることはありません」ということだ。

また、「熱気は、ただ、今日・明日の間です。その後は、沐浴してください」ということだ。権大納言《ごんだいなごん》(藤原行成《ゆきなり》)が、御禊の間の事を問い送ってきた。宰相を介して、伝え問うたものである。大略を答対した。昨夜、大雨の間、水が多く京中に入った。「人々の宅々は、流損《りゅうそん》された」と云うことだ。特に聞いたことのない事である。

二十一日、庚申。　**頼通賀茂詣／頼通、行成に前駆を送る**

「今日、関白は賀茂《かも》社に参って、神宝《じんぽう》および東遊《あずまあそび》を奉献《ほうけん》した。舞人《まいびと》は左右近衛府《このえふ》の官人であった。汝《なれ》(実資)の随身府生扶武も、この中にいた」と云うことだ。宰相が下御社《しものみやしろ》から帰って来て、語って云ったことには、「大納言行成・(藤原)頼宗《よりむね》・能信、中納言(藤原)兼隆《かねたか》・道方、参議経通・(藤原)通任《みちとう》・朝経・私(資平)、右三位中将《うさんみちゅうじょう》(藤原)兼経《かねつね》・(藤原)長家《ながいえ》が、追従《ついしょう》しました。また、出立所《しゅつたつしょ》に内府(藤原教通《のりみち》)が会されました」と云うことだ。また、「権大納言行成と春宮大夫《とうぐうだいぶ》頼宗は、下御社から帰り退きました。行成卿は、前駆がいないということを称しました。そこで関白が、前駆四人を送られました。事は頗る偏頗《へんぱ》のようです」と云うことだ。「頼宗卿は、□□者がいたので、すぐに帰りました」と。忠明と相法が云ったことには、「今となっては、沐浴は怖れは無いのではないでしょうか」ということだ。忠明が云ったことには、「沐浴が終わったならば、すぐに冷させてはなりません」ということだ。

二十五日、甲子。　**位禄定／前年の定文についての不審／頼通、位禄の過充を戒む／頼通馳馬／官奏の日についての頼通の意向**

危日《あやぶにち》。大外記頼隆が来た。□□参っているかどうかを説明させた。内裏に参るよう命じた。次いで右《う》少弁《しょうべん》（藤原）頼明《よりあきら》、次いで大夫史《たいふのし》（但波）公親《きんちか》に、皆、参入せよということを命じておいた。内裏に参った。宰相と（藤原）資房《すけふさ》が従った。これより先に、皇太后宮大夫《こうたいごうぐうだいぶ》道方卿と左大弁朝経が参入していた。位禄文《いろくぶん》について、大弁に問うた。揃えて用意してあるということを申した。□□すべき状を命じた。大弁は座を起って、陣の床子《しょうじ》に向かった。剋限《こくげん》は推移した。そこで起って南座に着そうとした頃、大弁が敷政《ふせい》門から入った。私が事情を問うたところ、「文書を奉ります」ということだ。私は南座に着した。次いで大弁が座に着した。私は意向を示した。大弁は陣の腋の方を見遣わした。考えると、史に目くばせしたのか。右大史忠信が筥文を捧げた。膝突に着して、これを奉った。男女の歴名《れきみょう》をほぼ見た。各々、主税寮別納租穀《しゅぜいりょうべつのうそこく》の足不勘文一巻・国充《くにあて》の文一巻〈国々は、位を記して、人名を記していなかった。〉・出納《すいとう》の諸司・諸道の博士・衛門府《えもんふ》と兵衛府《ひょうえふ》の佐《すけ》・馬寮《めりょう》の頭《かみ》と助《すけ》・二寮の頭と助の勘文一枚・昨年、大弁が書いた十箇国・五箇国の定文、各一枚〈一枚は殿上《てんじょう》。〉を□□。他の文書を取り出し、ただ国充の文を納めた。右中弁章信朝臣を介して、奏上させた。但し、先ず関白に内覧して奏上するよう、指示しておいた〈関白は里《り》第《てい》にいた。〉。この頃、文書を見た。昨年、大弁□文は、出納の諸司が無かった。これは大弁が書いたのである。そこでそのことを問うたところ、申して云ったことには、「故左府（藤原顕光《あきみつ》）が、先例を調べずに行なわれたものでしょうか。確かに覚えていません」ということだ。出納の諸司は皆、兼国《けんこく》が有るはずはない。前例では、定文に入れるものである。大弁は、述べるところは無かった。また、諸道の博士は、兼国が有る。ただ(藤原)義忠《よしただ》だけを載せていた。義忠は弁官である。正税《しょうぜい》を下給しなければならない。ところが、この勘文に入れたのは、如何なものか。前例が有るのか。大弁が云ったことには、「非難するところは、そうあるべきです。但し、前例を知りません」と。また、馬寮の頭と助を揚げた際に、ただ助を記して頭を揚げるべきではないのではないか。大弁が云ったことには、「事情を知りません」ということだ。また、古い定文では、十一箇国と殿上七箇国が有った。ところが、昨年は、十箇国と五箇国が有ったのは、如何であろう。大弁が云ったことには、「古例《これい》は、汝(実資)のおっしゃるとおりです。事情を知りません。ただ、近代はこのようなものです」ということだ。私が云ったことには、「また、九箇国の例が有る。また、昨年の定文の外端《そとはし》に記して云ったことには、『左大臣(顕光)が別奏《べっそう》する。左少弁《さしょうべん》と史基信《もとのぶ》が上書する』と。この定は、『別奏』と称してはならない。もしかしたら、この側記《そつき》は、前例が有るのか、如何か」と。大弁は答対することができなかった。この事については、直接、大夫史公親朝臣に問うよう、大弁に命じた。大弁は座を起ち、床子に於いて事を問うた。座に復して云ったことには、「義忠朝臣が勘文に入ったのは、失錯《しっさく》でした」と。また、馬寮の頭については、申して云ったことには、「『頭』の字を書いてはなりません。失錯です。定文の国々の増減については、禁国《きんごく》でしょうか。別納租穀で他の事を申請する間に、減ったのでしょうか」ということだ。申したところは、分明《ぶんめい》ではなかった。ただ、昨年の数によるべきである。また、側記の別奏について、申して云ったことには、「前例は、そうではありません。あの位禄所《いろくしょ》の史基信が書いたものです」ということだ。私が疑ったところは、皆、当たっているのか。しばらくして、章信が来た。返給する次いでに、関白の御書状を伝えて云ったことには、「去年の位禄については、左少弁義忠朝臣が行なった。ところが、多く充て過ぎていた。そこで国々が蜂起《ほうき》した。沙汰を愁い申したことは暇が無かった。今年については、たとえ一具《よろい》といっても、充て過ぎてはならないということを、その位禄所の弁を戒めて命じるように」ということだ。また、云ったことには、「二十八日に行啓《ぎょうけい》が行なわれることになっている。その日を過ぎて、官奏を行なうように」ということだ。硯を召した。史がこれを取って、大弁の前に置いた。二枚の文書を書かせた〈一枚は十箇国を書いた。衛門府と兵衛府の佐・馬寮の助・出納の諸司・二寮の頭と助・大夫の外記や史。一枚は殿上人《てんじょうびと》。但し、古記《こき》を見ると、右状に「殿上人の分」と記すべきであろう。ところが、端《はし》にただ、「殿上人」と記し、右状には無かった。そのことを問うたところ、大弁が云ったことには、「何年来、端に『殿上人』と書き、右状にはありません」ということだ。そこで近代の例によっただけである。〉。大弁は儀が終わって、座を起ち、これを進上した。私は見た。終わって、その位禄所の弁頼明朝臣を召して、下給した。二枚の文書を、皆、束ね申した。命じたことには、「下し給え」と。称唯した。次いで昨年の位禄は、義忠が多く充て過ぎていて、国々の司が愁い申したことが有ったので、当年の位禄は、一具といっても、充て過ぎてはならないということを命じた。次いで史を召して、筥文および硯を撤去させた。大弁は座を起った。次いで私が座を起って、退出した〈午四剋に参入し、未二剋に退出した。〉。大弁が同じく退出した次いでに云ったことには、「関白の御許に参ることにします」と。皇太后宮大夫道方と皇太后宮権大夫《こうたいごうぐうごんのだいぶ》資平が、陣座に伺候していた頃、関白の御書状によって、道方卿が参入した〈「家の馬場《ばば》は、今日、好い。馬を馳せよう」と云うことだ。〉。「先ず来るように。その事が終わって、帰り参り、行啓の供奉の人々について定め奏すように」ということだ。資平は驥尾《きび》に着いて、参入した。相撲使《すまいのつかい》について、右近将曹《うこんのしょうそう》(紀)正方《まさかた》を介して、右中将《うちゅうじょう》(藤原)公成《きんなり》の許に示し遣わした。「内裏に伺候していた頃、左中弁が祭日の分として貸し与えた雑具を持って来ました」と云うことだ。家に帰って、詳細を問うた。

二十八日が、宜しい日である。未だ官奏は行なわれていない。あの日は如何であろう。但し、皇太后《こうたいごう》宮《ぐう》(妍子)が枇杷殿《びわどの》に還御《かんぎょ》される日は、如何なものか。意向を取るよう、章信に伝えた。位禄の国充の文書を奉る次いでの事である。

二十六日、乙丑。　右近衛府相撲使定／藤原教通邸馳馬

正方が云ったことには、「中将朝臣《ちゅうじょうあそん》(公成)が云ったことには、『今日、相撲使を定め申すことになっています。但し、関白の随身府生(日下部《くさかべの》)清武《きよたけ》については、差し遣わすようにとの命が有ります。これを如何しましょう。今日、参入し、事情を承ることにします』ということでした」と。報じて云ったことには、「ただ、その命に従うように」と。私の随身である秦吉正《はたのよしまさ》は、山陰道使《さんいんどうし》に遣わすこととした。また、大陣吉上《だいじんきちじょう》海守留《あまのもりとめ》は、恪勤《かくご》の者である。土佐使《とさし》を望み申している。定めて遣わすことと

した。また、右近府生《うこんのふしょう》(下毛野《しもつけのの》)公忠《きんただ》・(勝《すぐりの》)良真《よしざね》・(長谷部《はせべの》)兼行《かねゆき》には、望み申す事が有る。この間を定めて、遣わすべきである。これらのことを示し遣わしておいた。すぐに云ったことには、「府生たちも、同じく参入しました。決定を奉りたいのです」ということだ。報じて云ったことには、「まったく立ち寄ってはならない。将たちが相談し、定めて遣わすべきではないか」と。右少弁頼明が来た。

位禄を定める事について、大外記頼隆真人を召し、雑事を伝えた。

宰相が来て云ったことには、「昨日、内府に於いて、馬を馳せられました。上達部や殿上人が、多く参りました。饗饌《きょうせん》は豊贍《ほうせん》でした」と。

相撲《すまい》の定文を、右近府生兼行が持って来た。右中将公成と右少将《うしょうしょう》(藤原)実康《さねやす》が定めた。

二十八日、丁卯。　藤原妍子、新造枇杷殿に還御／小一条院、山井殿に遷御

宰相が来た。すぐに枇杷殿に参った。「子剋、皇太后が渡御《とぎょ》されることになっています」と云うことだ。「今夜、院(小一条院《こいちじょういん》)は、山井殿《やまのいどの》に渡御されます」と云うことだ。「禅閤《ぜんこう》(藤原道長《みちなが》)は、昨日と今日、終日、枇杷殿にいらっしゃり、造営や御室礼《しつらい》を行なわれました。また、石を立てられました」と云うことだ。

今日、左兵衛佐資房が、主殿に引出物《ひきでもの》を給わった〈絹二疋・綿二屯・手作布《たづくりのぬの》三端《たん》を催促させた。米二石の代である。〉。

二十九日、戊辰。　枇杷殿還御第二夜

黄昏、皇太后宮〈枇杷殿。〉に参った。途中、燭《しょく》を秉《と》った。両宰相（経通・資平）と資房が従った。内府、大納言頼宗・能信、中納言道方、参議経通・通任・朝経・資平、右三位中将兼経・長家、参議定頼が、同じく参った。関白殿が参るかどうかが定まらなかった間、饗の座に着さなかった。しばらく東対《ひがしのたい》の南唐廂《みなみからびさし》にいた。「関白の室（隆子女王《たかこ》）が、疫病を煩われている」と云うことだ。時剋が推移した。「参られることができないという御書状が有った」と云うことだ。頼明朝臣が事情を承ったのである。その後、内府が指示したので、座に着した〈東対の西廂《にしびさし》。殿上人の座は、同じ対の南《みなみ》廂《びさし》にあった。〉。序列どおりに座に着した。采女《うねめ》が御膳を供した。次いで殿上人が、若宮《わかみや》（禎子内親王《よしこ》）の膳を執った。打敷《うちしき》を皇太后宮権大夫資平が執った。三巡があった。更に渡殿《わたどの》の座に着した。擲采《てきさい》の戯が行なわれた。聚攤《しゅうだ》は一渡した〈色紙《しきし》は通例の紙。〉。その後、各々、分散した。紙を取り送った。この事は、やはり軽々である。ところが、近代の例である。賭物《かけもの》は、まったく送られてはならない事である。聚攤の紙は、蔵人式部丞《しきぶのじょう》（藤原）良任《よしとう》が、二帖を置いた。あれこれは怪しんで、頤《あご》が外れるほど笑った。院司《いんじ》および有縁《うえん》の卿相や下臈《げろう》の人々は、院に参った。去る夕方、山井殿に渡御された。

○五月

一日、己巳。　尾張国、造談天門の命を承けず／小一条院御遊

左中弁《さちゅうべん》（藤原）重尹《しげただ》が来て、宣旨《せんじ》を伝えて云ったことには、「尾張国《おわり》が談天門《だんてん》を造営する事を申し返しました。譴責《けんせき》宣旨を下給してください」と〈申し返した解文《げぶみ》が有った。すぐに弁に下した。〉。これより先に、宰相（藤原資平《すけひら》）が来た。左中弁と一緒に皇太后宮《こうたいごうぐう》（藤原妍子《きよこ》）に参った。「夜、大納言《だいなごん》（藤原）頼宗《よりむね》・（藤原）能信《よしのぶ》、中納言《ちゅうなごん》（源）道方《みちかた》、参議《さんぎ》（藤原）経通《つねみち》・（藤原）通任《みちとう》・○平（資平）が、院（小一条院《こいちじょういん》）に参りました。御遊《ぎょゆう》が行なわれました。時刻が推移しました。卿相《けいしょう》を御前に召し、衝重《ついがさね》を下給しました。攤《だ》を打ちました」ということだ。これは宰相が談ったものである。

三日、辛未。　交替使定／諸国申請雑事定

外記《げき》（菅原）惟経《これつね》が、今日の上達部《かんだちめ》が参っているかどうかを申させた。内裏に参った。宰相および（藤原）資房《すけふさ》が従った。皇太后宮大夫《こうたいごうぐうだいぶ》道方と左大弁《さだいべん》（藤原）朝経《あさつね》が、殿上間《てんじょうのま》に伺候していた。随身《ずいじん》を遣わして、左大弁朝経を召した。すぐに来て、座に着した。交替使《こうたいし》や陣定《じんのさだめ》について問うた。揃っているとのことである。この頃、道方卿が陣座《じんのざ》に着した。左大弁朝経は、座を起って、陣の腋《わき》に向かった。僕（実資）は、南座《なんざ》に着した。左大弁は、交替使に定めた者を書き出した文書《もんじょ》を笏《しゃく》に取り副えて、座に着した。私が意向を示した。大弁は座を起ち、進んで来た。交替使の文〈佐渡《さど》三人・長門《ながと》三人・伊予《いよ》□人。〉を奉った。私はこれを取った。大弁は座に復した。私は開いて見た。座にいた上達部〈中納言道方、参議朝経・資平。〉に問うたが、特に言うところは無かった。重ねて大弁に問うたところ、申して云ったことには、「近代は、ただ自分の郎等《ろうどう》や従者を、心を配って交替使とし、官物《かんもつ》を失う謀事《たばかりごと》を行なうことが、流例《りゅうれい》となっています。急に改めることはできません」ということだ。私は大弁に目くばせした。大弁が進んで来た。すぐに下給した。文を開いて、先ず一国の使を読んだ。その人を伝えた。称唯《いしょう》した。もう二箇国の交替使。そして定文《さだめぶみ》。大弁は私の前にいた。□□終わって、大弁に下給した。大弁は順番に束ね、改め申した。私は揖礼《ゆうれい》した〈三箇国の使が、各一人。使を申す毎に、三箇度、揖礼した。〉。大弁は座に復した。召したところ、ただ座を起った。私は北座に着した。国々が申請した条々の文書〈近江《おうみ》・若狭《わかさ》・越前《えちぜん》・備前《びぜん》。〉を、諸卿が未だ参集していないとはいっても、先ずとりあえず下して見せた。文書の枚数が多かったからである。蔵人右中弁《くろうどうちゅうべん》（藤原）章信《あきのぶ》が、相模《さがみ》と備後《びんご》の国司《こくし》の申文《もうしぶみ》を下給した。おっしゃって云ったことには、「相模国司を移って、申任《しんにん》している。今となっては、申してはならない。『ただ、一任期四箇年の内、二箇年の事を勘済《かんさい》しているのは、勧賞《けんじょう》に預かる』ということだ。この事を申すように」ということだ。すぐに同じ弁に下し、前例を勘申《かんじん》させた。時剋は推移した。先ず備後の文書を勘進《かんしん》した。次いで相模。諸卿は六箇国の事を定め申した。左大弁朝経が執筆《しゅひつ》した。秉《へい》燭《しょく》の後、幾《いくば》くを経ず、議が終わった。大弁は硯を撤去した。ただ、未だ清書《せいしょ》していなかった。左大弁朝経が、定文および国々の解を巻き結んで、笏に取り副え、座を起った。私は退出した。僉議《せんぎ》したのは、大納言（藤原）斉信《ただのぶ》・（藤原）行成《ゆきなり》・頼宗、中納言道方、参議（藤原）公信《きんのぶ》・経通・朝経・資平・（藤原）広業《ひろなり》・（藤原）定頼《さだより》。

十三日、辛巳。　北野祭／賑給定・施米定／藤原資頼、道長の随身に布を下賜／頼通邸競馬試乗

手作布《たづくりのぬの》三十端《たん》を、北野宮《きたののみや》に送った。これは八月の御会の分である。前日、あの宮が年預《ねんよ》の差文《さしぶみ》を送ってきた。本来ならばその時に臨んで送らなければならない。ところが、敬神《けいしん》の誠を致す為に、あらかじめ送ったものである。使が帰って来た。「早く送ったことに感動していました」ということだ。夜に入って、章信朝臣《あそん》が関白《かんぱく》（藤原頼通《よりみち》）の御書状を伝えて云ったことには、「今月の賑給文《しんごうぶん》を、今日か明日に定めるように。また、来月の施米《せまい》について定めるように」ということだ。承ったということを報じておいた。伯耆《ほうき》（藤原資頼《すけより》）が云ったことには、「入道殿《にゅうどうどの》（藤原道長《みちなが》）の旧い御随身四人が来ました。手作布四十端を下給しました。事は奇怪とはいっても、傍吏《ぼうり》に随って下給したものです」と云うことだ。四人は、今もあの殿に仕えている。

四位侍従《じじゅう》（藤原）経任《つねとう》が来て云ったことには、「今日、両頭（源朝任《あさとう》・藤原公成《きんなり》）が、殿上間に於いて、競《くらべ》馬《うま》に出る人々を分け取りました。二十二日に、関白殿に於いて競うことになっています。今日、先ず各々の方人《かたうど》が、初めて競うことになりました」ということだ。私の馬および騎者を貸した。厩《うまや》の馬を貸した〈移鞍《うつしぐら》を置いた。〉。随身秋任《あきとう》を副えて、冠と褐衣《かちえ》を着させた。宰相および経任が、同車してあの殿に参った〈酉剋の頃。〉。秋任がすぐに帰って来て云ったことには、「これより先に、競べ馳せました。そこで率いて帰ってきました」ということだ。宰相が夜に乗じ、来て云ったことには、「右方の馬を競べました。左方の人々は、馬出《うまだし》に会集しました。その頃、右方の馬が上りました。右方の人が待ち煩って、この様子を見て、馬場《ばば》の中間から、競べようとしました。判じて云ったことには、『左方が負けた』ということです。任草衣《にんそうえ》で扇《あお》がれて、馳せ去りました。その後、左方が競べようとしました。

また、乱声《らんじょう》を発するに至りました。主人〈頼通〉は内裏から退出しました。解脱《げだつ》した際に、行なったものです。『左方は、はなはだ緩怠《かんたい》である。右方は、極めて霊威《れいい》が有る』ということでした。事情を問おうとしましたが、右方の人が競べ馳せた後は、人がいませんでした。誰が行なったものかを知りません」ということだ。

十七日、乙酉。　競馬日時、改定／水害と年号

宰相が言い送って云ったことには、「競馬について、二十一日に改め定めました」と。右中弁章信が来た。宣旨を下した次いでに云ったことには、「関白の競馬の日に、禅閤《ぜんこう》〈道長〉がいらっしゃることになりました。その御準備が有ります」ということだ。下官〈実資〉は御書状が無いので、参入することはない。時々、大雨が降った。夜に入って、いよいよ倍した。「水害が有るのか」ということだ。今年は頻りに水損《すいそん》が有るのである。「年号の咎徴《きゅうちょう》は、治安《じあん》の『治』の字は、三水偏《さんずいへん》が有るからである」と云うことだ。

十九日、丁亥。　式部省試、停止

今日、式部省試《しきぶしょうし》が行なわれる。題者は、式部権大輔《しきぶのごんのたいふ》〈大江〉通直《みちなお》である。題に云ったことには、「民を養うのは、恵みにある」と〈題中に韻《いん》を取った。八十字を限った。〉。「この題は、式部大輔《しきぶのたいふ》広業が、内々に出したものである」と云うことだ。広業は、去月は、母〈藤原義友女《よしとものむすめ》〉の周忌《しゅうき》の月であった。今月は軽服《きょうぶく》である。そこで憚るところが有って、出さなかった。今、私が思ったところは、服喪《ふくも》は十二箇月を限るのである。今月は心喪《しんそう》である。服喪の期限の内と称してはならないものである。或いは云ったことには、「意向を禅室《ぜんしつ》（道長）に取った。その命によって、題を出した」と云うことだ。「学生《がくしょう》たちは、朱雀《すざく》門に会した。ところが、巳剋の頃、各々、分散した」と云うことだ。（橘）為経《ためつね》が帰って来て云ったことには、「題者は、病であることを申して、参りません。そこで停止《ちょうじ》となりました」と。先日、或いは云ったことには、「題者は、二人で行なうということを語った。ところが、広業は承引《しょういん》しなかった。もしかしたら、その事によって、急に病の障りを称したものか」と。書状で大輔の許に問うたところ、返状に云ったことには、「通直朝臣は、急に病悩が有りました」と云うことだ。やはり謀計《ほうけい》の輩《やから》がいるのか。恐るべし、怪しむべし。端書《はしがき》に云ったことには、「頻りに催し遣わしたとはいっても、敢えてそれに応えることはありませんでした。すべて奇怪です、奇怪です」ということだ。

申剋の頃、人々が云ったことには、「やはり試が行なわれるようです。学生たちが準備しています」と。事に実が有るのならば、奇怪な事であろうか。また、□事情を取った。晩方に臨んで、また云ったことには、「停止となりました」ということだ。深夜、式部大輔広業の許に問い遣わした。報状に云ったことには、「来たる二十一日に行なうということについて、宣旨を下されました。その日にだけ、もしかしたら吉服《きっぷく》を着すのは、如何なものでしょう。只今、事情を申そうと思います。今日の事は、すべて奇怪です、奇怪です」ということだ。すぐに報じ伝えて云ったことには、「吉服を着して行なうように。また、今月は服喪の期限の内ではない。ただ心喪である。何の謗難《ぼうなん》が有るであろうか。

猶予されてはならない。また、他の事に准じて思うに、軽服の人は、節会《せちえ》の日に綾羅《りょうら》を着して公役《くやく》に従事する。どうしてましてや心喪ならばなおさらである。且つ□に供奉《ぐぶ》するのは、事が服喪の期限の外であるからである。これは朝廷の定である」と。今日の事は、愚案《ぐあん》に合っている。後に聞いたことには、「通直は、未だ終わらないのに式部省《しきぶしょう》の門に参って、すぐに退出した」と云うことだ。或いは云ったことには、「関白殿に参った」と云うことだ。「大輔広業は、内裏に参って、省試が停止となったということを奏上させた。すぐに広業に行なわせるという宣旨が下った」ということだ。

二十六日、甲午。　高陽院競馬／道長を迎える儀、天皇に准ず／舞楽の間、方人狼藉

今日は関白の競馬の所に参ることになっている。一説は□□に当たる。但し方角が合わなかった。昨日から毘沙門《びしゃもん》のいらっしゃる所に於いて祈禱《きとう》を行なわせている。今朝、諷誦《ふじゅ》を三箇寺〈清水寺《きよみずでら》・六角《ろっかく》堂《どう》・祇《ぎ》園《おん》社。〉に修した。巳剋の頃、禅閤が高陽院《かやのいん》に□られた。□□□□男たちを北門に見た。関白及び内大臣・諸卿が□を見て告げた。□□□□従った」と云うことだ〈禅閤の垂を除いて用いた事。〉。馬場の南門から入った。□□□□大納言頼宗・能信、三位□□□□□□□□信以下は、歩いて従った。禅閤が門を入った頃、楽人《がくにん》が船に乗り、参入音声《まいりおんじょう》を発した。「駒形《こまがた》と蘇芳菲《そほうひ》が、門で迎えたことは、行幸《ぎょうこう》のようである。天に二日《にじつ》が有るようなものである」と云うことだ。禅閤□□。僕〈実資〉はその時剋を推して、参り到った〈宰相および資房が従った。〉。先ず西中門《にしちゅうもん》に佇立《ちょりつ》した。左近□が迎えて云ったことには、「寝殿《しんでん》の南簀子《すのこ》敷《じき》を経て、参り進むように」ということだ。そこで西□□□殿を経た。東対代《ひがしのたいしろ》を馬場殿《ばばどの》とした。禅閤の座席は、□□にあった。□□隔に五尺屛風《びょうぶ》を廻らし立てた〈南および西。〉。繧繝畳《うんげんだたみ》□□□□を上達部の座と□〈北を上座として対座《たいざ》した。高麗端《こうらいべり》の畳。大□□茵《しとね》。次席の者は、納言は茵、参議は円座《わろうだ》。〉。□□□□□□□殿上人《てんじょうびと》の座は、同じ対代の西廂《にしびさし》にあった〈机を用いた。〉。関白及び内府が、□□□後、僕は参り到った。一巡の後、禅閤の饌を供した〈左大弁□□□。〉。□□□□□□。「懸盤《かけばん》四脚〈『或いは省く。脚は榎木』と云うことだ。〉・銀器、蓮花《れんげ》□□□□□形□□□器」と云うことだ。殿上人は懸盤を執って、□□□□□至ったようなものである。毛《け》付《つけ》を書《ふ》杖《づえ》に挿して、関白に奉った。次いで右頭中将《うとうのちゅうじょう》公成が、同じく□□□あれこれを云い合わされた。大納言能信を介して、禅閤に覧せられた。□□□盃の後、簀子敷に下って坐った〈先に菅円座《すげのわろうだ》を敷いた。〉。禅閤は、同じく下□□□閤の辺りに□。民部卿《みんぶきょう》(源)俊賢《としかた》は、直衣《のうし》を着して、僧の座の方に交わって坐っていた。□□□□考えると、召しに応じたものか。次いで馬出・標勅使《しめのちょくし》〈(源)政職《まさもと》朝臣[四位。木《も》工頭《くのかみ》。]・□□[五位。備後守《びんごのかみ》。]・斯忠《これただ》朝臣[五位。大監物《だいけんもつ》。]〉が、参列した。関白がおっしゃって云ったことには、「政職□□は、馬出に参れ。斯忠は標《しめ》に参れ〈この間の事は、頗る鬱々《うつうつ》とした。問答されたのに随った。〉。共に称唯した〈馬出に向かう者は、階の前を渡った。〉。左右近衛《このえ》府《ふ》の府生《ふしょう》各一人が、矢を取って、円座に着した〈馬場。□兵部の円座を敷いた。〉。次いで標桙《しめほこ》を樹《た》てた。次いで左方の馬が上った。次いで舎人《とねり》□□□□相次いで、居《い》飼《かい》が渡った〈着□□□第の通例の大扇、□□挿した。〉。次いで右方の馬が上った。次いで□□□〈同色の絹。〉。次いで居飼〈荒染《あらぞめ》は左方と同じであった。但し□□□たちは、纏頭《てんとう》した。腋の将□。〉。一番

〈左近将監《さこんのしょうげん》(茨田《まんだの》)重方《しげかた》、右近将監《うこんのしょうげん》(宗岳《むねおかの》)高兼《たかかね》。〉。□□□方の人は、物を重方に被《かず》けた。一番〈左近府生《さこんのふしょう》(榎《えの》本《もとの》)季理《すえまさ》、右近将監(高《こうの》)扶宣《すけのぶ》〔勝った。〕。〉。次々の番は、左方が勝った。次いで六番〈左近府生(播磨《はりまの》)為雅《ためまさ》、右近府生《うこんのふしょう》(高)扶武《すけたけ》〔勝った。〕。〉。扶武の馬は遅かった。頗る後であって、願い得□□□□□権の間、標の下に到ろうとした頃に、為雅は落馬した。扶武は私の随身である。頗る面目が有った。上下の者は感歎した。禅閤・関白及び諸卿が云ったことには、「近代、このようなことは無かった」ということだ。馬場殿及び方人の募った物は、算が無かった。次いで七番。論議が有った。標勅使斯忠を召して、勝負を問われた。申して云ったことには、「引き分けです」ということだ。第十番は、右方が勝った〈左方は打ち籠めた。〉。左方は、数では勝っていたが、ひとえに十番は右方が勝ったので、右方が乱声を行なった。納蘇利《なそり》が出た。下りて追い入れることは無かった。「左方の人が、池に突き入れた」と云うことだ。次いで左方が乱声を行なった。陵王《りょうおう》が走り出た際、右方の人が笏で打った。左右の方人の狼藉《ろうぜき》は、極まり無かった。竜舞《りゅうのまい》が終わった頃、方人が禄を取って、これを被けた。次いで納蘇利が出て、舞った。もしかしたら別命が有ったからであろうか。禄を取って、これを被けたことは、左舞《さまい》と同じであった。後に燈を執った。禅閤が下官に目くばせした。膝下《しっか》に進んだ。雑事を談られた。この頃、関白は贈物〈念珠《ねんじゅ》・瑠璃《るり》の水瓶《すいびょう》・銀の唾壺《だこ》。〉を奉献《ほうけん》された。禅閤は馬を下官に志された。埒《らち》の西辺りに於いて、騎らせた。三、四廻の後、下りた。終わって、私は退出した。この頃、船楽《ふながく》を発した。私は忌月《きげつ》である。ところが、楽以前には、はなはだ退出し難かった。禅閤の儀は宸儀《しんぎ》のものである。また、大納言斉信・中納言（藤原）実成《さねなり》・参議広業は軽服であって、退出することはできなかった。私が案じたとおりである。今日、左右近衛府は、各々、人を出し、騎射《うまゆみ》を準備した。深夜に臨んでいたので、止めた。

昨日、主上《しゅじょう》（後一条《ごいちじょう》天皇）の玉体《ぎょくたい》は病悩していた。今日の競馬は、如何なものか。不快な事である。会合した卿相は、内大臣〈布袴《ほうこ》・野釼《のだち》。〉、大納言斉信〈布袴・野釼。〉・行成〈布袴・野釼。〉・頼宗〈布袴・野釼。〉・能信〈布袴・野釼。〉、中納言（藤原）兼隆《かねたか》〈布袴・野釼。〉・実成〈布袴・野釼。〉・道方〈布袴。〉、参議公信〈束帯《そくたい》。〉・経通〈布袴・野釼。〉・朝経〈束帯。〉・資平〈束帯。〉、三位中将《さんみちゅうじょう》三人〈（藤原）道雅《みちまさ》・（藤原）兼経《かねつね》・（藤原）長家《ながいえ》。以上、布袴・野釼。道雅は釼《たち》を着さなかった。「奇怪とすべきか」と云うことだ。〉、参議定頼〈束帯。〉。下官は布袴で、細釼《ほそだち》を着した。関白は布袴で、釼を着さなかった。主人であるからか。何事が有るであろう。

三十日、戊戌。　後一条天皇、病悩

宰相が告げ送って云ったことには、「四位侍従経任から告げ送って云ったことには、『只今、後一条天皇の御病悩が、頗る重いのです』ということでした」と。先ず宰相が参入して、告げてくるよう報せ示しておいた。詳細を章信朝臣に取った。「御病悩は、重くいらっしゃるわけではないとはいっても、やはり不快です」ということだ。宰相が来て□、「□日、参入しません」ということだ。資房が内裏から退出して云ったことには、「心誉僧都《しんよそうず》が、霊気《れいき》を女房《にょうぼう》に駆り移しました。その間、御心地《ここち》は宜し

くいらっしゃいました」と云うことだ。邪気《じゃけ》は、誉□王袴□思われる事を恥じなければならない。

○六月

四日、壬寅。　口舌物忌／内裏不断御読経・御修法／彰子行啓、延引

今日と明日は、物忌《ものいみ》である〈口舌《くぜち》の事。〉。門を閉じなかった。誦経《ずきょう》を清水寺《きよみずでら》に修させた。攘災《じょうさい》の為である。

今日の寅剋から、御在所《ございしょ》に於いて、法華経《ほけきょう》および大般若不断御読経《だいはんにゃふだんみどきょう》を始め行なわれた。また、二箇所で御修法《みしほ》を行なわれた〈大僧正済信《だいそうじょうさいしん》が、真言院《しんごんいん》に於いて孔雀経法《くじゃくきょうほう》を行なった。また、前僧都心誉《さきのそうずしんよ》が、一本御書《いっぽんごしょ》所《どころ》に於いて不動法《ふどうほう》を行なった。〉。神今食《じんごんじき》以前とはいっても、まだ後一条《ごいちじょう》天皇の御病悩が有るので、また何事が有るであろう。大外記《だいげき》（清原）頼隆《よりたか》に問うたところ、申して云ったことには、「神今食以前に御《み》読経《どきょう》を行なわれた例は、寛平《かんぴょう》や延長《えんちょう》の頃にありました。その年は、確かに覚えていません。もし尋ね問われることが有れば、調べて勘じたところを勘申《かんじん》することにします。ところが、召し仰せられません。そこで随身《ずいじん》していません。但し、一院《いちいん》（陽成院《ようぜい》）の御病悩の時、修されたところです。ところが、忌諱《きき》が有るので、その例を申すわけにはいきません」ということだ。大后《おおきさき》（藤原彰子《あきこ》）は、去る月二十九日に、御出《ぎょしゅつ》することになっていた。ところが内（後一条天皇）の御病悩によって、延引《えんいん》となった。昨日、御出することになっていた。「御病悩は、未だ平復《へいふく》していない。そこで行啓《ぎょうけい》は行なわれなかった」

と云うことだ。宰相（藤原資平《すけひら》）が内裏から来て云ったことには、「御病悩は、或いは頗る宜しくなりました。或いは不快でいらっしゃいます」ということだ。左大弁《さだいべん》（藤原朝経《あさつね》）が、内裏から来た。宰相を介して伝えて云ったことには、「施米《せまい》について、十一日以前に命じるか否かについて〈先日、命じたところである。〉、（但波《たんばの》）公親朝臣《きんちかあそん》に問うた。申して云ったことには、『神今食以前は、近代では例がありません』ということだ。煩うのに相対するのは、はなはだ□。内裏から退出した頃、心神《しんしん》は堪え難かった。これを如何しよう」ということだ。そこで逢わなかった。右兵衛督《うひょうえのかみ》（藤原経通《つねみち》）が来て、語った次いでに云ったことには、「御病悩は、熱気〈ねちけさま。〉のようです」と。また、宰相が云ったことには、「（安倍）吉平《よしひら》と（惟宗《これむねの》）文高《ふみたか》が占って云ったことには、『御病悩の様子は、頗る熱気です』ということでした」と。

十八日、丙辰。　**宇佐八幡宮遷宮日時勘申／甲斐守の申請を裁可**

右中弁《うちゅうべん》（藤原）章信《あきのぶ》朝臣が、宣旨《せんじ》、および陰陽寮《おんみょうりょう》が勘申した宇佐宮《うさぐう》の御神体《しんたい》を遷御《せんぎょ》し奉る日時、なお□□御殿を造営する日時の文書《もんじょ》〈十月七日癸卯、時は申・酉剋。二十二日戊午、時は申・酉剋。〉を持って来た。宣旨は、すぐに下した。目録にある〈甲斐守《かいのかみ》（藤原）公業《きんなり》の条々については、前例を継がせた。また、本任の放《ほう》還《かん》を待たずに、籤符《せんぷ》を下給する事を申請した。申請によった。〉。宇佐宮の日時《にちじ》勘文《かんもん》を奏聞《そうもん》させた。先日、備《び》前《ぜん》国が、施米の料米《りょうまい》百五十石を申し返す事を奏上させた。おっしゃって云ったことには、「奏上させたところは、そうあるべきである。他国に改めて定めるのは、急には進上することはできないのではないか。早く弁進《べんしん》させるように」ということだ。すぐに同じ弁に伝えておいた。途中に於いて奪われたということについて、あの時、言上《ごんじょう》を経た。ところが時期を違え、充て催すのを待っている。今、□□申請するところは、事の道理が当たっていない。前□このことを奏上させたものである。宰相は、□□から、心神が宜しくない。「風病《ふうびょう》のようです」ということだ。

○七月

二日。　藤原兼家忌日法興院法華八講／法成寺行幸の奉幣について道長と相談

今日は法興院《ほこいん》の八講《はっこう》である。つまりこれは、入道太相府《にゅうどうだいしょうふ》（藤原兼家《かねいえ》）の忌日《きにち》である。そこで参詣した。右衛門督《えもんのかみ》（藤原実成《さねなり》）が車後《くるまじり》に乗った。「禅閤《ぜんこう》（藤原道長《みちなが》）と関白《かんぱく》（藤原頼通《よりみち》）は、これより先に参られて、休廬《きゅうろ》にいる。内大臣（藤原教通《のりみち》）、大納言《だいなごん》（藤原）能信《よしのぶ》、参議《さんぎ》（藤原）公信《きんのぶ》・（藤原）通任《みちとう》は、禅閤の休廬にいる」ということだ。私は独り、俗客《ぞくきゃく》の座にいた。禅閤が休廬を出て、俗客の座に着し、再三、私が参詣した事を謝された。その詞に云ったことには、「今となっては、更に休廬にいらっしゃるわけにはいくまい。大いに恐縮し申す」ということだ。その次いでに、行幸《ぎょうこう》の際の事を談られた。奉幣《ほうべい》□について申した。おっしゃられて云ったことには、「仏所の行幸について、伊勢神宮《いせじんぐう》に祈禱《きとう》し申されるのは、便宜《びんぎ》が無いであろう」と。私が云ったことには、「吉田《よしだ》社に申されるべきでしょうか」と。おっしゃって云ったことには、「もっともそうあるべきである。特に無量寿院《むりょうじゅいん》については、この社に祈禱し申されることとする」ということだ。大略は、山階寺《やましなでら》（興福寺《こうふくじ》）と春日《かすが》御社との例か。しばらく談じて、退かれた。下官（実資）は、深く故入道太相府の恩が有る。そこで長年、参詣を欠かしていない。昇進させていただいた後も、まだその志を変えず、参詣したものである。

三日。　奉幣日時勘文／奉幣宣命

内裏に参った。先ず式部大輔《しきぶのたいふ》（藤原）広業《ひろなり》が参入した。右中弁《うちゅうべん》（藤原）章信《あきのぶ》は遅参《ちさん》した。そこで遣わし召した。しばらくして、参入した。奉幣〈七社。〉の日時《にちじ》勘文《かんもん》について命じた。すぐに伝えて進上した〈十一日、時は午二剋、もしくは申二剋。〉。関白の御報に云ったことには、「十四日は、無量寿院に行幸が行なわれることになっている。風雨および障碍《しょうがい》が無いという事を、宣命《せんみょう》に載せるようにということだ。宣命の文は、ただ某日の行幸に、風雨の妨げが無いようにということを載せるべきであろうか。無量寿院は、これは仏所である。宣命に載せるのは、如何なものか。ただ先ず前例を調べ、定めて載せるべきであろう。

十日、戊寅。（『諸寺供養類記』一・堂供養記による）　**法成寺行幸の儀**

右中弁章信朝臣《あそん》が仰せを伝えて云ったことには、「十四日の行幸は、城外《じょうがい》行幸の儀を用いるように。また、造路《ぞうろ》について仰せ下すように」ということだ。すぐに作路《さくろ》について同じ弁に命じた〈大宮《おおみや》・上東《じょうとう》門《もん》・東洞院《ひがしのとういん》・陽明門《ようめいもん》大路。〉。また、云ったことには、「鳳輿《ほうよ》に乗られることとする」と〈そうであってはならない事である。葱花《そうか》輦《れん》に乗られるべきである。そうではあるが、ただ時儀《じぎ》によるべきであるばかりである。〉。

また、「明日、宣命を奏上させるようなことは、『無量寿院に行幸する』という事を載せてはならない。ただ『十四日の行幸』と載せるように」ということだ。

十三日、辛巳。　法成寺行幸日時勘文／行幸召仰／藤原妍子、

（『諸寺供養類記』一・堂供養記による）

法成寺行啓

午剋、宰相に託して、幡《はた》〈母屋《もや》、三流《りゅう》。〉を奉献《ほうけん》した。右中弁章信朝臣が、明日の行幸の日時勘文〈時は巳剋。御出《ぎょしゅつ》の門は、日華《にっか》・建春門《けんしゅんもん》。〉を下給した。昨日、奏上させたものである。同じ弁に下給した。また、関白の御書状を伝えて云ったことには、「明日の式次第を奉って、装束司《しょうぞくし》に下給するように」ということだ。同じ弁を介して、大夫史《たいふのし》(但波《たんばの》)公親《きんちか》に下給させた。「『禅門《ぜんもん》(道長)に置いておくように』ということだ。章信が参入した」ということだ。そこで□伝え給わったものである。左中弁《さちゅうべん》(藤原)重尹《しげただ》に伝えて与えるよう、加えて命じた。装束司であるからである。また、外記《げき》に給わなければならない。ところが、章信が云ったことには、「今朝、大外記《だいげき》(清原)頼隆《よりたか》に下給しました」ということだ。今朝、頼隆が参って来た。ところが、そのことを申さなかった。未だ式次第を給わらない前に来たのか。そこで命じることができなかったのである。章信朝臣が云ったことには、「行幸の召仰《めしおおせ》について、中納《ちゅうな》言《ごん》(源)道方《みちかた》に命じられました」ということだ。昨日、下官(実資)が指示したところである。晩方、宰相が来て云ったことには、「諸卿は法成寺《ほうじょうじ》に会しています。堂の荘厳《そうごん》の儀は、天上界《てんじょうかい》に異なりません」と。また、云ったことには、「今夕、皇太后《こうたいごう》(藤原妍子《きよこ》)が、法成寺に渡御《とぎょ》されます。そこで参入します」ということだ。伯耆守《ほうきのかみ》（藤原）資頼《すけより》が、随身《ずいじん》に紅染《こうぞめ》の革と衵《あこめ》八領《りょう》を志した。□□である。狩袴《かりばかま》八腰《こし》〈府生《ふしょう》と番長《ばんちょう》に二藍《ふたあい》、近衛《このえ》に白。〉・白い袷《あわせ》の袴八腰・冠と履《くつ》の為の手作布《たづくりのぬの》二十端《たん》・馬副《うまぞい》の袴《はかま》料の絹十疋。深夜、大外記頼隆が来て云ったことには、「明朝、講師《こうじ》の前の式部省《しきぶしょう》と弾正台《だんじょうだい》の標《しめ》を定めるよう承りました。これを召し仰せられました。但し、御斎会《ごさいえ》の宣旨《せんじ》は、未だ下されていません」ということだ。「今夕、行幸の召仰が行なわれます」ということだ〈上卿《しょうけい》は中納言道方。〉。右大弁《うだいべん》（藤原定頼《さだより》）が、病悩が宜しくないということを申した。また、□□を命じた。……

十四日、壬午。　**法成寺金堂供養／後一条天皇、行幸／三后、行啓／非常赦／道長、落涙／定朝の賞／叙位・除目**

今日は、法成寺金堂《こんどう》を供養《くよう》する日である。未明、諷誦《ふじゅ》を三箇寺〈清水寺《きよみずでら》・祇園社《ぎおん》・賀茂下神宮寺《かものしもじんぐうじ》。〉に修した。行幸に供奉《ぐぶ》することになっているからである。禅閤の御書状によって、僧の食膳を奉献した。「これは講師の天台座主《てんだいざす》権僧正院源《ごんのそうじょういんげん》の分である」ということだ〈「高坏《たかつき》十二本、折敷《おしき》・懸盤《かけばん》の饗二十前《ぜん》、大破子《おおわりご》六荷《か》、手作布百段」と云うことだ。〉。内裏に参った〈辰剋。召仰は昨日、行なわれた。〉。これより先、御輿《みこし》は日華門の外に控え、平地《ひらち》に据えていた。外記を召して、胡床《こしょう》に据えるよう命じた。御輿長《みこしのおさ》と駕《か》輿丁《よちょう》について問うた。皆、揃っていることを申した。また、近衛の将たちについて問うたところ、「未だ参入していません」ということだ。御斎会に准じるという宣旨について、蔵人《くろうど》右中弁章信朝臣に問うたところ、「未だあれこれを命じられていません」ということだ。すぐに関白の御直廬《じきろ》に参った。帰って来て云ったことには、「御斎会に准じるとのことを仰せ下すように」ということだ。すぐに章信に伝えた。また、外記（菅原）惟経《これつね》に命じた。この頃、内大臣及び諸卿が参入した。私は東宮（敦《あつ》良《なが》親王）に参った。春宮権大夫《とうぐうごんのだいぶ》公信も、同じく参った。先に春宮大夫《とうぐうだいぶ》（藤原）頼宗《よりむね》が参入して、伺候していた。反閇《へんばい》を奉仕することになっている人を問うた。春宮権大夫が云ったことには、「未だ事情を承っていません」ということだ。関白に申すよう伝えた。（安倍）吉平《よしひら》が、内裏の反閇を奉仕することになっている。そこで彼を召して、奉仕させるのが宜しいのではないか。御車に供奉することになっている人を問うたところ、春宮権大夫が云ったことには、「太相府《だいしょうふ》（藤原公季《きんすえ》）が供奉されることになっています。ところが未だ参入されていません」ということだ。行幸の剋限《こくげん》は、すでに至っている。東宮は、その頃に御出するのではないか。関白に申すよう、また命じておいた。宣陽門《せんようもん》から御出されることになっている。所司《しょし》は筵道《えんどう》に伺候していた。私は陣座《じんのざ》に帰って、雑事を催し行なった。巳一剋、主《しゅ》上《じょう》（後一条《ごいちじょう》天皇）は紫宸殿《ししんでん》に出御《しゅつぎょ》した。右近衛次将《うこのえのじしょう》は官人たちを率い、階下《かいか》を経て、日華門に向かった。御輿を持ち立った。私は靴を着し、先に進んだ。内大臣以下は、序列どおりに進み立った。私は階下を経て、南階《みなみのきざはし》の南西に立った（弓と胡簶《やなぐい》は、随身が持った。）。次いで内府が、階の南東に立った。次いで諸卿が列立《れつりつ》した。次いで左腋門《わきもん》を開いた。闈司奏《いしのそう》があった。次いで少納言《しょうなごん》が、鈴を奏請《そうせい》した（延喜《えんぎ》二年の御斎会では、鈴奏《すずのそう》が行なわれた。仗座《じょうのざ》に於いて、左将軍（教通）に伝えた。左将軍は関白に伝えた。）。次いで御輿を寄せた（今日、鳳輿を供した。先日、葱花輦を供すべきであるということを、章信を介して関白に申させた。ところが禅閤が議して云ったことには、「やはり鳳輦《ほうれん》を供すように」ということだ。もっとも違例《いれい》の事である。〉。警蹕《けいひつ》と侍衛《じえい》は、恒例のとおりであった。乗輿《じょうよ》は、日華・宣陽・建春門から御出した。左将軍は、宣陽門に於いて大舎人《おおとねり》を召し、御綱を張ることを命じた。この事は、下官に問うて、指示した。行幸の路は、大宮大路から北行し、東に折れて、上東門大路から東行し、南に折れて、西洞院《にしのとういん》大路から南行し、東に折れて、陽明門大路から東行し、法成寺の西門に到った。しばらく御輿を留めた。関白は議して、左頭中将《さとうのちゅうじょう》（源）朝任《あさとう》を介して事情を取った〈昨夜、母后《ははきさき》（藤原彰子《あきこ》）と中宮《ちゅうぐう》（藤原威子《たけこ》）が、輦車《てぐるま》に同乗して、西院《さいいん》［上東門院《じょうとうもんいん》。］から渡御された。皇太后は枇杷殿《びわどの》から渡御された。「行啓《ぎょうけい》の儀が行なわれた」と云うことだ。〉。朝任が母后の御書状を伝え申して云ったことには、「輿《こし》に乗ったまま、直ちに御入《ぎょにゅう》するように」ということだ。すぐに御入した。西中門《にしちゅうもん》に到って、御輿を舁き据えた〈警蹕を停めた。〉。あらかじめ筵道を敷いた〈黄絹《こうけん》。錦文《きんぶん》が有った。中門から阿弥陀堂《あみだどう》の縁の局の御在所《ございしょ》まで敷いた。〉。右三位中将《うさんみちゅうじょう》（藤原）長家《ながいえ》が御釼《みはかし》を持ち、左頭中将朝任が御筥《はこ》に供奉した。下官及び内大臣や諸卿は、阿弥陀堂の前庭《ぜんてい》から扈従《こしょう》した。大納言頼宗と能信は、御手に供奉し、縁から供奉した。禅閤は御在所の方から参って来て、迎えて伺候した。跪《ひざまず》いて阿弥陀堂の中階の北腋《きたわき》に伺候した。主上は中央の間に当たって、中尊《ちゅうそん》に向かい、拝礼《はいらい》された〈三度。〉。禅閤は階の腋の地下《じげ》に伺候して、涕泣《ていきゅう》した。主上は御在所〈金堂の南西。〉に入御《にゅうぎょ》した。私及び諸卿は、中門の辺りに退帰した。皇太弟《こうたいてい》（敦良親王）の御入に伺候しなければならないからである。すぐに皇太弟の御車〈糸毛《いとげ》。〉は、西大門に到った。太相府は御車に供奉していた。関白・下官・内府・諸卿が、太相府を迎えて伺候した。私は東宮傅《とうぐうふ》である。ところが、大将を兼ねているので、行幸に供奉した。衛府《えふ》の他の然るべき上達部《かんだちめ》を撰んで、皇太弟の御共に供奉させた。「前日、定が有った」と云うことだ。御車から下りた。皇太弟は気上《きじょう》されていた。御冠と襪《したうづ》を脱がれた。極めて熱い候に束帯《そくたい》を着された。糸毛御車の簾《すだれ》は、はなはだ厚い。涼気は到り難かったのではないか。御心地《ここち》は、まだ宜しくいらっしゃらなかった。密々に口に氷を食された。禅閤は、中門の辺りに佇立《ちょりつ》されて、数度、事情を啓上《けいじょう》された。頗る尋常に復された。大納言能信卿は、立ったまま御鬢《びん》を理えた。大門から中門に至るまで、長筵《ながむしろ》を筵道《えんどう》とした。中門から休廬に属する道は、紫絹を筵道とした〈中門から阿弥陀堂の縁まで、敷いていた。宸儀《しんぎ》(後一条天皇)の筵道のようであった。ただ、その色は異なっていた。「皆、これは禅閤が設備したものである」と云うことだ。〉。皇太弟は御車から下りて、私〈東宮傅。〉・春宮大夫・春宮亮《とうぐうのすけ》・東宮学士《とうぐうがくし》が前行した。陣頭の帯刀《たちはき》たちは、分かれて供奉した。皇太弟は中門の北《きた》廊《ろう》から登られた。春宮大夫頼宗が扶持《ふち》し奉った。禅閤・太相府・関白・私・内府・次席の諸卿・侍臣《じしん》は、堂の庭から供奉した。春宮進《とうぐうのじん》以下と帯刀たちは、供奉しなかった〈中門の辺りに留まった。〉。皇太弟が阿弥陀堂の中央に於いて拝礼されたことは、宸儀と同じであった。皆、禅閤が申されたのである。御休廬は金堂の西廊《にしろう》にあった。その西隔を上達部の座とした〈饗宴が有った。〉。太政大臣《だいじょうだいじん》(公季)・左大臣〈関白。〉・私・内大臣及び次席の者が、座に着した〈大納言(藤原)公任《きんとう》は、何日来、突き損なって、出仕していない。我慢して先ずこの院に参った。内府の内房《ないぼう》(藤原公任女《むすめ》)の見物所に於いて束帯を着し、座に着した。

また、還御《かんぎょ》に供奉しなかった。権大納言《ごんだいなごん》（藤原）行成《ゆきなり》は、今日、門額《もんがく》を書いている。そこで行幸に扈従しなかった。追って参入した。右大弁定頼は、病悩が有って、行幸に供奉しなかった。行幸の後に参入した。諸卿は感心しなかった。〉。民部卿《みんぶきょう》（源）俊賢《としかた》は、しばらくして加わり着した〈行幸に供奉しなかった。大納言を辞したことによるのか。太皇太后宮大夫《たいこうたいごうぐうだいぶ》であるので、参入したのか。〉。一献《こん》の後、水飯《すいはん》が出た。太相府が密かに語って云ったことには、「いささか休息を設ける。ところが苦熱《くねつ》の候、その所に向かうのは、耐えられそうもない」と。また、云ったことには、「禅閤が仏事《ぶつじ》を修される時は、諷誦を修する。今回、行幸が行なわれた。頗る思慮が有る。民部卿を介して事情を禅閤に取ったところ、『修すという意向が有る』ということだ。そこで修することになった〈布二百段。〉」と。また、云ったことには、「誦経《ずきょう》の文に署すべきであろうか。家号《やごう》を記すべきであろうか」と。私が答えて云ったことには、「家号が宜しいでしょうか」と。蔵人頭右近中将《くろうどのとうのうこんのちゅうじょう》（藤原）公成《きんなり》が、諸卿を召した。太政大臣以下が参入した。これより先、皇太弟が参上した〈直衣《のうし》を着し、御所に伺候されていた。暑熱によるものか。「三后（彰子・妍子・威子）・尚侍《ないしのかみ》（藤原嬉子《よしこ》）・姫宮《ひめみや》（禎子《よしこ》内親王）・三后の母氏《ぼし》（源倫子《ともこ》）が、皆、同所にいらっしゃる」と云うことだ。〉。太政大臣と左大臣〈関白。〉が、堂の後ろの壇上から東に廻った。私や内大臣以下は、堂前《どうぜん》を渡って、地下から東行し、東方から参上した。この頃、太政大臣と左大臣が、堂前の座に着した。私及び諸卿は、序列どおりに着した。次いで乱声《らんじょう》があった。導師《どうし》と呪願師《じゅがんし》は、輿に乗った。作法は御斎会と同じであった。新作の式次第に見える。また、法会《ほうえ》の趣旨は、願文《がんもん》や呪願文《じゅがんもん》に見える。そこで記す暇はない。

導師と呪願師が、高座《こうざ》に登った。すぐに蔵人頭左中将《さちゅうじょう》朝任が導師の高座の下に就いて、執杖《しつじょう》を下給するということを伝えた〈はなはだ早い。〉。上達部の座に衝重《ついがさね》〈水飯。〉を据えた。関白〈左大臣。〉が談って云ったことには、「禅閤が奏上されて云ったことには、『一切衆生《いっさいしゅじょう》の抜苦《ばっく》については、念々、忘れることはありません。今日、不意の臨幸《りんこう》で、非常赦《ひじょうしゃ》について奏上しようと思います』と。現世《げんせ》の奏上は、何事について天皇の意向を伺われるのか。すでに恩許《おんきょ》が有った。如何であろう」ということだ。私が答えて云ったことには、「恩を施す事は、赦令《しゃれい》に匹敵するものはありません」と。関白はすぐに座を起って、御所に参った。幾程を経ず、蔵人頭朝任が来て、おっしゃって云ったことには、「前太政大臣《さきのだいじょうだいじん》(道長)が、非常赦について奏上させた。その志に従う為、申請によって、早くこれを行なうように」ということだ。関白は座に復した。私が事情を申して云ったことには、「今日の事は、尋常と異なるのではないでしょうか。その理由は、詔書《しょうしょ》を奏上した後、獄中の者を原免《げんめん》するよう、検非違使《けびいし》に召し仰せます。ところが、御堂《みどう》に於いて詔書を奏上するのは、便宜が無いでしょう。また、内裏に還った後、獄の囚徒《しゅうと》を免じられるのは、禅閤の素懐《そかい》ではないのではないでしょうか。法会の間に原免を行なうのが、はなはだ貴いのではないでしょうか。今、愚慮を廻らせると、先ず詔書を作成する事を命じ、続いて検非違使を召し仰せては如何でしょう。還御の後、すぐに詔書を奏上しても、何事が有るでしょう」と。関白が云ったことには、「はなはだ佳《よ》い事である」ということだ。私は座を起って、座の末に到った。大内記《だいないき》(菅原)忠貞《たださだ》を召し、詔書を伝えた。左衛門権佐《さえもんのごんのすけ》(大江)保資《やすすけ》を召し、左右の獄囚を原免する事を命じた〈事の趣旨は、詔書と同じである。〉。終わって、座に復した。証誠《しょうしょう》の大僧正済《だいそうじょうさい》信《しん》と僧正深覚《そうじょうしんがく》は、堂中の長床《ながとこ》の座にいた〈諸僧は、阿弥陀堂と五大堂《ごだいどう》の座に分かれて着した。先ず南大門の外の集会《しゅえ》の幄《あく》に着した。〉。導師と呪願師が退下した際〈黄昏に及んだ。〉、左中弁重尹と権左中弁《ごんのさちゅうべん》（源）経頼《つねより》が禄を取って、これを下給した。関白の定によって、私が禄について行事《ぎょうじ》の弁章信に命じた。これより先、東西に禄の韓櫃《からびつ》を舁き立てた。諸大夫《しょたいふ》は分かれて、諸僧に禄を下給した。中納言（藤原）兼隆《かねたか》と実成が、証誠の禄を取った。導師・呪願師・諸僧の禄は、三宮から給わった〈証誠の禄は、宮々の司の上達部が取った。〉。音楽は、云々〈先ず一、二舞があった。次いで大唐《だいとう》・高麗楽《こまがく》、各四曲。この中に、陵王《りょうおう》と納《な》蘇利《そり》があった。〉。関白が云ったことには、「寺司《てらづかさ》を慶ばせなければならない。ところが前僧都《さきのそうず》（心誉《しんよ》）は、切々と賞を蒙《こうむ》るわけにはいかないことを申した。僧正院源もまた、昇進するわけにはいかない。もしかしたら輦車を聴《ゆる》されるべきであろうか。それとも封戸《ふこ》を給うべきであろうか。この間の事は、決定することができない。これを如何しよう」と。様子を見させると、もしかしたらこれは、禅閤が歴問《れきもん》されているのか。私が云ったことには、「封戸は、朝廷の出費が有るとはいっても、人は驚くことはないのではないでしょうか。元から封戸を給わっている人です。また加えて給うだけのことです。輦車については、僧俗が傾き申すでしょう。ここに公損《こうそん》は無いとはいっても、皆、由緒が有ります。古《こ》昔《せき》は、効験《こうげん》が有る人や、もしくは行歩《ぎょうほ》に堪えない御導師、或いは儒者《じゅしゃ》や医師だけです。そもそも叡慮《えいりょ》によるべきでしょう」と。関白は深く感心した。夜に臨んで、禅閤が盃を執って、太相府の前に進んで坐った。権大納言行成卿が瓶子《へいじ》を執った。禅閤が云ったことには、「久しく盃酒《はいしゅ》の座に出て交わることは無かった。今日は、特に畏れ多く思うことが有る。無理に勧盃《けんぱい》を行なう」と。言葉が未だ終わらないのに、落涙《らくるい》は禁じ難かった。巡行《じゅんこう》が終わった後、私に目くばせした。そこで進み寄った。耳語《じご》して云ったことには、「重罪《じゅうざい》の輩《やから》を救う為に、赦令について申請した。今となっては、ひとえに後生《ごしょう》の事を念う。現世はただ、この事を奏上するばかりである」ということだ。私が答えて云ったことには、「今日の御善根《ぜんこん》は、未だ曾てなかったのではないでしょうか。赦令を奏上して行なわれる事は、極まり無い慶事です。釈尊《しゃくそん》が法華経《ほけきょう》を説いた時、眉間《まゆあい》の白毫《びゃくごう》の光を放ち、地獄《じごく》の衆生《しゅじょう》の苦しみを抜きました。遙かにあの事を憶《おも》うに、今日は似ているばかりです」と。禅閤が云ったことには、「念うところは、このようである」ということだ。また、云ったことには、「寺司たちに慶びが有るべきである。ところが、心誉は辞して承引《しょういん》しない。院源はその賞を被《こうむ》るべきである。ところが、職は僧正である。また昇進するわけにはいかない。封戸を給うべきであろうか。もしくは牛車《ぎっしゃ》や輦車を聴されるべきであろうか。これについて、思い得ることができない。如何であろう」ということだ。私の答は、「きっと関白に申したとおりであった。特に僧正深覚は、一門の人である。他に比べることはできない。きっと翻縁《ほんえん》が有るであろう。禅閤が云ったことには、「深覚については、後日、聴されても、何事が有るであろう」と。私が答えて云ったことには、「後日、聴されるのは、一切、悦びとならないのではないでしょうか。その心は、詳しく知るところです」と。禅閤は承諾した。封五十戸を決定とした。

宜しい事です。但しその数は如何でしょう」と。禅閤が云ったことには、「左右、各四人。この中で番長が各一人」と。禅閤が関白に伝えて云ったことには、「僧正に下給する封戸については、直接、伝えるように」ということだ。左大弁《さだいべん》(藤原)朝経《あさつね》を介して、僧正を呼ばせた。堂中から出て、関白の前に来て坐った。封五十戸を給うということを伝えた。これを承った。僧正が私に問うて云ったことには、「もしかしたら恐悦を奏上すべきでしょうか、如何でしょう」と。奏上すべきであることを答えておいた。朝任朝臣が、太政大臣に随身左右各四人を給うという事〈この中で、番長が各一人。〉を伝え仰せた。私が禅閤に申して云ったことには、「随身については、勅書《ちょくしょ》が有ります。またまた、外記を介して左右近衛府《このえふ》に伝えさせます。勅書の趣旨は、頗る知り難いでしょう。外記に書き下させるのが宜しいでしょうか」と。禅閤が云ったことには、「もっとも佳い事である。また、前々に例が有る」ということだ。すぐに座を起って、上達部の座の末に坐った。大納言たちが群れていた。大外記頼隆を廊下に召して、これを伝えた。座に復した。禅閤が云ったことには、「仏師《ぶつし》定朝《じょうちょう》を賞進《しょうしん》する事は、また今、思い煩っている。その理由は、彼の所望は法橋《ほっきょう》にある。また、賞さないわけにはいかない。これを何としよう」と。私が答えて云ったことには、「定朝は数体の大仏を造顕《ぞうけん》し奉りました。希代の勤めと称すべきです。非常の賞も、謗難《ぼうなん》は無いのではないでしょうか」と。禅閤には感心の様子が有った。すぐに御所に参られた。関白も同じく参った。諸卿は退下した。下官と内府は、しばらく伺候していた。寂しくて、やる事が無かった。深夜は漸く闌《たけなわ》となった。月花《げっか》は、まさに鮮やかであった。そこで両人は、階の前を経て、御所の辺りに向かった。あれこれの卿相《けいしょう》が佇立していた。この間、御簾《みす》の中に主上・三后・東宮の御贈物が有ったのか。左頭中将朝任が勅を伝えて云ったことには、「越前守《えちぜんのかみ》(源)斉《ならう》を従四位上に叙すように。因幡守《いなばのかみ》(豊原《とよはらの》)為時《ためとき》を従四位下に叙すように。大工《だいく》(常道《つねみちの》)茂《しげ》安《やす》を従五位上に叙すように。修理属《しゅりのさかん》伊《い》香豊高《かのとよたか》を修理少進《しゅりのしょうじん》に加任《かにん》するように」ということだ。「仏師定朝は、賞進することとする。ところが、いささか思われるところが有る。追って伝えられることとする」ということだ。亥の終剋、内裏に還った。鈴奏が行なわれた。勅答《ちょくとう》は無かった。少納言は、長い時間、称唯《いしょう》しなかった。そこで唯すよう命じた。すぐに称唯した〈後に聞いたことには、「天皇は眠られました」と云うことだ。〉。右少将《うしょうしょう》(源)隆国《たかくに》が問うた。序列どおりに通籍《つうせき》を行なった〈未だ鈴奏を行なわない前、初めて問うた。失儀《しつぎ》である。そこでまた、更に問うた。〉。退下した。私は陣座に着した。詔書の草案《そうあん》が有るであろうということを、大内記忠貞朝臣に命じた。すぐに進上した。章信朝臣を介して、関白に奉った。すぐに返給した。「清書《せいしょ》させるように」ということだ。章信が云ったことには、「内覧《ないらん》が終わりました。すぐに奏聞《そうもん》を経て、下給するところです」ということだ。内覧の後、私は御所に進み、奏聞を経なければならない。ところがすぐに奏聞を経て、下給された。そこで清書するよう命じた。そもそもこの草案は、日を書いてある。その理由を問うたところ、忠貞が云ったことには、「詔書は、内記《ないき》が日を書きます。そこで書いたものです」と。私が答えて云ったことには、「詔書は御画日《ごかくじつ》がある。勅答は内記が日を書く。但し古昔は、勅書も御画日があった。ところが天暦《てんりゃく》の頃から、令文《りょうぶん》によって、内記が書く。また、詔書は何の字を御画するのか」と。忠貞が云ったことには、「『可』の字を書きます」ということだ。私が云ったことには、「そうではない事である。覆奏《ふくそう》の時に、『可』の字を御画される」と。また、忠貞が云ったことには、「先日、詔書について、権大納言行成卿が行ないました。ところが、内記が日を書きました」ということだ。私が答えて云ったことには、「あの大納言は、そうであってはならないのである」と。左大弁朝経を介して、除目《じもく》を書かせた〈折堺《おりげい》。修理権少《しゅりのごんのしょう》進《じん》伊香豊高。〉。草案を書いた次いでに、関白に申させた。報じて云ったことには、「除目および詔書の清書を、早く奏聞を経て下給するように」ということだ。そこで退出された。内記が詔書の清書を進上した。詔書と除目を、御所に進み〈階下に水が多かった。そこで紫宸殿を経た。〉、章信朝臣と蔵人〈某《なにがし》。〉に託して、奏上させた。私は殿上間《てんじょうのま》に伺候した。長い時間の後、章信が来て云ったことには、「天皇は御寝《ぎょしん》しています。女房《にょうぼう》に起こさせましたが、まったく起きられません。すでに術計《じゅつけい》はありません」ということだ。私が云ったことには、「明日、奏上するわけにはいかない。やはり又々、起こさせ奏るように」と。章信は帰り参った。幾《いく》くを経ず、御画が終わり、下給した。射場《いば》に退下した。給わって、内記と外記に返給した。陣座に復した。詔書を中務少輔《なかつかさのしょう》〈源〉頼清《よりきよ》に下給した〈筥に納めたまま給わった。貞信公《ていしんこう》〈藤原忠平《ただひら》〉の御例である。〉。式部丞《しきぶのじょう》は皆、故障を申して参らなかった。そこで除目を下給しなかった。外記を召して、除目を封させた〈外記が刀筆《とうひつ》で筥に納めて、持って来た。私は除目を下給して、封させた。終わって、これを進上した。私は取って、封の上に「封」の字を書き、下給した。〉。後日、式部省に下給しなければならないのである。

鶏鳴《けいめい》の頃、退出した。心神《しんしん》は極めて悩《や》み、病悩が更に発《おこ》った。怖畏《ふい》が無いわけではない。今日、参入したのは、太政大臣、左大臣〈関白。〉、私・内大臣、大納言〈藤原〉斉信《ただのぶ》・公任、民部卿俊賢、大納言行成・頼宗・能信、中納言兼隆・実成・道方、参議公信・〈藤原〉経通《つねみち》・通任・朝経・〈藤原〉資平《すけひら》、三位《さんみ》中将《ちゅうじょう》三人〈〈藤原〉道雅《みちまさ》・〈藤原〉兼経《かねつね》・長家。〉、参議広業・定頼。

十六日、甲申。　仏師定朝を法橋に叙す／相撲召仰／三后等、法成寺諸堂を巡見／座論

蔵人右中弁章信朝臣が、関白の仰せを伝えて云ったことには、「法成寺金堂の仏像を造顕した仏師定朝を、法橋に叙すように」ということだ。また、云ったことには、「相撲《すまい》の召仰《めしおおせ》を行なうこととする。今日以後、十八日に至るまで、日次《ひなみ》は宜しくない。十九日に行なうべきである。参って行なうように」ということだ。病悩が、今日と明日は愈えないので、参入することは難しいであろうことを申させておいた。宣旨一枚を、宰相に下給した。昨日、三后・姫宮・尚侍が輦車に乗られて、法成寺の諸堂を拝見した。関白・内大臣・諸卿は、束帯を着して扈従した。その後、説経《せっきょう》や曼荼羅供《まんだらぐ》が行なわれた。暁に臨んで、儀が終わった。大外記頼隆真人《まひと》が来て云ったことには、「一昨日、外記と弾正台とが出ていた際、座論《ざろん》が有りました。その事によって、今朝、弾正台の下部《しもべ》二十余人が、外記の住宅に到って、これを召しました。〈中原〉師任《もろとう》が関白に申しました。人を遣わして見させたところ、罷り去ってしまいました」ということだ。外記（安倍）祐頼《すけより》を召し進めた。夜に入って、参って来た。大内記忠貞に参るよう命じた。今日、すでに夜に臨んでいた。明日は坎日《かんにち》である。明後日に参入させることとしたのである。

○九月

十七日。　道長亡母追善法成寺法華八講五巻日／藤原兼隆、下襲の裾を切り落とす

法成寺《ほうじようじ》の御《み》八講《はつこう》に参った。今日は五巻日《ごかんのひ》である〈右兵衛督《うひようえのかみ》（藤原）経通《つねみち》は、車後《くるまじり》に乗った。宰相（藤原）資平《すけひら》と（藤原）資房《すけふさ》は、別車で従った。〉。関白《かんぱく》（藤原頼通《よりみち》）・内府（藤原教通《のりみち》）及び諸卿は、仮に堂前《どうぜん》〈阿弥陀堂《あみだどう》。〉にいた。しばらくして、禅閤《ぜんこう》（藤原道長《みちなが》）が仮の座に来て着した。関白は座を避けた。禅閤は八講の趣旨を談られた。また、私（実資）の参詣について謝された。申剋に臨んで、鐘を打った。僧侶が堂に入った〈二十二口《く》。証誠《しようしよう》は山座主《やまのざす》院源《いんげん》と大僧都《だいそうず》林懐《りんかい》。講師《こうじ》十人、聴衆《ちようじゆ》十人。〉。上達部《かんだちめ》が座に着した。講師と読師《どくし》が高座《こうざ》に登った。堂童子《どうどうじ》が座に着した。法用《ほうよう》の後、花筥《はなばこ》を頒《わか》った。次いで僧が退下した。次いで関白以下が、行道《ぎようどう》を行なった〈先ず僧。次いで薪《たきぎ》を衛府《えふ》三人が持った。次いで上達部・殿上人《てんじようびと》・諸大夫《しよたいふ》が、捧物《ほうもち》を持った。一品宮《いつぽんのみや》（脩子《ながこ》内親王）・尚侍《ないしのかみ》（藤原嬉子《よしこ》）、また皇后宮《こうごうぐう》（藤原娍子《すけこ》）・禅室《ぜんしつ》（道長）の北方《きたのかた》（源倫子《ともこ》）の捧物。香炉《こうろ》十皆。別に盤《ばん》と匕《さじ》、各十捧《ささげ》。大后《おおきさき》（藤原彰子《あきこ》）は、銀の火鉢《ひばち》二口および分盤《わけばん》か。盤と匕二十捧。皇太后《こうたいごう》（藤原妍子《きよこ》）の分盤および匕二十二具《よろい》。中宮《ちゆうぐう》（藤原威子《たけこ》）も同じであった。皇后宮は十捧。尚侍は金の鉢。〉。船楽《ふながく》が有った。

三廻した。関白以下は座に着した。宮々の御捧物は、庭前の床子《しょうじ》に置いた〈床子の上に、仮に屏幔《びょうまん》を敷いたのか。〉。銀物および袈裟《けさ》・白い掛《うちき》の他、紙は池橋□に積み置いた。秉燭《へいしょく》に及んで、講師が啓白《けいびゃく》を行なった。説経《せっきょう》と論義《ろんぎ》が終わって、僧侶が退出した。関白以下は、饗宴の座に着した。一献《こん》の後、汁を据えた。次いで箸を下した。次いで追物《おいもの》、次いで二献。終わって、月花《げっか》が新たに出た。そこで私は先ず座を起って退出した〈資平と資房は、車後に乗った。〉。上達部は、関白〈左大臣。〉、私・内大臣、大納言《だいなごん》（藤原）斉信《ただのぶ》・（藤原）行成《ゆきなり》・（藤原）能信《よしのぶ》、中納言《ちゅうなごん》（藤原）兼隆《かねたか》・（藤原）実成《さねなり》・（源）道方《みちかた》、参議《さんぎ》（藤原）公信《きんのぶ》・経通・（藤原）通任《みちとう》・資平、三位中将《さんみちゅうじょう》（藤原）兼経《かねつね》・（藤原）長家《ながいえ》、参議（藤原）広業《ひろなり》・（藤原）定頼《さだより》。
今日、左金吾《さきんご》将軍兼隆は、下襲《したがさね》の裾《すそ》二尺ほどを切り落とした。何であるかを知らない。そこで行道に列せずに、退出した。諸卿が云ったことには、「怪異《かいい》である。善悪を知らない」ということだ。関白は、蘇芳《すおう》を着し、引折《ひおり》にした。内大臣は、織物《おりもの》の下襲〈重物《じゅうもつ》。〉と黄の表袴《うえのはかま》を着した。この八講の間、尚侍は御堂《みどう》にいた。

十九日。（『魚魯愚別録』一・日次已下事による）　**除目の日時**

……（源）懐信朝臣《かねのぶあそん》。一昨日の夕方、関白が禅室に申されて云ったことには、「二十二日から除目《じもく》を始め行なおうと思っています。ところが、二十三日に終わることになります。あの日は、凶会日《くえにち》で坎日《かんにち》です。そこで二十一日から始めることとします」ということだ。（藤原）信通《のぶみち》が禅室から来て云ったことには、「（藤原）章信《あきのぶ》朝臣が云ったことには、『除目は、やはり二十二日から行なわれるように。終わる日は、坎日については、また忌んではならない。正月の除目が終わる日は、或いは坎日や凶会日が有る』ということでした。これは禅門《ぜんもん》（道長）の仰せです」ということだ。除目始《じもくはじめ》の日は、吉日《きちにち》を択ばれる。終わる日は、択ばないものである。これは愚意が思ったところである。

二十三日。　京官除目／資平の加階

早朝、諷誦《ふじゅ》を東寺《とうじ》に修した〈昨日と今日。手作布《たづくりのぬの》を用いた。〉。式部大輔《しきぶのたいふ》広業が馳せて来て云ったことには、「早朝、禅室に参りました。次いでが有って、御八講の二度□参った事を申したのです。和気《わき》が有りました。宰相の加階《かかい》については、成就したのでしょう。事の疑いは無いでしょう」ということだ。宰相が来た。早く宮（妍子）に参って事情を啓上《けいじょう》し、また関白の御直廬《じきろ》に参って、意向を見るよう、伝えておいた。内裏に参った〈未剋の頃。（藤原）資高《すけたか》と資房が従った。〉。敷政門《ふせいもん》から入った。「卿相《けいしょう》は、関白の直廬にいる」と云うことだ〈除目の間の事は、略した。〉。

除目を書き終わり、筥《はこ》に納めて、御簾《みす》の中に差し入れた。終わって、笏《しゃく》を把って伺候した。御覧が終わって、返給した。私は成文《なりぶみ》を加えて納めた〈中を結んで、墨を引いた。近代の例である。〉。筥を取って、退下した。殿上間《てんじょうのま》に於いて、清書《せいしょ》の上卿《しょうけい》中納言道方に授けて、退出した〈亥剋。〉。後に聞いたことには、「神祇祐卜部兼忠《じんぎのじょううらべのかねただ》を神祇少副《じんぎのしょう》に任じた。清書の上卿が、これを奉った」と。或いは云ったことには、「除目の任人は四十九人。そこで追って任じられたものである」と云うことだ。また、資平は正三位に叙された。下官（実資）の石清水行幸《いわしみずぎょうこう》の行事《ぎょうじ》の賞の譲りである。

○十月

六日。　延暦寺の訴えにより、賀茂社司の大原郷入勘を禁ず

権左中弁《ごんのさちゅうべん》(源)経頼《つねより》が来た。禅閤《ぜんこう》(藤原道長《みちなが》)の御書状を伝えて云ったことには、「山座主《やまのざす》(院源《いんげん》)が云ったことには、『天台《てんだい》(延暦寺《えんりゃくじ》)領の四至《しし》と賀茂《かも》御社《おんしゃ》領の郷の四至が、未だ決定していないので、社司《しゃし》が数多の人を引率して大原《おおはら》郷に入り乱れ、住人を責め煩わしています。未だ定めない間は、入勘《にゅうかん》してはならないということを仰せ下してください』ということだ」と。宣下するよう、申させた。すぐに同じ弁に伝えた。

十三日。　彰子御願仁和寺観音院供養

今日は、太皇太后《たいこうたいごう》(藤原彰子《あきこ》)御願《ごがん》の仁和寺《にんなじ》御堂《みどう》の供養《くよう》の日である。御斎会《ごさいえ》に准じるという宣旨《せんじ》を、前日、下した。「但し式部省《しきぶしょう》と弾正台《だんじょうだい》は、供奉《ぐぶ》してはならない。円融寺《えんゆうじ》を供養された例による」ということだ〈「伺候することのできる処が無い」と云うことだ。〉。僧の食膳を、早朝、仁和寺の堂所に送り奉った〈高坏《たかつき》十二本・大破子《おおわりご》四荷《か》・懸盤《かけばん》の饗二十前《ぜん》・手作布《たづくりのぬの》五十段。〉。午剋の頃、仁和寺に参った。宰相(藤原資《すけ》平《ひら》)は車後《くるまじり》に乗り、(藤原)経任《つねとう》と(藤原)資房《すけふさ》が従った。上達部《かんだちめ》は、未だ饗宴の座に着していなかった。私が参入した。卿相《けいしょう》が勧めた。そこで座に着した。次いで関白《かんぱく》(藤原頼通《よりみち》)と内大臣(藤原教通《のりみち》)が、座に着した。その後、あれこれが同じく着した。禅閤は、西廊《にしろう》の後ろにいらっしゃった。北方《きたのかた》(源倫子《ともこ》)と尚侍《ないしのかみ》(藤原嬉子《よしこ》)は、御堂の南東の方に於いて見物された。諸卿が食事に就いた頃、鐘を打った。室《しつ》礼《らい》や儀式は、恒例のとおりであった。講師《こうじ》と読師《どくし》は、輿《こし》に乗った〈講師は権僧正《ごんのそうじょう》天台座主《てんだいざす》院源、読師は大《だい》僧都《そうず》法性寺座主《ほっしょうじざす》慶命《きょうみょう》。〉。請僧《しょうそう》は百口《く》。定めが有った者は二人。その他、証誠《しょうじょう》は大僧正《だいそうじょう》済信《さいしん》と僧正《そうじょう》深覚《しんがく》。行道《ぎょうどう》・音楽・左右の獅子舞《ししまい》は、皆、前例にあった。蔵人右少将《くろうどうしょうしょう》(源)隆国《たかくに》が、講師の高座《こうざ》の下に就いて、執杖《しつじょう》を給うということを伝えた。請僧たちの座は、東廊《ひがしろう》と西堂にあった。仮に長床《ながとこ》を構築して、食事を据えた〈折櫃《おりびつ》。彩色《さいしき》。〉。証誠二人は、御堂にいた。供花《くげ》と伝供《でんく》は、通例のとおりであった。内裏(後一条《ごいちじょう》天皇)および宮々の御諷誦使《ふじゅし》に物を被《かず》けた。請僧たちに物を被けた。講師と読師が高座から下りた際、宮司《みやづかさ》たちが禄を執って進み、被けた。秉燭《へいしょく》の後、舞を供した。大唐《だいとう》・高麗楽《こまがく》、各二曲〈その中に、陵王《りょうおう》と納蘇利《なそり》。〉。関白以下および殿上人《てんじょうびと》は、皆、衣を脱いで、舞人《まいびと》に下給した。これより先に、関白は阿闍梨《あじゃり》延尋《えんじん》を召し、権律師《ごんのりっし》に任じるということを伝えた〈延尋は、この御堂の別当《べっとう》である。そこでこの賞が有った。関白は、先ず蔵人右中弁《うちゅうべん》(藤原)章信《あきのぶ》を介して、事情を禅閤に申された。その仰せによって、伝えたものである。初め関白は、章信を介して延尋に伝えた。禅閤が聞かれて、自ら伝えるよう命じられた。そこで伝えたものである。人を介して仰せを伝えられるのは、未だ見聞したことのない事である。雲林院《うりんいん》の塔供養《とうくよう》の日、故殿《ことの》(藤原実頼《さねより》)は、別当春暹《しゅんせん》を召して、伝えられたものである。春日行幸《かすがぎょうこう》の時、またまた、このようであった。〉。儀が終わって、関白・私・内府は、禅閤の宿廬《しゅくろ》に参った。大僧正が参られた。これより先に、参られて、贈物が有った。禅閤は、取り出して、見せられた。弘法大師《こうぼうだいし》(空海《くうかい》)の菩提子《ぼだいし》の念珠《ねんじゅ》は、銀の松枝に懸けてあった。同大師自筆の阿弥陀経《あみだきょう》。包みが有った。その荘厳《そうごん》は微妙《みみょう》であった。珠筥《たまばこ》に納めてあった。玉が連なっているのを筥《はこ》とした。希有の物である。戌剋の頃、儀が終わった。私は先に退出した〈宰相および資房は、車後に乗った。〉。延尋は禅閤の休廬《きゅうろ》に参った。□□□俗儀。関白と内府〈教通〉は、隠文《いんもん》の帯と螺鈿《らでん》を着していた。未だ是非を知らない。
今日、参入したのは、左大臣〈関白。〉、私・内大臣、大納言《だいなごん》(藤原)行成《ゆきなり》・(藤原)能信《よしのぶ》、中納言《ちゅうなごん》(藤原)兼《かね》隆《たか》・(藤原)実成《さねなり》、参議《さんぎ》(藤原)公信《きんのぶ》・(藤原)経通《つねみち》・資平、右三位中将《うさんみちゅうじょう》(藤原)兼経《かねつね》・(藤原)長家《ながいえ》、参議(藤原)広業《ひろなり》。

二十四日。(『平野行幸次第』による)　**平野行幸留守**

……(藤原)定頼《さだより》は、下臈《げろう》とはいっても、行事《ぎょうじ》である。そこで広業を留守とした。

二十五日。(『平野行幸次第』による)　**平野行幸**

……右大弁《うだいべん》定頼が挿頭花《かざしのはな》を取った。これより先に、中納言がこれを取った。

○十一月

三日。　**崇福寺、焼亡**

昨日の夕方、崇福寺《すうふくじ》が焼亡した〈別当《べっとう》は権少僧都明尊《ごんのしょうそうずみょうそん》。〉。故殿《こ との》(藤原実頼《さねより》)の康保《こうほう》二年三月二十日の御記《ぎょき》に云ったことには、「崇福寺は皆、すべて焼亡した。『ただ政所町《まんどころまち》が遺った』と云うことだ。甚だ驚き悲しんだ。この寺は、延喜《えんぎ》二十一年に焼亡した。時の人が云ったことには、『弥勒《みろく》は来世《らいせ》の仏である。皇太子〈保明《やすあきら》親王〉は慎しまれなければならない』と云うことだ。二十三年、太子が薨じた」と。

二十八日。　大原野行幸

今日は、後一条《ごいちじょう》天皇が大原野《おおはらの》社に臨幸《りんこう》するのである。燭《しょく》を秉《と》って、寅剋に参入した〈略した。〉。大臣の禄は、行事《ぎょうじ》の弁《べん》〈(源)経頼《つねより》。〉が取った。

行幸《ぎょうこう》の路の橋は、特に修造しなかった。特に七条《しちじょう》大路末の橋は、騎馬の人が渡ることができない。行事の人たちは、勤めが無いようなものである。「路を巡検《じゅんけん》した日、上卿《しょうけい》〈大納《だいな》言《ごん》(藤原)頼宗《よりむね》。〉は、他の路から社頭《しゃとう》に到った」と云うことだ。人々は奇怪に思った。巡検の本意《ほい》ではないのではないか。

○十二月

二日。　月次祭・神今食以前に除目・直物を行なった例

大外記《だいげき》(清原)頼隆《よりたか》が、月次祭《つきなみのまつり》と神今食《じんごんじき》以前に除目《じもく》と直物《なおしもの》を行なわれた前例の勘文《かんもん》を進上した。

天慶《てんぎょう》六年十二月七日、除目。
天元《てんげん》二年十二月二日、除目。
寛仁《かんにん》二年十二月七日、除目および直物。

十四日。　殺害により広隆寺別当観恩の釐務を停む

(藤原)章信《あきのぶ》が宣旨《せんじ》を伝えた。「広隆寺別当観恩《こうりゅうじべっとうかんおん》は、殺害の事によって、釐務《りむ》を停めるように。少別当《しょうべっとう》時昌《じしょう》および三綱《さんごう》に寺務《じむ》を行なわせるように」ということだ。すぐに同じ弁に仰せ下した。「観恩の子弘上《こうじょう》が、時昌の子を殺害しました。何日も弘上の身を召し進めなかったので、釐務を停められました」ということだ。去る夏、時昌を捕えて縛した。その事によって、朝廷は観恩を召勘《しょうかん》させている間に、去る七月の赦《しゃ》に逢って、寺務に従わせた。今、またこの事が有った。天がそうさせたのか。一昨日、観恩が来て愁いた。あれこれを答え難かった。

十九日。(『樗嚢抄』荷前による)　**荷前定**

……大外記頼隆に命じて云ったことには、「去る十六日、左衛門督《さえもんのかみ》(藤原)兼隆《かねたか》卿を除いた。延喜《えんぎ》・天《てん》暦《りゃく》に、(藤原)顕忠《あきただ》と(藤原)朝忠《あさただ》は、服喪《ふくも》の内にこれを載せた。それによって、入れるように」ということだ。

付録

用語解説（五十音順）

白馬節会《あおうまのせちえ》　正月七日に天皇が紫宸殿に出御して群臣に賜宴し、左右馬寮の引く白馬を見る儀式。外任の奏、御弓奏があり、次に左右馬寮から庭上を渡る馬の毛並みを奏上する白馬奏があった。

阿闍梨《あじゃり》　単に闍梨ともいう。伝法灌頂を受けた者、また灌頂の導師その人。一種の職官となった。

位記《いき》　位階を授ける時に発給する公文。勅授の位記は中務省の内記が作成し、中務卿および太政大臣・式部卿（武官は兵部卿）等が加署した後、内印を捺して発給した。

一条院《いちじょういん》　一条朝に成立した里内裏。東町の別納と呼ぶ一町が付属。佐伯公行が東三条院詮子に献じ、詮子はこれを天皇の後院とすべく修造。一条天皇は内裏修造後にもここを皇居とした。通常の内裏とは左右を逆として使用された。

一上《いちのかみ》　筆頭の公卿の意で、通常は左大臣がこれにあたる。摂関が大政総攬の職であるのに対し、一上は公事執行の筆頭大臣である。

位禄《いろく》　官人が位階に応じて受ける禄物。官職禄と封禄の二種があったが、普通、位禄という場合は封禄をさす。封禄は五位以上に賜わる身分禄で、従三位以上は食封制、四位・五位は位禄制で年一回、十一月支給となっていた。

石清水八幡宮《いわしみずはちまんぐう》　山城国綴喜郡の男山に鎮座。豊前国宇佐八幡宮から八幡神を勧請して鎮護国家の神とし、皇室の祖神と称す。三月の午の日に臨時祭、八月十五日に放生会が行なわれた。

雨儀《うぎ》　晴天の際の晴儀に対し、雨雪の時に行なう儀礼。その次第を簡略にし、それに伴う室礼が行なわれた。

褂《うちき》　単《ひとえ》と表着《うわぎ》との間に着けた袷の衣で、「内着の衣」の意。「袿」とも。禄や被物用に大ぶりに仕立てたものを大掛と称した。

延暦寺《えんりやくじ》　比叡山にある寺院。天台宗の総本山。東塔・西塔・横川の三塔からなる。天台密教の総本山として朝廷や貴族の崇敬を集めた他、源信が浄土信仰を説いて民衆化の基礎をつくった。

大祓《おおはらえ》　毎年六月・十二月の晦日、また大嘗会や凶事に際して臨時に行なわれる祭儀。罪・穢を除き、心身を清らかにし、その更生を図る。中臣は祓麻、東西文部は祓刀を奉り、百官男女を祓所の朱雀門に集め、中臣は祓詞を宣り、卜部は解除を行なう。

大原野社《おおはらのしゃ》　長岡京遷都の時、あるいは藤原冬嗣の請により、王城守護のために春日社を山城国乙訓郡に勧請した神社。

小野宮《おののみや》　平安京の名第。大炊御門南、烏丸西の方一町。元は文徳第一皇子惟喬親王の第宅。藤原実頼、実資と伝領され、その家系は小野宮流と称された。西・北・東門があり、南に池と山を配し、寝殿を中心に、西・東・北対を持つ典型的な寝殿造で、南東の池畔に念誦堂が建てられた。実資以後は、女の千古、その女と女系で伝領された。

小野宮流《おののみやりゅう》　藤原実頼に始まる小野宮家に伝わる有職の流派。またその門流を指すこともある。藤原忠平一男の実頼は、二男師輔(その流派が九条流)とともに父の儀式についての「教命」を受け継ぎ、それぞれの儀式作法を確立した。その内、実頼に始まる儀式作法を小野宮流という。実頼自身は儀式作法についてまとめようとして果たさず、その養子実資によって完成された『小野宮年中行事』によって知られる。

女叙位《おんなじょい》　皇親の女子以下宮人等に至る女子に五位以上の位を賜わる儀式。隔年を原則とした。

女装束《おんなしょうぞく》　宮中における命婦以上の女性の朝服の総称。女房装束とも。単・掛・裳・唐衣・袴からなる。俗に「十二単衣」とも称する。

過状《かじょう》　「怠状」ともいう。犯罪や怠務・失態を犯した者が上庁に対し自分の非を認め、許しを乞うために提出する書状。

春日社《かすがしゃ》　和銅三年に藤原不比等が藤原氏の氏神である

鹿島神(武甕槌命)を春日の御蓋山に遷して祀り、春日神と称したのに始まる。初めて一条天皇によって春日行幸が行なわれた。

春日祭《かすがのまつり》　二月・十一月の上の申の日に行なわれた奈良春日社の祭。近衛府使を摂関家の中将・少将が勤めた。社頭の儀のみならず、途中の儀も重視された。

被物《かずけもの》　禄の一種で、上位者が下位者の功労等を賞して直接相手の肩にかつがせてやる衣装の類。

方忌《かたいみ》　陰陽道の禁忌のうち、方角についての禁忌。年単位の大将軍・金神・八卦、月単位の王相神、日単位の太白神・土公・天一神等がある。

結政《かたなし》　太政官の政務執行上の一過程。官結政と外記結政の二種があり、ともに官政、外記政の準備段階的なもの。聴政の前に内外諸司からの申文を類別してそれぞれ結び束ねておき、結政当日、大弁以下の弁官が一応これを一々披見し、史が再び文書をひろげて読み上げ、これを元の形に戻す儀。官結政は外記庁の南に連なる結政所のうちの弁官の結政所で、また外記結政はその西に隣接する外記の結政所で行なわれた。

賀茂社《かもしゃ》　賀茂別雷神社(上賀茂神社、略称上社)と賀茂御祖神社(下鴨神社、略称下社)の総称。平安遷都以後は皇城鎮護の神として朝廷から篤い尊崇を受けた。四月の中の酉の日を祭日とする賀茂祭、十一月の下の酉の日を祭日とする臨時祭が行なわれた。

元日節会《がんじつせちえ》　元日に天皇が群臣に紫宸殿で宴を賜う儀式。暦の献上、氷様奏、腹赤奏、吉野国栖の歌舞、御酒勅使、立楽等が行なわれた。

勘申《かんじん》　儀式等に必要な先例や典故を調べたり、行事の日時等を占い定めて報告すること。

官奏《かんそう》　太政官が諸国の国政に関する重要文書を天皇に奏上し、その勅裁をうける政務。奏上する文書は不堪佃田奏、不動倉開用奏等、諸国から申請された地方行政上重要と認められるものが多かった。摂政が置かれている時は摂政が直盧等で覧じ、関白がある時はその内覧を経て奏上された。

官符《かんぷ》　太政官から被管の諸司諸国へ発給される下達文

書。弁官が作成する。謄詔勅ないし騰勅の官符と、太政官における議定事項を下達する場合、及び弁官のみで作成する事務的内容からなる場合とがある。

祈《き》年穀《ねんこく》奉幣《ほうべい》　年穀の豊穣を祈って神社に幣帛を奉じる朝廷臨時の神事。祈雨とともに臨時奉幣制の基本となり、十一世紀には二十二社奉幣制へと発展する。

季御《きのみ》読経《どきょう》　春二月と秋八月の二季に、毎日百僧を宮中に請じて『大般若経』を転読させ、天皇の安寧と国家の安泰を祈る仏事。

行啓《ぎょうけい》　皇太后・皇后・中宮・皇太子らが外出すること。父母やその他の親族を訪問したり、遊覧や懐妊の際等、さまざまな目的で行なわれた。

行幸《ぎょうこう》　天皇が皇居を出て他所に行くこと。王臣の私第に天皇を迎える際には、しばしば家人らに叙位・賜禄が行なわれた。

行事《ぎょうじ》　朝廷の公事、儀式等において主としてその事を掌った役。

公卿《くぎょう》　大臣・納言・参議および三位以上の上級官人の称。大臣・納言・参議を見任公卿と称し、議定に参加する。これに対し、三位以上の公卿でまだ参議にならぬ者、一度参議になった前参議の者を非参議と称した。

競馬《くらべうま》　馬の走行速度を争う競技の一。単なる競走ではなく、先行する儲馬と後発の追馬の二騎一番で、いかに相手の騎手や馬を邪魔して先着するかが審査の対象となった。

蔵人《くろうど》　令外官の一。本官以外の兼官で、五位蔵人三名、六位蔵人四、五名、非蔵人三ないし六名の職階になる。代替わり毎に新任される。職掌は文書の保管、詔勅の伝宣、殿上の事務から、天皇の私生活に関することにまで拡大した。院・女院・東宮・摂関家・大臣家にも置かれた。

蔵人頭《くろうどのとう》　蔵人所の長官。定員二人。天皇の宣旨によって補された。一人は弁官、一人は近衛中将が兼補され、それぞれ頭弁、頭中将と呼ばれた。殿上に陪侍し、機密の文書や諸訴を掌った。参議には多く頭から昇進したが、有能で信任の厚い実資や行成は、なかなか参議に昇進できなかった。

慶賀《けいが》　「よろこびもうし」とも。任官・叙位や立后のお礼の挨拶を、天皇や摂関、中文の申請者に行なうこと。

外記《げき》**政**《せい》　令制太政官における政務の一形態。公卿が諸司の申す政を内裏建春門の東にある外記庁(太政官候庁)において聴取裁定すること。外記政の次第は、まず外記庁の南舎に弁・少納言・外記・史が参着して結政を行ない、次いで上卿以下公卿が庁座に着き、弁以下が列座し、弁が史をして諸司の申文を読ませ、上卿が裁決する。次いで請印し、終わって上卿以下が退出する。一同が外記庁から南所(侍従所)に移って申文の事があり、終わって酒饌を供することもある。

解除《げじょ》　罪穢を除去すること。祓とも。人形・解縄・切麻を用いて中臣祓を読む所作が一般的。神祇官の祓の他、陰陽道や仏教に伝わった祓もあった。

欠請《けつしょう》　請僧の欠員。すなわち、法会に参列する僧に生じた空席。空席を補充する必要があった。

解文《げぶみ》　八省以下の内外諸司のみならず、官人個人あるいは諸院家・寺社・荘家・住人が、太政官および所管の官司に上申する文書。

見参《げんざん》　節会・宴会等に出席すること。また、出席者の名を名簿に書き連ねて提出すること。

元服《げんぶく》　男子が成人したことを示す髪型や服装を初めてする儀式。十一歳から十五歳までの例が多い。髪を束ねて元結で結い、末の部分を切って後頭部に結い上げる理髪の儀と、次いで冠をかぶらせる加冠の儀が中心となる。元服すると実名が定められ、叙位がある。

興福寺《こうふくじ》　奈良に所在する法相宗大本山。藤原氏の氏寺。春日社との神仏習合を進め、摂関家と興福寺・春日社との緊密な関係が成立した。

国忌《こき》　特定の皇祖・先皇・母后等の国家的忌日。政務を休み、歌舞音楽を慎しんで追善の法要を行なった。元々は天皇忌日のみを指していたが、天皇の父母・后妃にも拡大した。

御禊《ごけい》　水で身を清める行事。主に鴨川の三条河原で行なわれた。天皇は即位後、大嘗会の前月の十月下旬に、伊勢斎宮や賀茂斎院は卜定後に行なう。

御斎会《ごさいえ》　正月八～十四日に宮中において、『金光明最勝王経』を講説して国家安穏、五穀豊饒を祈る法会。大極殿（後には清涼殿、御物忌の時は紫宸殿）に、衆僧を召し、盧遮那仏を本尊として読経供養した。

五節舞姫《ごせちのまいひめ》　新嘗祭・大嘗会・豊明節会に出演する舞姫。九月あるいは儀礼の数日前に、公卿の女二人、受領の女二人が舞姫に決定された。十一月の中の丑の日が帳台試、寅の日が御前試、卯の日が童女御覧、辰の日が豊明節会で、この日、舞の本番が行なわれた。

小朝拝《こちようはい》　元日朝賀の後、大臣以下が天皇を拝する儀。はじめは朝賀とともに並び行なわれたが、後には、朝賀のある年には行なわれず、朝賀と交互にする場合もあった。清涼殿東庭に殿上人以上が参列する私的な礼。一条天皇以後は朝賀が絶え、小朝拝のみが行なわれた。

駒牽《こまひき》　信濃・上野・武蔵・甲斐四国の御牧（勅旨牧）から貢上された馬を、宮中で天皇が御覧じ、貴族たちに馬が分給されて牽く儀式。毎年八月に行なわれる。

定文《さだめぶみ》　公卿が陣定等の議定を行なった際、終わって上卿が参議（大弁の兼任が原則）に命じて、出席者各自の意見をまとめて作成させた文書。上卿はこれを天皇に奏覧し、その裁決を仰いだ。

参議《さんぎ》　太政官の議定に参与する、大臣・納言に次ぐ官。唐名は宰相・相公。定員は八名。大臣・納言と違って詔勅や大事の決定事項を弁官に宣して太政官符や官宣旨を作成させるような権限はなかった。補任されるためには、大弁・近衛中将・蔵人頭・左中弁・式部大輔の内の一つを経ていること、五箇国以上の国守を歴任していること、位階が三位以上であること等、七つの道があった。

試楽《しがく》　行幸や年中行事等、舞楽を伴う儀式に際して行なわれる楽の予行演習。賀茂・石清水臨時祭の社頭の儀に先立って行なわれるものをいう場合が多い。

直廬《じきろ》　皇太后、女御、東宮、親王、内親王、摂関、大臣、大納言等が、休息・宿泊・会合などに用いるため宮廷内に与えられる個室。摂関の場合は、ここで政務を執ることもあった。

室礼《しつらい》 屋内の一部を障子・几帳・屏風等で隔て、帳台・畳・茵を置き、厨子・二階棚・衣架、その他、身辺の調度類を設け整えたり飾りつけたりすること。

信濃布《しなののぬの》 信濃国等から産出、貢上した麻布。四丈のさらし布だったらしく、麻布の普通のもので、一定の規格のものを信濃布、上等の麻布は手作布と称した。

除目《じもく》 官職任命の政務的儀式。外官除目は春に三夜にわたって行なわれ、京官除目は秋から冬にかけて、二夜または一夜で行なわれた。執筆の大臣が前日に勅を奉って外記に召仰を命じ、当夜は諸卿が清涼殿東孫廂の御前の座に着して議し、執筆は任官決定者を大間書に記入していく。執筆は大間書を清書上卿に授け、参議に召名(勅任・奏任に分けて任官者を列記したもの)・下名(文官・武官に分けて四位以下の任官者名を列記したもの)を書かせる。

射礼《じゃらい》 毎年正月十七日、建礼門前において親王以下五位以上および左右近衛・左右兵衛・左右衛門府の官人等が弓を射る儀式。まず手結という練習を行なう。翌十八日には賭弓を行ない、勝負を争う。

叙位《じょい》 位階を授ける儀式で、勤務評定に基く定例的な叙位と、臨時の叙位がある。正月七日の定例の叙位は五位以上のみとなった。五日または六日に行なわれる叙位議で叙位者が決定された。

請印《しょういん》 位記や文書に内印(天皇御璽)を捺すことを請う儀。内印は少納言が上奏して、勅許によって少納言または主鈴が捺した。外印(太政官印)等を捺す手続きにもいう。

上官《じょうかん》 政官(太政官官人)のことで、太政官官人(弁・少納言・外記・史・史生・官掌・召使・使部)全般を指す場合と、特に外記・史のみを指す場合とがある。

上卿《しょうけい》 公卿の総称の場合と、個々の朝儀・公事を奉行する公卿の上首を指す場合とがある。後者の場合、摂政・関白・太政大臣および参議は上卿を勤めない。

上表《じょうひょう》 天皇に奉る書のことであるが、特に辞官表、致仕を請う表、封戸随身を辞す表、立后・立太子・天皇元服・朔旦冬至等の慶事に際しての賀表等が多い。実際に辞任が認められる場合でも、天皇は二度は辞表を返却するのが例であった。

触穢《しょくえ》　穢とは一切の不浄をいうが、穢に触れることを触穢といい、一定の期間は神事・参内等ができなかった。人死穢は三十日間、産穢は七日、六畜死穢は五日、六畜産穢は三日の忌が必要とされた。穢は甲から乙へ、更に丙へと二転三転する。

諸国申請雑事定《しょこくしんせいぞうじさだめ》　諸国から解文によって太政官に申請された行政事項を、陣定の議題として議定すること。申請の内容は、地方行政の全般にわたる。

諸大夫《しょたいふ》　参議以上の公卿を除く四位、五位の者の総称。

陣座《じんのざ》　左右近衛陣における公卿の座。仗座ともいう。本来は近衛府の武官の詰所であったが、平安時代になると、節会や神事、議定等、宮中の諸行事の多くがここで執行された。

陣定《じんのさだめ》　陣座(仗座)を国政審議の場とした公卿議定。天皇の命を受けた上卿が、事前に外記に命じて見任公卿を招集し、当日は席次の低い者から順に所見を述べ、発言内容を参議が書き留めて定文を作成し、蔵人頭に付して上奏し、天皇の最終的な判断を仰いだ。

随身《ずいじん》　太上天皇や摂政・関白、左右近衛の大・中・少将等の身辺警護にあたる武官。

相撲節会《すまいのせちえ》　毎年七月に諸国から相撲人を召し集めて行なう相撲を天皇が観覧する儀式。七月中旬に召仰と称し、相撲節を行なうことを命じ、次いで御前の内取と府の内取という稽古に入る。節会の当日は天皇が出御し、南庭で行なわれる相撲を観覧する。これを相撲の召合という。翌日には抜出、追相撲が行なわれる。

受領《ずりょう》　任地に赴く国司。十世紀に入ると、受領国司による租税の請負化が進展した。長官(守)が中央の要職を兼帯している国や、上総・常陸・上野といった親王任国では、介が代わって受領となった。

受領功過定《ずりょうこうかさだめ》　任期が終わる受領の業績を判定する政務。特に所定の貢進の完納、公文の遺漏無き提出と正確な記載について審査された。除目と関連して、陣定において議定された。

釈奠《せきてん》　孔子やその弟子(十哲)を祀る大陸渡来の儒教儀礼。春秋二回、二月と八月の上丁日に主として大学寮で行なわれた。

宣旨《せんじ》　勅旨または上宣(上卿の命令)を外記、または弁官を経て伝宣する下達文書。奉勅宣旨・外記宣旨・弁官宣旨・官宣旨・上宣宣旨等がある。簡易な手続きで迅速に発行されるため、従来の詔・勅や太政官符・太政官牒に代わって用いられるようになった。

宣命《せんみょう》　天皇の命令を宣する下達公文書の一。詔のうちの国文体のもの。神前で読み上げ、群臣に宣り聞かせる古風で荘重な文体をとっている。

僧綱《そうごう》　僧正・僧都・律師より構成される僧位。それぞれ大少の別や権位がもうけられ、一条朝には、公卿の員数と同じ二十人に達した。

大饗《だいきょう》　大きな饗宴。二宮大饗と大臣大饗とがある。二宮大饗とは中宮と東宮の二つの宮の大饗をいい、正月二日に行なわれる。大臣大饗は正月と大臣任官時に行なわれる。

大嘗会《だいじょうえ》　天皇即位の後、初めて新穀を天照大神はじめ天神地祇に奉る儀式。夕と朝の二度にわたって神膳が供されたうえ、天皇が食し、天皇としての霊格を得る儀。大嘗宮は大極殿前庭竜尾壇下に設けられ、東に悠紀殿、西に主基殿の他、天皇の斎戒沐浴する廻立殿、神膳を調備する膳屋等より成る。

着座《ちゃくざ》・着陣《ちゃくじん》　公卿が新任・昇任、または昇叙された際に、吉日を択んで宜陽殿の公卿座に着した後、さらに陣座に着すことになっており、それらを着座・着陣と称する。

着裳《ちゃくも》　「裳着」とも。貴族の女性の成人儀礼で、成人の装束の象徴である裳を初めて着ける儀式。十二歳から十五歳ごろまでに行なう。高貴の人が裳の大腰の紐を結び、髪を元結で束ね、髪上げを行なう。

着袴《ちゃっこ》　「袴着」とも。幼児の成長を祝い、初めて袴を着す儀式。男女とも三歳あるいは五歳で行なわれた。

中宮《ちゅうぐう》　本来は皇后ないし皇太后・太皇太后の称であっ

たが、二皇后並立以後は、原則として新立の皇后を中宮と称するようになった。ただし、正式の身位の称は皇后であった。

重陽節会《ちょうようのせちえ》　陽数の極である九が重なる九月九日に、宮中で催された観菊の宴。杯に菊花を浮かべた酒を酌みかわし、長寿を祝い、群臣に詩をつくらせた。

勅授帯剣《ちょくじゅたいけん》　通常、帯剣が聴されたのは武官および中務省・大宰府・三関国の官人等に限られていたが、天皇の命により帯剣が聴される場合を勅授帯剣という。

衝重《ついがさね》　飲食物を載せる膳の一種。檜材を薄くはいだ片木板を折り曲げて脚にし、衝き重ねたもの。饗宴の席に折敷・高坏等とともに用いられた。

土御門《つちみ》**第**《かどてい》　京極第・上東門院とも。源重信（雅信とも）の第宅であったものを、源倫子が伝領したことにより、道長の所有するところとなった。

手結《てつがい》　射礼・賭射や相撲等の勝負事で、競技者を左右に分けて二人ずつ組み合わせること、またその取組。特に射礼・賭射・騎射等、射術を競う儀式の前に行なう武芸演習。

殿上人《てんじょうびと》　四位・五位の廷臣のうち、内裏清涼殿の殿上間に昇ること（昇殿）を許された者の称。天皇の側近として殿上間に詰めて天皇身辺の雑事に奉仕し、輪番制で宿直や供膳に従事した。院・東宮・女院にも昇殿制があった。

纏頭《てんとう》　歌舞・演芸をした者に、褒美として衣類等の品物を与えること。また、その品物。衣類を受けた時、頭にまとったところからいう。

祈年祭《としごいのまつり》　一年の豊穣を祈願する律令祭祀。二月四日、神祇官斎院に伯以下の神祇官人、大臣以下諸司の官人、及び諸国神社の祝部が参集、中臣が祝詞を宣り、大臣以下の拝礼の後、伯の命により忌部が班幣を行ない、祝部が幣物を拝受する。

豊明節会《とよのあかりのせちえ》　新嘗祭・大嘗会の翌日、豊楽院で行なわれる宴。新嘗祭翌日の辰日（大嘗会の時は午日）に天皇が出御し、その年の新穀を天神地祇に奉り、自ら新穀の御膳を食し、群臣に賜わった。

内弁《ないべん》　節会等、宮廷内における重要儀式に際し、内裏承明門内(大極殿で行なわれる場合は会昌門内)において、式の進行を主導する官人。

内覧《ないらん》　関白に准じる朝廷の重職。奏上および宣下の文書を内見する職。関白が万機を総攬するのに対し、内覧は太政官文書を内見することが多い。

直物《なおしもの》**・小除目**《こじもく》　除目の行なわれた後に日を改めて、人名その他の書き誤りを訂正する行事が直物で、その際に小除目(臨時除目)を伴うこともあった。

丹生《にう》**・貴布禰社**《きぶねしゃ》　大和国吉野郡の丹生川上神社と山城国愛宕郡の貴布禰神社。祈雨・止雨を祈る奉幣奉馬が行なわれた。

日記《にっき》　日々の儀式や政務を記録した日記の他に、特に検非違使が事件の経過を記録した文書をいう。盗難・傷害等の事件に際して、検非違使がその経過や被害状況、当事者の言い分を、事件発生直後に和文で直写した文書で、訴訟等の証拠にもなった。

女官《にょうかん》　朝廷および院宮に仕える女性の官人の総称。上臈・中臈・下臈に区別され、上臈には典侍・掌侍・命婦、中臈には女史・女蔵人・女孺、下臈には樋洗女・長女・刀自・雑仕等があった。

女御《にょうご》　後宮において皇后・中宮の下、更衣の上に格付けられる后妃。臣下の女は、摂関の女であっても入内してまず女御に補され、女御から皇后(中宮)の位に昇ることもあった。

仁王会《にんのうえ》　護国経典の『仁王般若経』を講じて、鎮護国家を祈念する法会。天皇の即位毎に行なわれる一代一度仁王会、一年に春秋各一回行なわれる定季仁王会、臨時仁王会に類別される。

年中行事御障子《ねんじゆうぎょうじのみしょうじ》　宮廷の年中行事を列記して清涼殿に立てた衝立障子。藤原基経が光孝天皇に献上したもので、『年中行事御障子文』の成立は、長和年間とみられる。

荷前《のさき》　毎年十二月に行なわれる朝廷の奉幣型の山陵祭祀。この奉幣の使者が荷前使。荷前の対象陵墓には変遷があり、流動的であった。また、私的に父祖の墓に奉幣する荷前もあった。

陪膳《ばいぜん》　天皇や公卿等の貴人に食膳を供すること、またそれに奉仕する人。実際に貴人に食膳を供するのを陪膳、陪膳者に食膳を取り次ぐのを益送といった。

拝舞《はいぶ》　儀式で祝意、謝意等を表わす礼の形式。まず再拝し、立ったまま上体を前屈して左右を見、袖に手をそえて左右に振り、次にひざまずいて左右を見て一揖、さらに立って再拝する。

拝礼《はいらい》　元日、院や摂関家等に年賀の礼をすること。

八省院《はっしょういん》　大内裏の正庁で、本来は朝堂院と称した。八省とも。その正殿が大極殿である。

引出物《ひきでもの》　大饗や臨時客等の饗宴に出席した貴人や、元服や着裳等の儀式に重要な役を勤めた人に、主人側から贈られる禄の一種で、馬等の高価なもの。

疋絹《ひっけん》　「ひきぎぬ」「ひけん」とも。一疋、つまり二反ずつ巻いてある絹。被物に用いられた。

平座《ひらざ》　二孟旬、元日・重陽・豊明等の節会の日に、天皇が紫宸殿に出御しない場合、勅命により、公卿以下侍臣が宜陽殿西廂に設けられた平座に着いて行なった宴のこと。

枇杷殿《びわどの》　平安京の名邸。藤原長良から、基経・仲平、その後は仲平女の明子から女系で伝領された。後に藤原道長および妍子邸として造作されたが、内裏焼亡に際し、里内裏となった。

不堪佃田奏《ふかんでんでんそう》　諸国から年荒、すなわちその年に作付けが行なわれなかった田地を報告してきた申文を奏上する儀。不堪佃田に関わる政務は、大臣への申文(不堪佃田申文)、奏聞(荒奏)、諸卿による議定(不堪佃田定)、再度の奏聞(和奏)等から構成されていた。

諷誦《ふじゅ》　諷詠暗誦の意で、経典・偈頌等を節をつけ、声をあげて読むこと。また、諷誦文は各種の祈願や追善供養のために施物を記入して、僧に経の諷誦を請う文。

仏名会《ぶつみょうえ》　宮中ならびに諸国において、毎年十二月に三日三晩にわたって行なわれた仏事。三日間に過去・現在・未来の三世の諸仏の名号を唱えれば、六根の罪障が消滅するといわれていた。

弁官《べんかん》　律令国家の庶務中枢としての役割を果たした機関。左右大弁・左右中弁・左右少弁は各省の庶務を受け付け、また太政官の判官としての役割を担った。その下部に主典として左右大史・左右少史があり、雑任の左右史生・左右官掌・左右使部が配置されていた。

法華八講《ほっけはっこう》**・法華三十講**《ほっけさんじっこう》　『法華経』八巻を、一日を朝・夕の二座に分け、一度に一巻ずつ修し、四日間で講じる法会が法華八講、『法華経』二十八品とその開経である『無量義経』と結経の『観普賢経』とを合わせた三十巻を三十日間に講じたり、また朝夕に各一巻ずつ十五日間で結了したりする法会が法華三十講。

御修法《みしほ》　国家または個人のために、僧を呼んで密教の修法を行なう法会。

夢想《むそう》　夢の中でおもうこと。また夢に見ること。夢想の内容によっては物忌となる。『小右記』には一四七回の夢記事が記録されているが、宗教的な夢に加えて自らの昇進や、王権や道長に関わる夢を記している。

召仰《めしおおせ》　上位者が下位者を呼び寄せて、特定の任務につくことを命じること。特に、除目や行幸・相撲等の朝廷の行事の役職の任命のために行なわれるものをいうことが多い。

物忌《ものいみ》　「物忌」と書いた簡を用いる謹慎行為。大部分は怪異・悪夢の際、陰陽師の六壬式占で占申される物忌期をいい、怪日を剋する五行の日、十日毎の甲乙両日が特徴。当日は閉門して外来者を禁じ、必要な者は夜前に参籠させる。軽い場合は門外で会ったり、邸内に入れて着座させずに会ったりする場合もある。

弓場始《ゆばはじめ》　射場始《いばはじめ》とも。天皇が弓場殿に出御し、公卿以下殿上人の賭射を見る儀式。通常十月五日を式日とするが、十一月や十二月に行なわれることもあった。

列見《れっけん》　毎年二月十一日に六位以下の叙位候補者を大臣、もしくは式部・兵部卿が引見する儀式。

論義《ろんぎ》　経文の意味や教理について問答往復して本旨を明らかにしていくこと。興福寺維摩会竪義、御斎会内論義、維摩会番論義の他、季御読経等、年中行事の仏事の多くで行なわれた。

人物注（五十音順）

敦良《あつなが》親王　一〇〇九～四五　在位一〇三六～四五年。一条天皇第三皇子。母は道長女の彰子。兄の後一条天皇の後を承けて長元九年、二十八歳で即位し、後朱雀天皇となる。先帝より厳格であり、天皇の責を果たすのに努めた。道長女の嬉子が妃として入宮して後の後冷泉天皇を産み、三条天皇皇女禎子内親王が皇后となって後の後三条天皇を産んだ。

敦康《あつやす》親王　九九九～一〇一八　一条天皇第一皇子。母は藤原道隆女の定子。長保二年、母定子が薨去したため、中宮彰子と道長が後見した。寛弘五年に道長の外孫敦成親王(後の後一条天皇)が誕生すると、道長の後見を失った。再三にわたり東宮候補となったが、いずれも果たせないまま終わった。

安倍吉平《あべのよしひら》　九五四～一〇二六　陰陽家。晴明男。賀茂光栄と並んで陰陽道の大家の一人。陰陽博士、陰陽助、主計頭等を歴任。道長をはじめ、天皇・貴紳の信任を得て、祓や祭を行なった。

小《こ》一条院《いちじょういん》　九九四～一〇五一　諱は敦明《あつあきら》親王。三条天皇第一皇子。母は藤原済時女の娍子。長和五年、後一条天皇即位と同時に東宮となったが、三条院崩御後の寛仁元年に東宮を辞し、小一条院の号を授けられた。

後《ご》一条《いちじょう》天皇　一〇〇八～三六　諱は敦成《あつひら》親王。在位一〇一六～三六年。一条天皇第二皇子。母は道長女の彰子。寛弘五年に誕生、同八年に皇太子に立ち、長和五年に践祚して後一条天皇となる。寛仁二年に十一歳で元服、道長三女の威子を妃とした。威子は女御、次いで中宮となり、章子・馨子内親王を産んだ。即位時に道長が摂政となり、寛仁元年に頼通がこれに替わり、同三年以後は関白となった。

婉子《つやこ》女王　九七二～九八　村上天皇皇子為平親王女。母は源高明女。寛和元年十二月、十四歳で入内、女御となる。同二年六月、天皇出家後、藤原道信・実資と交渉を持ち、実資の室となった。

脩子内親王《ながこないしんのう》　**九九六〜一〇四九**　一条天皇第一皇女。母は藤原道隆女の定子。同母弟妹に敦康親王・媄子内親王がいた。寛弘四年には一品に叙され、年官年爵を賜り、三宮に准じられた。

選子内親王《のぶこ》　**九六四〜一〇三五**　賀茂斎院、歌人。村上天皇第十皇女。母は藤原師輔女の安子。天延三年、賀茂斎院に卜定。以来、円融・花山・一条・三条・後一条の五代五十七年にわたり奉仕、大斎院と称された。貴族社会との盛んな交流の実態が諸書に描かれる。

藤原彰子《ふじわらのあきこ》　**九八八〜一〇七四**　一条天皇中宮。道長一女。母は源倫子。長保元年、入内、女御となり、翌二年、中宮となった。寛弘五年に敦成親王(後の後一条天皇)、翌六年に敦良親王(後の後朱雀天皇)を産む。長和元年に皇太后、寛仁二年に太皇太后となる。万寿三年に出家、上東門院の称号を受け女院となった。

藤原章信《あきのぶ》　**生没年未詳**　知章男。文章生から出身し、三事兼帯(衛門佐・五位蔵人・弁官)した。文人の傍ら、伊予・和泉・但馬守を歴任し、宮内卿に至った。敦成親王家蔵人、敦良親王の春宮大進も勤めた。一条天皇の入棺に奉仕し、道長の遺骨を木幡まで懸けた。

藤原顕光《あきみつ》　**九四四〜一〇二一**　兼通の一男。母は昭子女王。応和元年に叙爵、左衛門佐、蔵人を経て、天延二年、蔵人頭。後、左大臣に至る。官人としての資質に乏しく、往々に批判、嘲笑の対象となった。また女の元子と延子は天皇・東宮に婚したが、ミウチ関係の構築には失敗した。「悪霊左府」と称された。

藤原朝経《あさつね》　**九七三〜一〇二九**　朝光男。母は重明親王女。寛和二年に叙爵、右大弁、蔵人頭等を経て、長和四年、参議に任じられた。権中納言まで進んだ。有能な官吏であるとともに、道長に私的にも接近している。

藤原兼隆《かねたか》　**九八五〜一〇五三**　道兼の二男。長徳元年に叙爵、寛弘五年に参議となる。寛仁三年に権中納言、治安三年に転正。寛仁元年に敦明親王の東宮辞退をそそのかし、道長の外孫敦良親王の立坊を工作したのは兼隆であったという(『大鏡』)。

藤原兼経《かねつね》　一〇〇〇～四三　道綱三男。母は源雅信女。道長の猶子となる。室は隆家女など。治安三年に参議に上り、長久四年に出家し、薨じた。

藤原妍子《きよこ》　九九四～一〇二七　道長の二女。母は源倫子。寛弘元年に尚侍となり、同七年に東宮居貞親王(後の三条天皇)の許に入る。同八年に女御、長和元年に娍子に先立ち中宮となる。翌二年に禎子内親王を出産。寛仁二年に皇太后となった。

藤原公季《きんすえ》　九五七～一〇二九　師輔の十一男。母は康子内親王。室に有明親王女がいた。永観元年に参議、正暦二年に中納言、長徳元年に大納言、同三年に内大臣、寛仁元年に右大臣、治安元年には太政大臣に任じられた。その後裔は閑院流と呼ばれた。

藤原公任《きんとう》　九六六～一〇四一　頼忠の一男。母は厳子女王。通称は四条大納言。歌人、歌学者としても有名。長保三年に権中納言・左衛門督、同四年に中納言、寛弘六年に権大納言となった。藤原斉信・同行成・源俊賢とともに「寛弘の四納言」と称され、多才で有能な政務家でもあった。儀式書『北山抄』を著した。

藤原公成《きんなり》　九九九～一〇四三　実成一男。祖父公季の養子となる。寛仁四年に蔵人頭、万寿三年に参議、長久四年に権中納言に任じられる。公成女の茂子が能信の養女となって後三条天皇の女御となり、白河天皇を産み、院政期以後の一家の繁栄をもたらした。

藤原公信《きんのぶ》　九七七～一〇二六　為光六男。母は伊尹二女。長徳元年に叙爵。少納言、右少将等を歴任し、寛弘六年に蔵人頭、長和二年に参議となり、権中納言に至った。異母兄斉信に比べ資質に乏しかったが、和歌はよく詠んだ。

藤原定頼《さだより》　九九五～一〇四五　公任男。母は昭平親王女。弁官等を歴任した後、寛仁四年に参議に上り、権中納言に至った。歌人。音楽にも長じ、能書家としても有名。

藤原実資姉　九四九～一〇一八　斉敏女。母は藤原尹文女。実頼の養女となり、尼となって室町に住んだ。実資がしばしば訪れている。

藤原実資室　九七七〜没年未詳　はじめ婉子女王の女房となり、婉子女王の没後、実資の妾（または召人）となる。「今北の方」とも称された。正暦四年に夭亡した子と、千古を産む。晩年は出家し、「角殿の尼上」と呼ばれた。

藤原実資室　生没年未詳　寛和元年に「小児」と見える子、永観元年に良円を産んだ。はじめは室町殿に住み、後に小野宮に引き取られ、妾（または召人）となった。正暦の終わりか長徳のはじめに死去したか。

藤原実資男　生没年未詳　寛弘二年に初見。「町尻殿弁腹の小童」と見える。童名観薬。寛弘八年に明年の元服が定められている。

藤原実資女　九八五〜没年未詳　「小児」と見える。正暦四年に受戒、「小尼」と呼ばれた。

藤原実成《さねなり》　九七五〜一〇四四　公季男。母は有明親王女。侍従、少納言、兵部大輔、右中将等を歴任し、寛弘元年に蔵人頭、同五年に参議となり、中納言に至る。

藤原実頼《さねより》　九〇〇〜七〇　忠平嫡男。母は宇多皇女源順子。男に敦敏・頼忠・斉敏がいたが、孫の佐理・実資を養子とした。太政大臣・関白・摂政となったが、外戚関係を築くことができず、自らを「揚名関白」と呼んだ。諡を清慎公といい、日記『清慎公記』（『水心記』とも）があったが、公任の代に散逸している。

藤原重尹《しげただ》　九八四〜一〇五一　懐忠男。母は藤原尹忠女。長徳五年に叙爵。寛弘六年に父の大納言辞退の代わりとして右中弁となる。右大弁、蔵人頭等を歴任し、長元二年に参議、長暦二年に権中納言に任じられる。長久三年に中納言を辞して大宰権帥に任じられた。

藤原娍子《すけこ》　九七二〜一〇二五　大納言済時の一女。母は源延光女。三条天皇皇后。敦明・敦儀・敦平・師明親王、当子・禔子内親王を産む。宣耀殿女御と称された。東宮妃として正暦二年に入侍。寛弘八年に女御となり、長和元年に皇后となる。道長は娍子の立后を妨害した。後一条天皇の皇太子となった敦明親王は、寛仁元年に皇太子を辞退した。

藤原資高《すけたか》　九九九〜没年未詳　高遠男。長和元年に実

資の養子となり元服。道長に故高遠の遺財を奪われる。一条桟敷宅を領有。筑前守となり、少納言に進む。

藤原資業《すけなり》　九八八～一〇七〇　有国七男。母は橘徳子。文章生より出身し、寛仁元年に文章博士となったが、翌年、辞した。受領や式部大輔を兼ねた。永承六年に出家して日野に隠棲、法界寺薬師堂を建立した。

藤原資平《すけひら》　九八六～一〇六七　懐平男、実資の養子。母は源保光女。長徳三年に叙爵。少納言等を経て、長和二年に左中将、同四年に蔵人頭、寛仁元年に参議となる。長元二年に権中納言、康平四年に権大納言に任じられた。治暦元年に転正。実資の耳目・手足としても活動している。

藤原資房《すけふさ》　一〇〇七～五七　実資の養子となった資平の子。後朱雀天皇の代、関白頼通の下で蔵人頭として勤め、春宮権大夫参議に上った。多病虚弱の質で、資平に先立ち、五十一歳で死去。日記『春記』を記した。

藤原資頼《すけより》　生没年未詳　懐平男、実資の養子。母は藤原常種女。阿波権守、弾正少弼、伯耆守、刑部少輔、美作守を歴任した。公私にわたり実資に近い存在であったが、道長家家司でもあった。

藤原隆家《たかいえ》　九七九～一〇四四　道隆男。母は高階貴子。長徳元年に中納言に任じられたが、同二年、花山院闘乱事件により但馬国に配流。同四年、帰京。長保四年に権中納言、寛弘六年に中納言に更任。長和三年に大宰権帥。在任中の寛仁三年に刀伊の入寇があり、これを撃退した。

藤原威子《たけこ》　九九九～一〇三六　後一条天皇中宮。道長三女。母は源倫子。長和元年に尚侍に任じられ、寛仁二年に十一歳の後一条天皇に二十歳で入内。女御、中宮となり、道長の女三人が后として並んだ。後一条天皇の後宮には、他の女性が入ることはなかった。万寿三年に章子内親王、長元二年に馨子内親王を出産。

藤原斉敏《ただとし》　九二八～七三　実頼の三男。母は藤原時平女。室に藤原尹文女があり、高遠・懐平・実資（実頼の養子）を儲けた。参議となるが、参議兼右衛門督検非違使別当で薨去した。

藤原斉信《ただのぶ》　九六七～一〇三五　為光の二男。道長の恪勤として知られ、藤原公任・同行成・源俊賢と並び「寛弘の四納言」と称された。正暦五年に蔵人頭となり、長徳二年に参議に任じられ、大納言に至る。

藤原為任《ためとう》　?～一〇四五　済時男。母は源能正女。同母弟に通任、異母姉に娍子(三条皇后)がいた。右少弁、右中弁、民部大輔、伊予守等を歴任。実資の家司的役割を果たしていた。寛徳二年に射殺されたという。

藤原千古《ちふる》　生没年未詳　寛弘八年頃の出生。実資女。「かぐや姫」と通称される。母は実資室婉子女王の弟源頼定の乳母子とも伝えられる。実資は千古を鍾愛し、小野宮の寝殿が完成した寛仁三年には小野宮や荘園・牧等を譲る処分状を書き遺している。万寿元年に着裳。後に藤原兼頼(頼宗男)と婚し、一女を儲けた。

藤原経季《つねすえ》　一〇一〇～八六　経通二男で実資の養子となった。蔵人頭となり、中納言に上った。官人としての資質は乏しく、資房に「不覚者」「素飡無才者」と酷評されている。

藤原経通《つねみち》　九八二～一〇五一　懐平男。同母弟に資平がいる。永祚二年に叙爵。長和五年に蔵人頭、寛仁三年に参議、長元二年に権中納言となる。実資は経通の才学を認めながらも、摂関家に追従する行動にはしばしば批判的であった。

藤原長家《ながいえ》　一〇〇五～六四　道長の六男。冷泉家の祖。母は源明子。侍従、右少将、近江介、皇太后権亮等を歴任。治安三年に権中納言に任じられ、権大納言に至る。中宮大夫・按察使・民部卿等を兼帯。

藤原教通《のりみち》　九九六～一〇七五　道長の五男。母は源倫子。長和二年に権中納言に任じられる。康平三年に左大臣となり、治暦四年に後三条天皇が即位すると、関白に就任。延久二年に太政大臣となる。父道長の薨去後、兄頼通との間に政権をめぐる確執を生じた。頼通とともに外戚の地位を得ることができなかった。

藤原広業《ひろなり》　九七七～一〇二八　有国の男。文章生より出身し、蔵人、右少弁、東宮学士等を歴任し、寛弘五年に文章博士となる。寛仁四年に参議となり、式部大輔を兼帯。

藤原通任《みちとう》　九七三?〜一〇三九　師尹の孫、済時の男。異母姉に三条天皇皇后娍子がいる。三条天皇の東宮時代に春宮亮を勤め、寛弘八年、天皇践祚に伴い蔵人頭となる。同年に参議となり、長元八年に権中納言に至る。道長の病の折、これを喜ぶ公卿の一人と噂された。

藤原道長《みちなが》　九六六〜一〇二七　兼家の五男。母は藤原中正女の時姫。父の摂政就任後に急速に昇進し、長徳元年、三十歳の時に、兄である道隆・道兼の薨去により、一条天皇の内覧となって、政権の座に就いた。右大臣、次いで左大臣にも任じられ、内覧と太政官一上の地位を長く維持した。道隆嫡男の伊周を退けた後は政敵もなく、女の彰子・妍子・威子を一条・三条・後一条天皇の中宮として立て、「一家三后」を実現するなど、摂関政治の最盛期を現出させた。

藤原道雅《みちまさ》　九九二〜一〇五四　伊周一男。母は源重光女。幼名は松君。「荒三位」と称され、寛仁元年の前斎宮当子内親王との密通事件や花山院女王の強殺事件に関わった。非参議・左京大夫のまま、一生を終えた。

藤原行成《ゆきなり》　九七二〜一〇二七　伊尹の孫、義孝の男。長徳元年に蔵人頭に抜擢された。弁官を歴任し、長保三年に参議、寛弘六年に権中納言、寛仁四年に権大納言に昇任。道長と同日に没した。一条天皇の信任篤く、道長にも重んじられ、源俊賢・藤原公任・同斉信とともに後世「寛弘の四納言」と称された。和様の最高の能書としても尊重された。日記『権記』を残す。

藤原能信《よしのぶ》　九九五〜一〇六五　道長の四男。母は源明子。長和二年に蔵人頭となり、長和五年に権中納言に任じられ、治安元年には権大納言に上った。この間、春宮大夫等を兼帯するものの、四十五年間、官位の昇進はなかった。藤原氏と外戚関係を持たない尊仁親王(後の後三条天皇)の擁立に尽力した。

藤原頼通《よりみち》　九九二〜一〇七四　道長の一男。母は源倫子。宇治殿と称する。姉の彰子所生の後一条天皇の在位二年目の寛仁元年、摂政となった。これ以後、後一条、後朱雀、後冷泉の三代にわたり五十一年間も摂関の座にあった。治暦三年に准三后となり、関白職を嫡子の師実に将来譲渡するという約束のもと、弟の教通に譲り、宇治に隠退した。

藤原頼宗《よりむね》　九九三～一〇六五　道長の二男。母は源明子。侍従、左右少将等を経て、長和三年に権中納言に任じられ、右大臣まで上る。この間、左右衛門督・検非違使別当・皇太后宮権大夫・春宮大夫・按察使・右大将等を兼帯。居処に因み、堀河右大臣と称された。

源《みなもとの》　**朝任**《あさとう》　九八九～一〇三四　時中七男。少納言、蔵人等を経て、長和元年に三条天皇の蔵人となり、寛仁三年に後一条天皇の蔵人頭、治安三年に参議に任じられる。

源経房《つねふさ》　九六九～一〇二三　高明の四男。母は藤原師輔の五女。侍従、蔵人頭等を経て、寛弘二年に参議となる。長和四年に権中納言に昇任。寛仁四年に大宰権帥として赴任し、大宰府で薨去。

源経頼《つねより》　九八五～一〇三九　雅信孫、扶義男。弁官や蔵人を歴任し、長元三年参議となり、正三位に至った。二十五年間にわたって弁官職を勤め、実務に精通した。日記『左経記』を遺している。

源俊賢《としかた》　九五九～一〇二七　高明男。母は藤原師輔の三女。妹に道長室明子がいる。正暦三年に蔵人頭、長徳元年に参議となり、権大納言まで上る。道長の最も強力な支持者の一人であり、藤原行成・同公任・同斉信とともに「寛弘の四納言」とたたえられた。

源倫子《ともこ》　九六四～一〇五三　雅信女。母は藤原穆子。道長の嫡室として頼通・教通・彰子・妍子・威子・嬉子を儲けた。永延元年に道長と婚す。長徳四年に従三位に昇叙され、寛弘五年には従一位にまで上る。長和五年に准三宮となった。治安元年に出家。

源道方《みちかた》　九六九～一〇四四　重信の五男。侍従、右兵衛権佐、少納言を経て弁官となる。その間、宮内卿・蔵人頭・勘解由長官を兼任し、長和元年に参議に任じられた。寛仁四年に権中納言となった。文才と管絃の才に長じていた。

紫　**式部**《むらさきしきぶ》　生没年未詳　藤原為時女、母は藤原為信女。

本名未詳。『源氏物語』の作者。藤原宣孝と結婚し、賢子を産んだが、宣孝とは死別。一条天皇中宮藤原彰子に仕え、藤式部と呼ばれた。彰子の側近に仕えて重用され、実資と彰子との取り次ぎを勤めた。

良円《りょうえん》　九八三〜一〇五〇　平安中期の天台僧。実資男。母は不詳。永祚元年に七歳で延暦寺に入り、慶円の許で修行。実資と慶円とのパイプ役を務める。長和四年、大僧正慶円は職を辞して良円の律師就任を願ったが、沙汰止みとなった。長元元年に権律師、同六年権少僧都に転任するが、長暦三年の「山相論」で罪を得て以後は昇進することはなかった。

公卿構成

治安元年(正月時点)

太政官	位階	人名	年齢	兼官・兼職
内大臣	正二位	藤原頼通	三〇	関白
左大臣	正二位	藤原顕光	七八	
右大臣	正二位	藤原公季	六五	皇太弟傅
大納言	正二位	藤原実資	六五	右大将
	正二位	藤原斉信	五五	中宮大夫
権大納言	正二位	藤原公任	五六	按察使
	正二位	藤原行成	五〇	
	正二位	藤原教通	二六	左大将、春宮大夫
中納言	正二位	藤原隆家	四三	
権中納言	正二位	藤原頼宗	二九	左衛門督、太皇太后宮権大夫
	正二位	源経房	五三	大宰権帥
	従二位	藤原能信	二七	中宮権大夫、左兵衛督
	従二位	藤原兼隆	三七	
	従二位	藤原実成	四七	右衛門督

	従二位	源道方	五四	宮内卿、皇太后宮大夫
参議	正三位	藤原公信	四五	右兵衛督、検非違使別当、春宮権大夫
	正三位	藤原経通	四〇	左京大夫
	従三位	藤原通任	四九	大蔵卿
	従三位	藤原朝経	四九	左大弁、勘解由長官
	正四位上	藤原広業	四五	式部大輔
	正四位下	藤原資平	三六	修理大夫、侍従
	正四位下	藤原定頼	三〇	右大弁
前権大納言	正二位	源俊賢	六二	民部卿、太皇太后宮大夫
		藤原道長	五六	

治安二年(正月時点)

太政官	位階	人名	年齢	兼官・兼職
左大臣	従一位	藤原頼通	三一	関白
太政大臣	従一位	藤原公季	六六	
右大臣	正二位	藤原実資	六六	右大将、皇太弟傅
内大臣	正二位	藤原教通	二七	左大将
大納言	正二位	藤原斉信	五六	中宮大夫

太政官	位階	人名	年齢	兼官・兼職
権大納言	正二位	藤原公任	五七	按察使
	正二位	藤原行成	五一	
	正二位	藤原頼宗	三〇	春宮大夫
	正二位	藤原能信	二八	中宮権大夫
中納言	正二位	藤原隆家	四四	
権中納言	正二位	源経房	五四	大宰権帥
	従二位	藤原兼隆	三八	左衛門督
	従二位	藤原実成	四八	右衛門督
	従二位	源道方	五五	宮内卿、皇太后宮大夫
参議	従二位	藤原公信	四六	左兵衛督、検非違使別当、春宮権大夫
	正三位	藤原経通	四一	治部卿、右兵衛督、太皇太后宮権大夫
	従三位	藤原通任	五〇	大蔵卿
	従三位	藤原朝経	五〇	左大弁、勘解由長官
	従三位	藤原資平	三七	皇太后宮権大夫、侍従
	正四位上	藤原広業	四六	式部大輔
	正四位下	藤原定頼	三一	右大弁
前権大納言	正二位	源俊賢	六三	民部卿、太皇太后宮大夫
		藤原道長	五七	

年譜

年次	西暦	天皇	年齢	官位	事績	参考事項
天徳元年	九五七	村上	一		誕生	
康保三年	九六六	村上	一〇	蔵人所小舎人		是歳、藤原道長誕生
安和二年	九六九	冷泉／円融	一三	従五位下 侍従	二月、元服	三月、源高明配流
天禄元年	九七〇	円融	一四		正月、昇殿	五月、藤原実頼薨去
天禄二年	九七一	円融	一五	右兵衛佐		
天延元年	九七三	円融	一七	右少将	この頃、源惟正女と結婚	二月、藤原斉敏卒去
天延二年	九七四	円融	一八	従五位上		三月、藤原兼通関白
貞元元年	九七六	円融	二〇			五月、内裏焼亡
貞元二年	九七七	円融	二一	正五位下	日記を書き始めたか	十月、藤原頼忠関白
天元三年	九八〇	円融	二四	従四位下 従四位上		六月、懐仁親王(後の一条天皇)誕生 十一月、内裏焼亡
天元四年	九八一	円融	二五	蔵人頭		十月、内裏還御
天元五年	九八二	円融	二六	兼中宮亮		三月、藤原遵子皇后 十一月、内裏焼亡

＊治安元年—二年は本巻収録範囲

年次	西暦	天皇	年齢	官位	事績	参考事項
永観元年	九八三	円融	二七	左中将	是歳、良円誕生	八月、奝然入宋
永観二年	九八四	円融／花山	二八	蔵人頭		八月、内裏還御 十一月、『医心方』
寛和元年	九八五	花山	二九	兼中宮権大夫		四月、『往生要集』
寛和二年	九八六	花山／一条	三〇	正四位下	五月、源惟正女死去	六月、藤原兼家摂政 是歳、藤原資平誕生
永延元年	九八七	一条	三一	蔵人頭	五月、痢病	
永延二年	九八八	一条	三二		十月、腰病	十一月、尾張国郡司百姓、守を愁訴
永祚元年	九八九	一条	三三	参議		
正暦元年	九九〇	一条	三四	従三位	十一月、女(薬延)死去	五月、藤原道隆摂政 十月、藤原定子中宮
正暦二年	九九一	一条	三五	兼左兵衛督		九月、藤原詮子東三条院
正暦四年	九九三	一条	三七		二月、子、生まれ夭亡 この頃、婉子女王と結婚	四月、道隆関白
長徳元年	九九五	一条	三九	検非違使別当 権中納言 兼右衛門督 兼太皇太后宮大夫		三月、藤原伊周内覧 四月、道隆薨去、藤原道兼関白 五月、道長内覧 是歳、疫病蔓延

長徳二年	九九六	一条	四〇	中納言	六月、一条天皇より恩言	四月、伊周・隆家左遷
長徳三年	九九七	一条	四一		七月、藤原道綱に超越される	四月、伊周・隆家、赦免
長徳四年	九九八	一条	四二		七月、婉子女王死去	
長保元年	九九九	一条	四三	正三位	十月、藤原彰子入内の屛風歌を辞退	十一月、定子、敦康親王出産
長保二年	一〇〇〇	一条	四四	従二位		二月、彰子中宮・定子皇后 十二月、定子、崩御
長保三年	一〇〇一	一条	四五	権大納言 兼右大将	正月、資平左兵衛佐	十一月、内裏焼亡 閏十二月、詮子崩御 是頃、『枕草子』
長保五年	一〇〇三	一条	四七	正二位		
寛弘二年	一〇〇五	一条	四九			十一月、内裏焼亡
寛弘三年	一〇〇六	一条	五〇		正月、資平少納言	十二月、紫式部、彰子に出仕
寛弘四年	一〇〇七	一条	五一	兼按察使	是歳、藤原資房誕生	
寛弘五年	一〇〇八	一条	五二		十一月、敦成親王五十日の儀で紫式部と語る	九月、彰子、敦成親王（後の後一条天皇）出産 是頃、『源氏物語』

年次	西暦	天皇	年齢	官位	事績	参考事項
寛弘六年	一〇〇九	一条	五三	大納言		十一月、彰子、敦良親王(後の後朱雀天皇)出産
寛弘七年	一〇一〇	一条	五四			十一月、一条院還御
寛弘八年	一〇一一	一条／三条	五五			八月、内裏遷御
長和元年	一〇一二	三条	五六		四月、藤原娍子立后の内弁を勤む	二月、藤原妍子中宮 四月、娍子皇后
長和二年	一〇一三	三条	五七		五月、紫式部を介し彰子と接触	
長和三年	一〇一四	三条	五八		三月、資平、蔵人頭に補されず	二月、内裏焼亡
長和四年	一〇一五	三条	五九		二月、資平蔵人頭 九月、三条天皇より密勅	九月、内裏還御 十一月、内裏焼亡
長和五年	一〇一六	三条／後一条	六〇		正月、春宮大夫を固辞	正月、道長摂政 六月、一条院遷御
寛仁元年	一〇一七	後一条	六一		三月、資平参議	三月、藤原頼通摂政 八月、敦明親王東宮を辞し、敦良親王立太子
寛仁二年	一〇一八	後一条	六二			四月、内裏遷御 十月、藤原威子中宮(一

						家三后)
寛仁三年	一〇一九	後一条	六三		六月、藤原顕光左大臣辞任の風聞 九月、千古に遺領処分	三月、道長出家 四月、刀伊の入寇 十二月、頼通関白
寛仁四年	一〇二〇	後一条	六四			三月、道長、無量寿院落慶供養
治安元年	一〇二一	後一条	六五	右大臣 兼皇太子傅		
治安二年	一〇二二	後一条	六六			七月、道長、法成寺金堂供養
治安三年	一〇二三	後一条	六七			
万寿元年	一〇二四	後一条	六八		十二月、千古着裳	二月、京都大火
万寿二年	一〇二五	後一条	六九		十二月、千古と藤原長家の縁談	三月娍子、七月寛子、八月嬉子死去
万寿三年	一〇二六	後一条	七〇		四月、輦車を聴される	正月、彰子出家、上東門院となる
万寿四年	一〇二七	後一条	七一		正月、千古と藤原長家の婚儀頓挫	九月、妍子薨去 十二月、道長薨去
長元元年	一〇二八	後一条	七二			六月、平忠常の乱
長元二年	一〇二九	後一条	七三		正月、資平権中納言	

年次	西暦	天皇	年齢	官位	事績	参考事項
長元二年	一〇二九	後一条	七三		十一月、千古、藤原兼頼と結婚	
長元三年	一〇三〇	後一条	七四		九月、『小右記』六年分を資平に遣わす	
長元五年	一〇三二	後一条	七六		『小右記』写本、この年で終わる	
長元九年	一〇三六	後一条／後朱雀	八〇		四月、皇太子傅を止められる	
長暦元年	一〇三七	後朱雀	八一	従一位	三月、右大将辞任を請う、聴されず	
長暦二年	一〇三八	後朱雀	八二		六月、資房蔵人頭	
長久元年	一〇四〇	後朱雀	八四		『小右記』逸文、この年まで	六月、長久の荘園整理令
長久三年	一〇四二	後朱雀	八六		正月、資房参議	
長久四年	一〇四三	後朱雀	八七		十一月、右大将を辞す	
寛徳元年	一〇四四	後朱雀	八八		六月、致仕を請う、聴されず	
寛徳二年	一〇四五	後朱雀／後冷泉	八九			十月、寛徳の荘園整理令
永承元年	一〇四六	後冷泉	九〇		正月十八日、出家・薨去	

系図

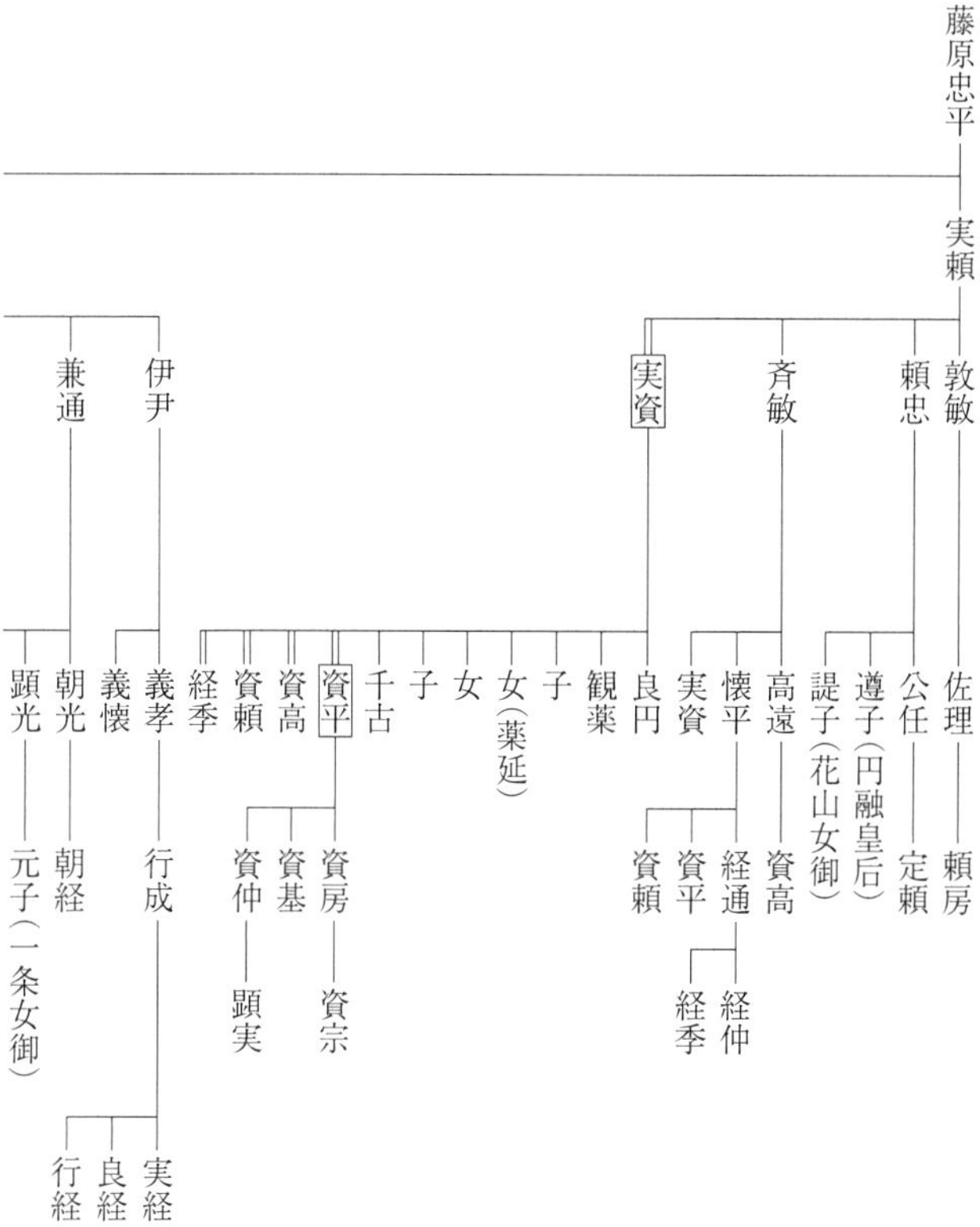
藤原忠平
実頼
敦敏
佐理
頼房
頼忠
公任
定頼
遵子(円融皇后)
諟子(花山女御)
斉敏
高遠
資高
懐平
経通
経仲
経季
資平
資頼
実資
実資
良円
観薬
子
女(薬延)
女
子
千古
資平
資房
資宗
資基
資仲
顕実
資高
資頼
経季
伊尹
義孝
行成
実経
良経
行経
義懐
兼通
朝光
朝経
顕光
元子(一条女御)

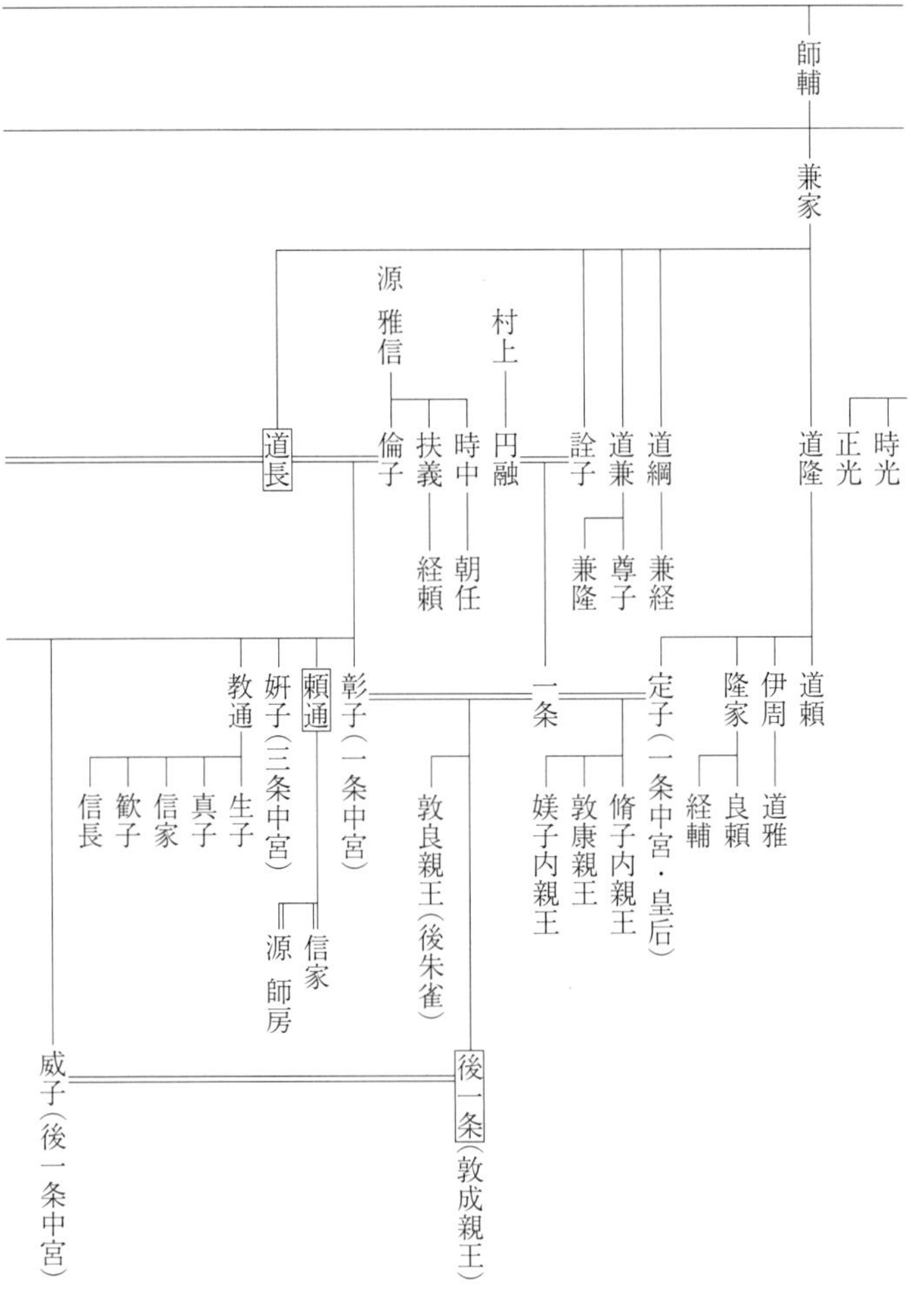

師輔
兼家
時光
正光
道隆
道綱
道兼
詮子
村上
円融
源
雅信
時中
扶義
倫子
道長
兼経
尊子
兼隆
朝任
経頼
道頼
伊周
隆家
定子（一条中宮・皇后）
一条
彰子（一条中宮）
頼通
妍子（三条中宮）
教通
道雅
良頼
経輔
脩子内親王
敦康親王
媄子内親王
敦良親王（後朱雀）
信家
源　師房
生子
真子
信家
歓子
信長
後一条（敦成親王）
威子（後一条中宮）

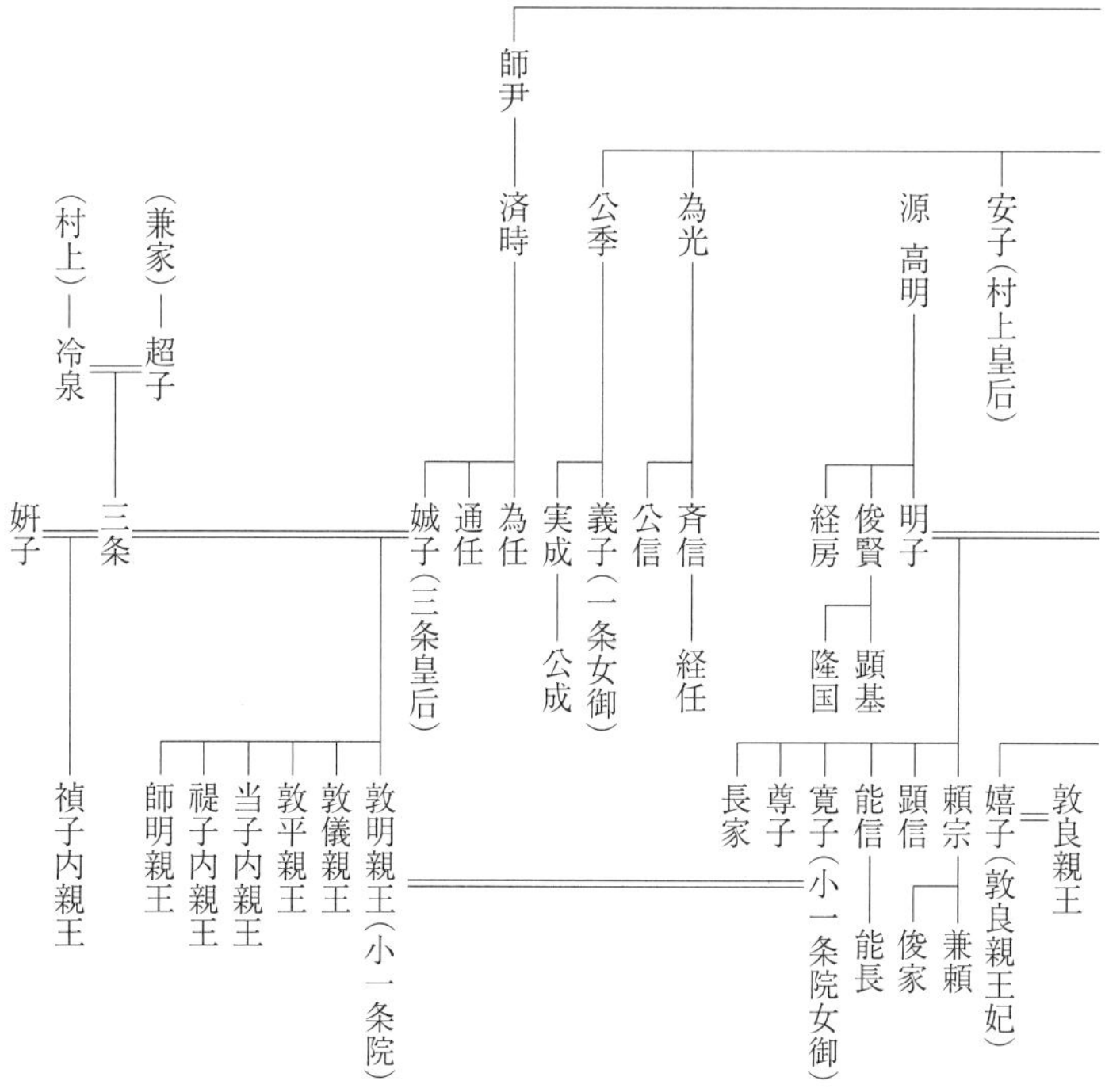

師尹
済時
公季
為光
源 高明
安子(村上皇后)
(兼家)—超子
(村上)—冷泉
三条
娍子(三条皇后)
通任
為任
実成
義子(一条女御)
公成
公信
斉信
経任
経房
俊賢
明子
隆国
顕基
嬉子(敦良親王妃)
敦良親王
頼宗
顕信
能信
寛子(小一条院女御)
尊子
長家
兼頼
俊家
能長
敦明親王(小一条院)
敦儀親王
敦平親王
当子内親王
禔子内親王
師明親王
妍子
禎子内親王

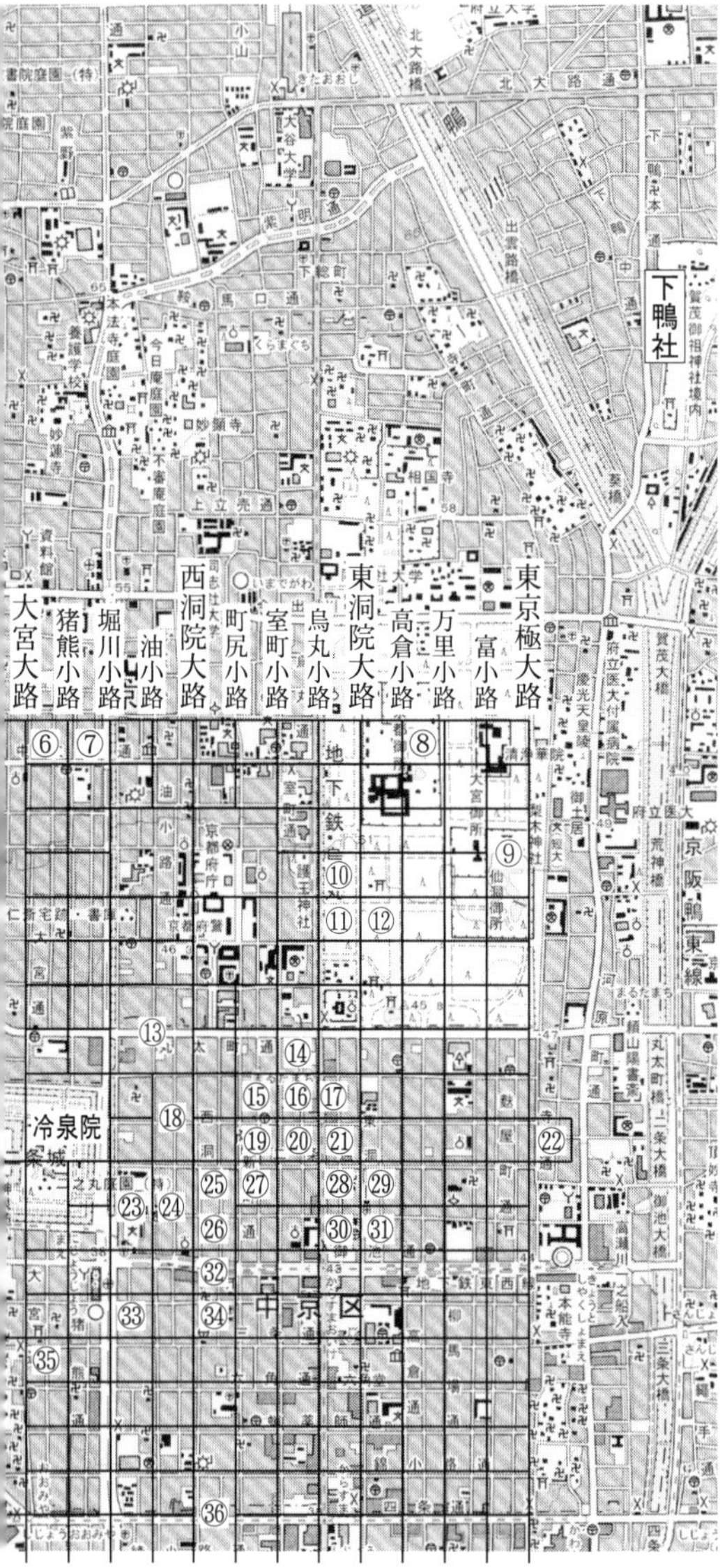

①中和院
②職曹司
③小安殿
④大極殿
⑤太政官庁
⑥一条院(道長)
⑦一条院別納
⑧一条第(道長)
⑨土御門第(道長)
⑩枇杷殿(道長)
⑪小一条院
⑫花山院
⑬高陽院(頼通)
⑭小野宮北宅(資平)
⑮小野宮西殿(実資)
⑯小野宮(実資)
⑰小野宮東町(実資)
⑱陽成院
⑲町尻殿
⑳小野宮南町(実資)
㉑二条第(道長)
㉒法興院
㉓堀河殿
㉔閑院(公季)
㉕東三条第(道長)
㉖東三条第南院(道長)
㉗室町殿
㉘二条第(実資)
㉙小二条第(教通)
㉚三条院(道長)
㉛竹三条宮
㉜高松殿(源俊賢)
㉝三条第(行成)
㉞三条殿
㉟三条院
㊱四条宮(公任)

国土地理院発行1/25,000地形図「京都東北部」「京都西北部」を基に，縮小・加筆して作成.

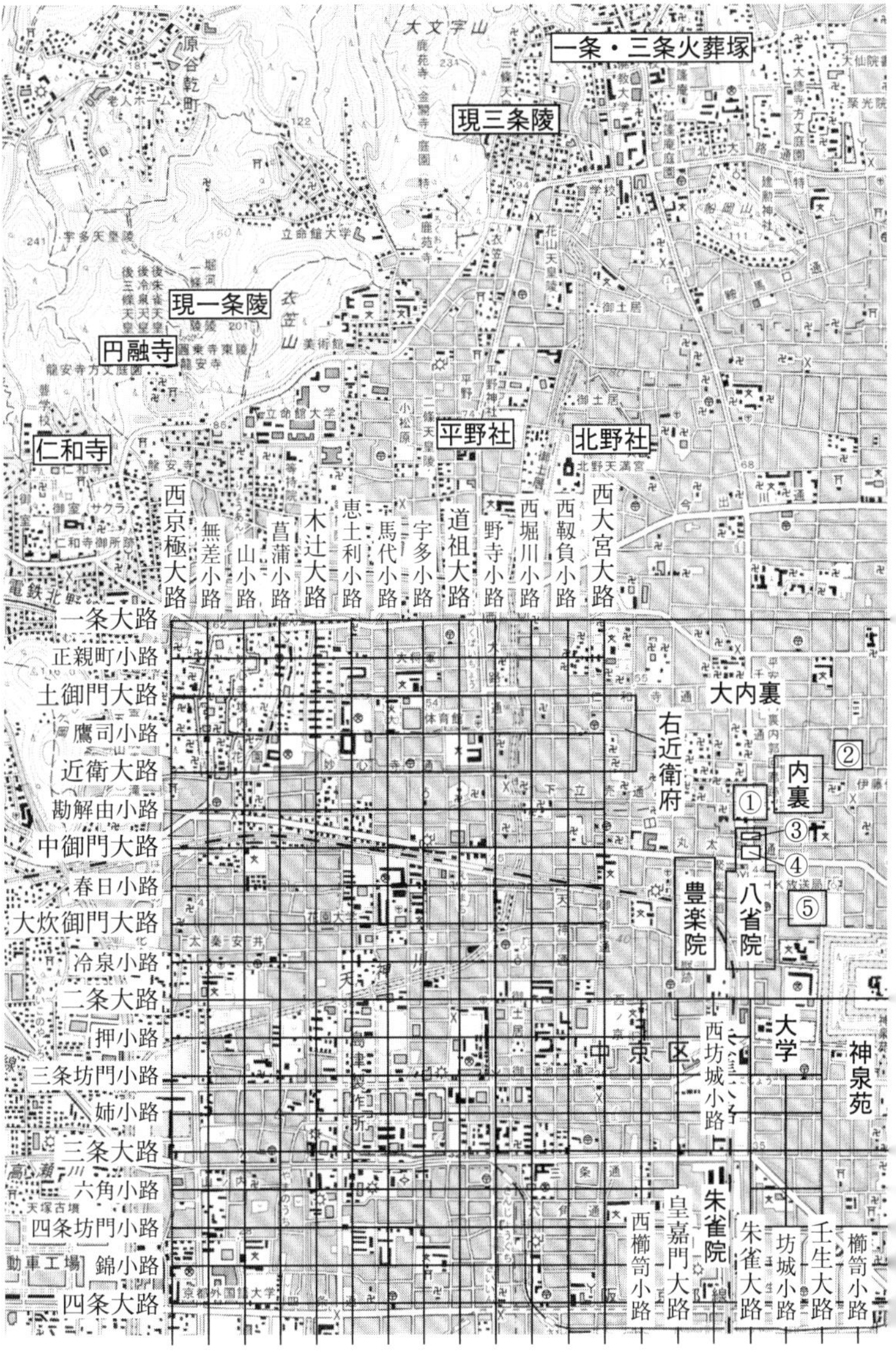

関係地図（平安京北半・北辺）

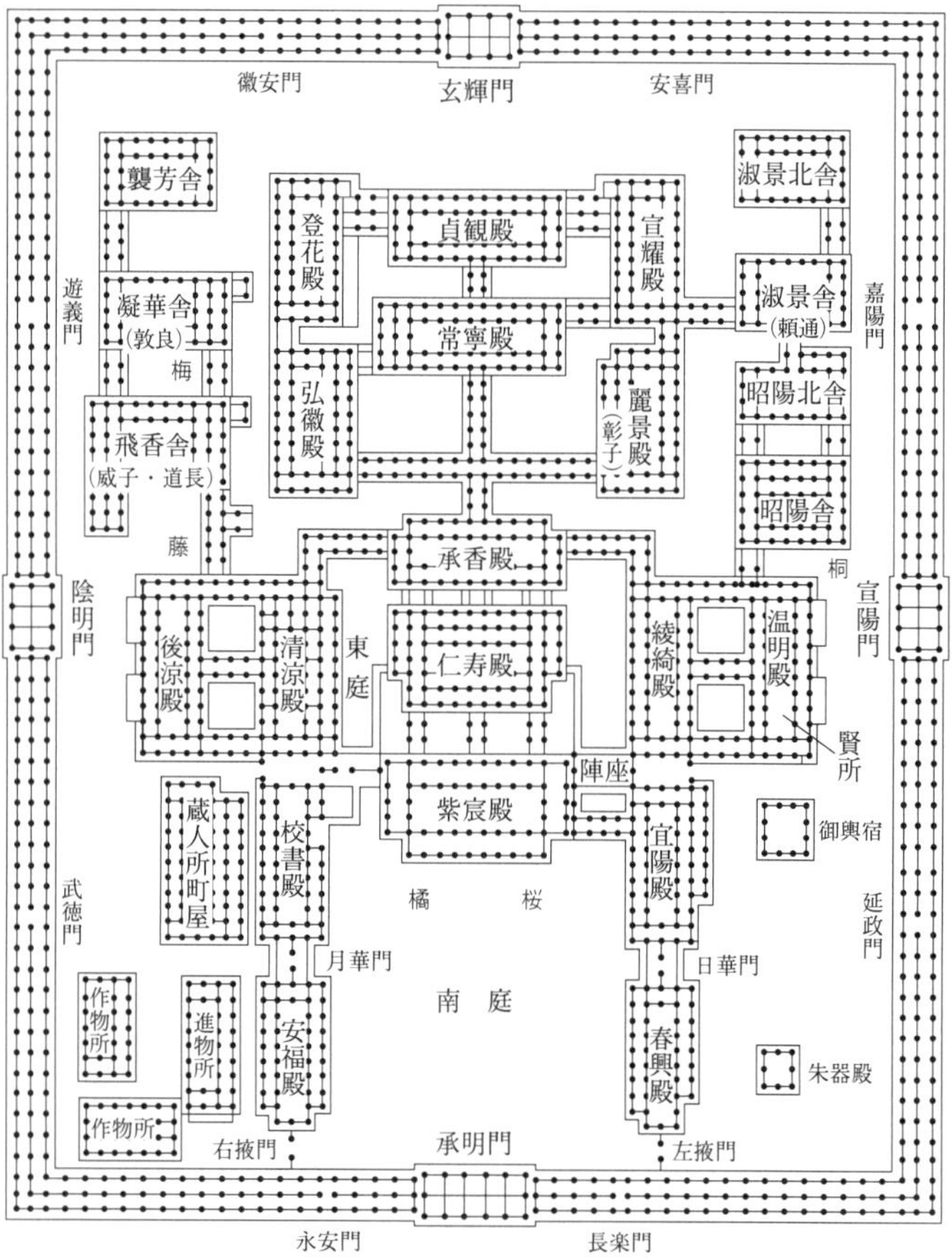
徽安門
玄輝門
安喜門
襲芳舎
淑景北舎
登花殿
貞観殿
宣耀殿
遊義門
凝華舎
(敦良)
常寧殿
淑景舎
(頼通)
嘉陽門
梅
弘徽殿
麗景殿
(彰子)
昭陽北舎
飛香舎
(威子・道長)
昭陽舎
藤
承香殿
桐
陰明門
後涼殿
清涼殿
東庭
仁寿殿
綾綺殿
温明殿
宣陽門
賢所
陣座
紫宸殿
蔵人所町屋
校書殿
宜陽殿
御輿宿
武徳門
橘
桜
延政門
月華門
日華門
南庭
作物所
進物所
安福殿
春興殿
朱器殿
作物所
右掖門
承明門
左掖門
永安門
長楽門

平安宮内裏図

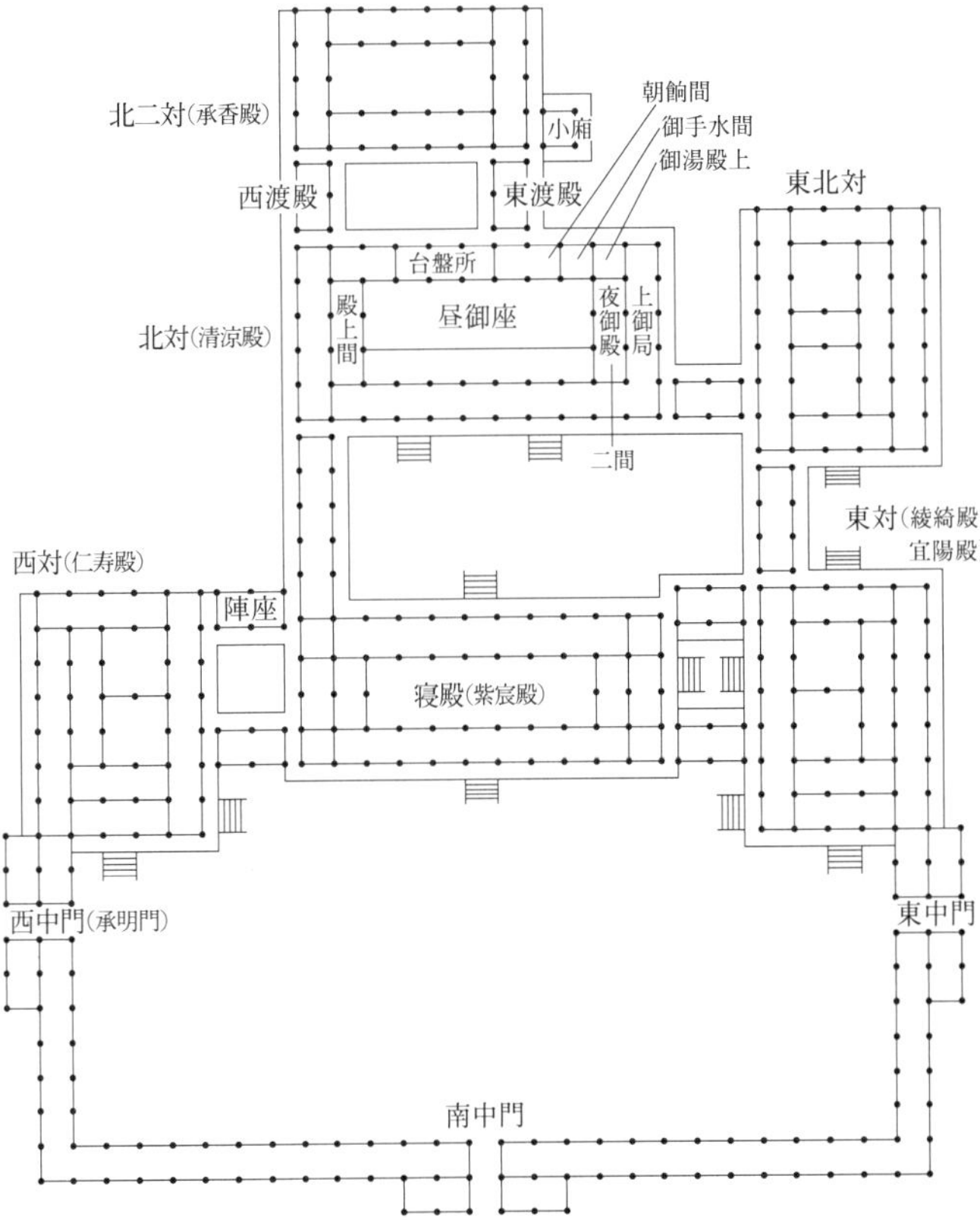
北二対(承香殿)
小廂
朝餉間
御手水間
御湯殿上
西渡殿
東渡殿
東北対
台盤所
殿上間
昼御座
夜御殿
上御局
北対(清涼殿)
二間
東対(綾綺殿・宜陽殿)
西対(仁寿殿)
陣座
寝殿(紫宸殿)
西中門(承明門)
東中門
南中門

一条院内裏図

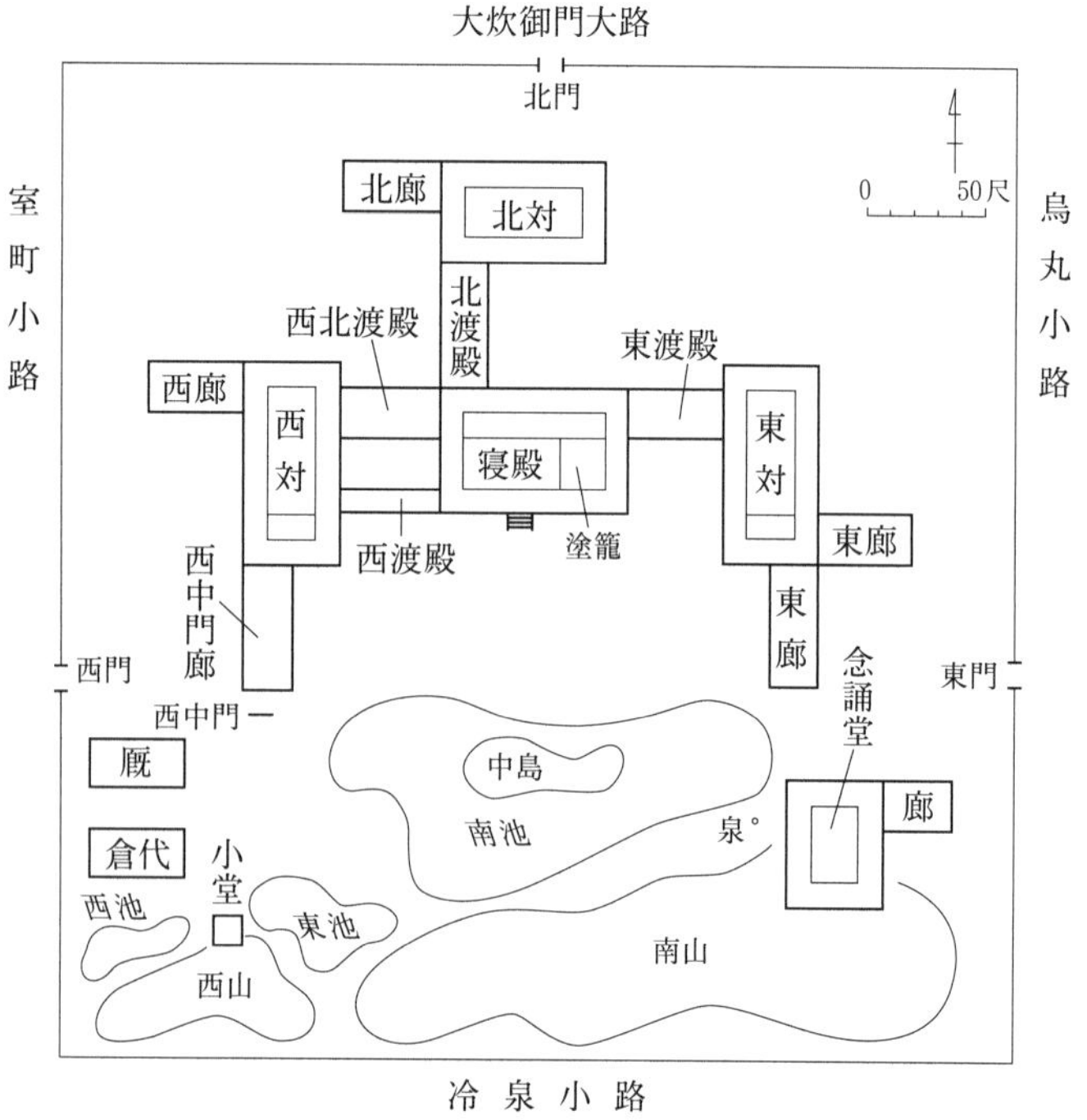

小野宮復元図(吉田早苗「藤原実資と小野宮第」『日本歴史』350，1977に加筆，作成)

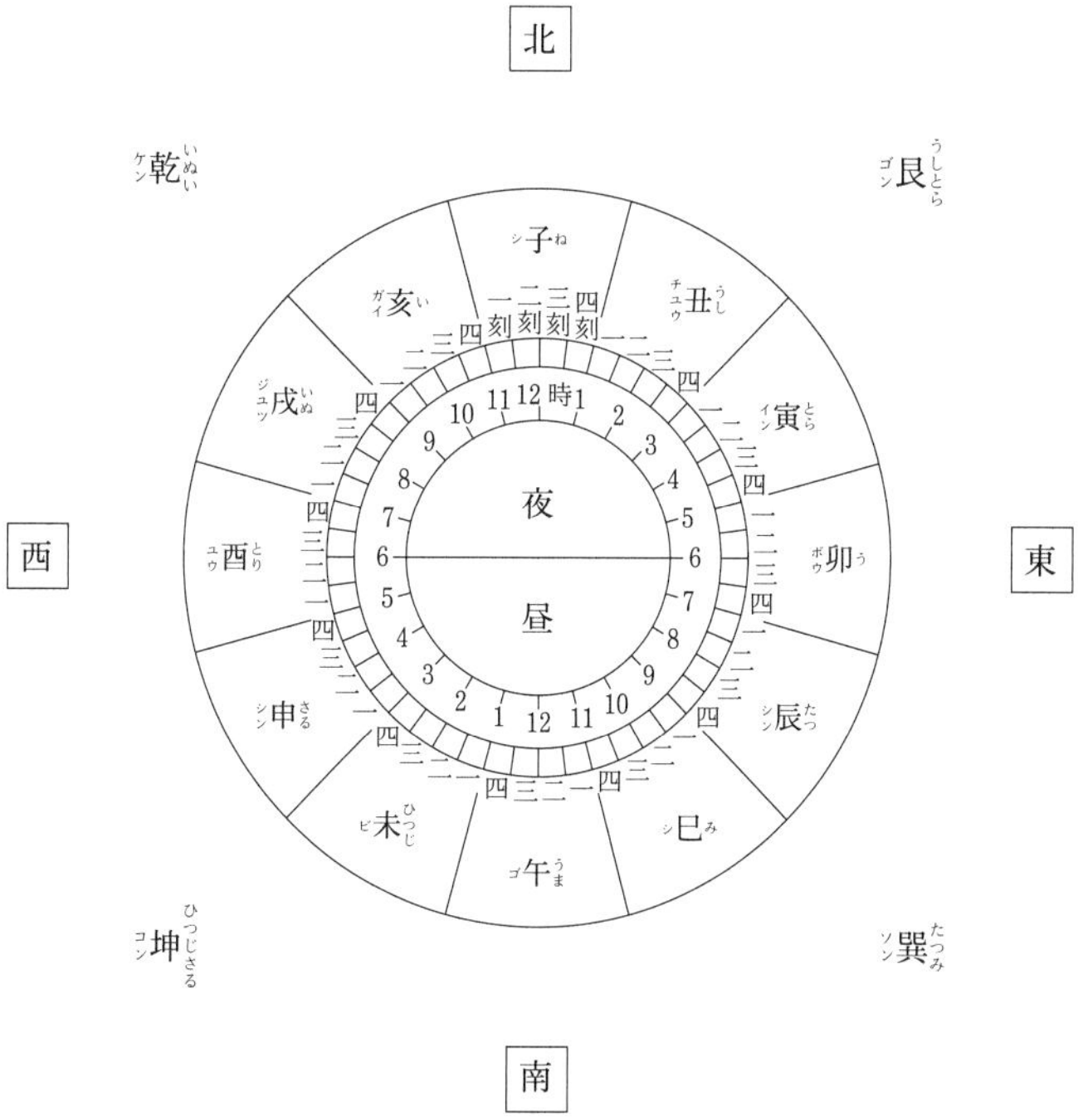
北
東
南
西
乾《いぬい》
艮《うしとら》
巽《たつみ》
坤《ひつじさる》
子《ね》
丑《うし》
寅《とら》
卯《う》
辰《たつ》
巳《み》
午《うま》
未《ひつじ》
申《さる》
酉《とり》
戌《いぬ》
亥《い》
一刻 二刻 三刻 四刻
時
夜
昼

方位・時刻

編者紹介

一九五八年　三重県津市に生まれる
一九八九年　東京大学大学院人文科学研究科国史学専門課程博士課程単位修得退学
一九九七年　博士（文学、東京大学）
現　在　国際日本文化研究センター教授

〔主要著書〕
『一条天皇』（人物叢書、吉川弘文館、二〇〇三年）、『藤原道長「御堂関白記」全現代語訳』（講談社学術文庫、二〇〇九年）、『三条天皇』（ミネルヴァ日本評伝選、二〇一〇年）、『藤原行成「権記」全現代語訳』（講談社学術文庫、二〇一一―一二年）、『藤原道長「御堂関白記」を読む』（講談社選書メチエ、二〇一三年）、『藤原伊周・隆家』（ミネルヴァ日本評伝選、二〇一七年）、『藤原氏』（中公新書、二〇一七年）、『「御堂関白記」の研究』（思文閣出版、二〇一八年）、『公家源氏』（中公新書、二〇一九年）

現代語訳 小右記 11
右大臣就任

二〇二〇年（令和二）十月二十日　第一刷発行

編　者　倉《くら》本《もと》一《かず》宏《ひろ》
発行者　吉川道郎
発行所　株式会社 吉川弘文館
郵便番号一一三―〇〇三三
東京都文京区本郷七丁目二番八号
電話〇三―三八一三―九一五一〈代表〉
振替口座〇〇一〇〇―五―二四四
http://www.yoshikawa-k.co.jp/
印刷＝株式会社 三秀舎
製本＝誠製本株式会社
装幀＝山崎　登

ISBN978-4-642-01826-5

現代語訳　小右記　全16巻

1　三代の蔵人頭

貞元二年(九七七)三月—永延二年(九八八)十二月

円融・花山・一条天皇に蔵人頭として仕える若き日の実資。相次ぐ譲位に際し、関白頼忠・摂政兼家らと連携して政務や儀式に奔走する。その一方で、昇進をめぐるわだかまりや、娘の病気治療の苦心などを日記に綴った。

二八〇〇円

2　道長政権の成立

永祚元年(九八九)正月—長徳元年(九九五)十月

一条天皇に対して政治介入する円融上皇と摂政兼家との連絡にあたる実資。やがて参議に任じられ、待望の公卿に上る。兼家・道隆・道兼と続く執政者たちの死。伊周側の策動も空しく、政権の座は道長の手に収まった。

二八〇〇円

3　長徳の変

長徳二年(九九六)正月—寛弘二年(一〇〇五)三月

勢力失墜に焦る伊周と中関白家。ついに不敬事件を起こし左遷される。検非違使別当の実資はその間の一条天皇と道長の動きを詳細に記録。また、長女彰子を一条天皇の女御とした道長は、続いて中宮に立てようとする。

二八〇〇円

4　敦成親王誕生

寛弘二年(一〇〇五)四月—寛弘八年(一〇一一)十二月

一条天皇の中宮彰子は待望の皇子を相次いで出産するものの、天皇に残された時間は少なかった。定子所生の敦康親王ではなく敦成親王を東宮に立てて崩御。三条天皇の代となり、実資と道長にも新たな時代が訪れる。

二八〇〇円

吉川弘文館
(価格は税別)

現代語訳 小右記 全16巻

5 紫式部との交流

長和元年(一〇一二)正月―長和二年(一〇一三)六月

娍子立后をめぐって対立する三条天皇と道長。実資は「天に二日無し」といって立后の儀を主宰する。道長と彰子の確執も表面化し、実資は彰子と頻繁に接触する。その間の取り次ぎ役を担ったのが、かの紫式部であった。

二八〇〇円

6 三条天皇の信任

長和二年(一〇一三)七月―長和三年(一〇一四)十二月

眼病を発《おこ》した三条天皇に対し、道長をはじめとする公卿層は退位を要求。天皇は実資を頼みとするが、養子資平の任官も考えなければならない実資にとっては悩みの種であった。日記にも緊迫した情勢が記される。

三〇〇〇円

7 後一条天皇即位

長和四年(一〇一五)四月―長和五年(一〇一六)二月

敦明親王を東宮に立てることを条件に、三条天皇がついに譲位し、道長外孫の後一条天皇が即位する。外祖父摂政の座に就いた道長に対する実資の眼差しや如何に。国母となった彰子の政治力についても詳細に記録する。

三〇〇〇円

8 摂政頼通

長和五年(一〇一六)三月―寛仁元年(一〇一七)十二月

道長は早くも摂政を長男の頼通に譲り、「大殿」として君臨する。一方、三条院が崩御すると敦明親王は東宮の地位を降り、道長は彰子所生の敦良親王を新東宮に立てる。道長家の栄華に対し、実資の批判的な記述が続く。

三〇〇〇円

吉川弘文館
(価格は税別)

現代語訳 小右記 全16巻

9 「この世をば」

寛仁二年(一〇一八)正月―寛仁三年(一〇一九)三月

道長三女の威子が後一条天皇の中宮に立ち、「一家三后」という形で道長の栄華が頂点を極める。その宴席で和歌を詠むことを求められた実資は、道長の詠んだ「この世をば」を皆で唱和しようと提案。その胸中や如何に。

二八〇〇円

10 大臣闕員騒動

寛仁三年(一〇一九)四月―寛仁四年(一〇二〇)閏十二月

無能な左大臣顕光が辞任するという噂が駆けめぐる。代わって大臣の地位を得るのは、これも無能な道綱ではなく自分であると確信する実資は、情報収集に全力を傾ける。刀伊《とい》の入寇をさておいての騒動であった。

三〇〇〇円

11 右大臣就任

治安元年(一〇二一)正月―治安二年(一〇二二)十二月

道長六女の嬉子が東宮敦良親王の許に入侍し、道長が無量寿院(後の法成寺)の造営に専心しているという情勢の中、実資はついに右大臣に上る。「賢人右府」の誕生である。案外に素直に喜ぶ実資の姿が浮かび上がる。

三〇〇〇円

12 法成寺の興隆

治安三年(一〇二三)正月―治安三年十二月

道長の造営する法成寺が完成に向かう一方で、顛倒した際に頬に腫物を生じさせてしまった実資は、その治療に奔走する。さまざまなルートからいろいろな治療法を聞き出し、加持や夢想によってその効果を探ろうとする。

【続刊】

吉川弘文館
(価格は税別)